COLEÇÃO
Direito PROCESSUAL na Ordem CONSTITUCIONAL

Poderes do juiz no Processo Civil e sua conformação Constitucional

COLEÇÃO
Direito
PROCESSUAL
na Ordem
CONSTITUCIONAL

Coordenadores
Luiz Rodrigues Wambier
Fábio L. Quintas
Georges Abboud

Poderes do juiz no Processo Civil e sua conformação Constitucional

Newton Pereira Ramos Neto

2ª edição revista, atualizada e ampliada

2021

EDITORA JusPODIVM
www.editorajuspodivm.com.br

EDITORA
*Jus*PODIVM
www.editorajuspodivm.com.br

Rua Território Rio Branco, 87 – Pituba – CEP: 41830-530 – Salvador – Bahia
Tel: (71) 3045.9051
• Contato: https://www.editorajuspodivm.com.br/sac

Capa: Marcelo S. Brandão *(santibrando@gmail.com)*

R175p Ramos, Newton.
Poderes do juiz no processo civil e sua conformação constitucional / Newton Ramos. – 2. ed. rev., atual. e ampl. – Salvador: Editora JusPodivm, 2021.
272 p.

Bibliografia.
ISBN 978-65-5680-002-8.

1. Direito Processual Civil. 2. Poderes do juiz. I. Ramos, Newton. II. Título.

CDD 341.4651

"O juiz não é nomeado para fazer favores com a justiça, mas para julgar segundo as leis."

Platão

"Três coisas devem ser feitas por um juiz: ouvir atentamente, considerar sobriamente e decidir imparcialmente."

Sócrates

A todos aqueles que, sem abrir mão do desejo de justiça social, lutam, intransigentemente, pela preservação das garantias do cidadão construídas em séculos de luta.

AGRADECIMENTOS

Esta é a versão comercial da tese de doutorado apresentada na Pontifícia Universidade Católica de São Paulo em março de 2017. Ao fim da saga que foi elaborar este trabalho em concorrência com afazeres multifacetados, agradecer o auxílio e o incentivo de tantos é uma tarefa árdua e perigosa, em vista do risco de esquecimento de diversos contributos diretos ou indiretos para que esse sonho pudesse se tornar realidade. Sistematizar esse pensamento é uma tentativa vã de reduzir tais riscos. De todo modo, tentarei fazê-lo a partir de uma ordem não preferencial.

Primeiramente, devo agradecer à minha esposa Camilla, por toda a compreensão quanto às ausências que essa empreitada, conjuntamente com as atribuições da presidência da Associação dos Juízes Federais da 1ª Região (Ajufer) entre os anos de 2014 e 2016, nos impôs. Agradeço também aos meus filhos Gabriel, Rafael e Marina, nos quais deposito a esperança de que meus esforços possam ser fonte de inspiração em suas trajetórias.

À Associação dos Juízes Federais do Brasil – Ajufe, em nome da diretoria do presente e do passado, pela iniciativa do convênio com a PUC/SP, que permitiu a realização desse sonho, meu e de outros colegas juízes federais, muitos dos quais impossibilitados, por fatores diversos, de permanecer distantes de suas lotações originais.

Ao Tribunal Regional Federal da 1ª Região, em especial nas pessoas dos Corregedores Carlos Moreira Alves e João Batista Gomes Moreira, que apoiaram meu afastamento pessoal em razão das atividades acadêmicas e associativas.

Aos meus queridos professores no doutorado da PUC/SP, que me permitiram refletir sobre os rumos do Direito contemporâneo.

Em especial, agradeço ao Prof. Thiago Matsushita, meu orientador, que pacientemente fez observações imprescindíveis para a definição das diretrizes do presente trabalho; Profs. Paulo de Barros Carvalho e Robson Maia Lins, que trouxeram importantes contribuições para a compreensão de que a linguagem é constituinte e constituidora do homem (Gadamer); Prof. André Ramos Tavares, com suas importantes reflexões críticas necessárias para a compreensão dos desafios atuais do Poder Judiciário; e Prof. Georges Abboud, pelos importantes acréscimos realizados durante a qualificação do presente trabalho.

Aos meus colegas do doutorado, com quem pude compartilhar momentos indescritíveis de compreensão de um Direito vívido, pela oportunidade de conviver com pessoas de rara cultura, humildade e inteligência.

Agradeço, ainda, aos queridos amigos Alexandre Freire, a quem posso atribuir a responsabilidade pelo direcionamento dos meus estudos para o campo do Direito Processual Civil; Eduardo José da Fonseca Costa, Lúcio Delfino, Dierle Nunes e Glauco Gumerato Ramos, protagonistas – ainda que involuntariamente – da inspiração teórica do presente trabalho, pelo despertar de uma visão crítica do processo, que ultrapassa o papel de mero exame analítico do direito posto. Na ala feminina, não poderia deixar de mencionar Amanda Lobão, Renata Ferrari e Patrícia Montalvão, com as quais pude debater pontos relevantes deste trabalho. Agradeço também aos digníssimos professores que abrilhantaram o presente trabalho com suas agudas participações na banca examinadora: Ministro Marcelo Navarro Ribeiro Dantas e Professor Luiz Rodrigues Wambier, que escrutinaram incisivamente cada ponto da presente tese, com a elegância peculiar dos verdadeiros mestres, fonte de inspiração para os mais jovens, levando-me a importantes reflexões na revisão do presente trabalho para fins de publicação; além dos professores Thiago, André e Georges, que já tive oportunidade de referenciar linhas acima. A todos eles devo um pouco dessa vitória.

Enfim, agradeço a Deus simplesmente pelo dom da vida e pela possibilidade de acalentar sonhos diariamente.

NOTA À 2ª EDIÇÃO

Foi com gratíssima surpresa que recebi a notícia do rápido esgotamento da primeira edição deste livro.

A literatura jurídica brasileira, pelo menos no campo específico do Direito Processual Civil, ainda carece de estudos que se voltem à análise do processo como garantia das partes, a partir de uma perspectiva que dê ênfase à construção da decisão judicial à luz dos fatores que a legitimam como meio de intervenção estatal sob a ótica do Estado Democrático de Direito.

O tema dos poderes do juiz é aqui desenvolvido nessa perspectiva. Para essa segunda edição foram elaboradas algumas correções e atualizações, tanto doutrinárias quanto jurisprudenciais, especialmente nos capítulos relacionados às medidas executivas atípicas, à fundamentação das decisões judiciais e ao sistema de precedentes. Também se abordou brevemente a figura do juiz das garantias, recentemente inserida, pela Lei nº. 13.964, de 24 de dezembro de 2019, no Código de Processo Penal brasileiro. Incluiu-se, por fim, um tópico à parte para examinar os poderes do relator no âmbito dos tribunais.

Agradeço imensamente a colaboração de Kássia do Carmo Brito da Silva e Victor de Melo Oliveira nessa atualização da obra, profissionais talentosos cuja desenvoltura acompanho desde a graduação. Sem o auxílio por eles prestado certamente minha tarefa teria sido mais árdua.

O autor

nramosneto@yahoo.com.br

PREFÁCIO

> *"[A] justiça é (...) uma virtude completa, porém não em absoluto e sim em relação ao nosso próximo. Por isso (...)* é muitas vezes consid*erada a maior das virtudes, e 'nem Vésper, nem a estrela-d'alva' são tão admiráveis".*
>
> Aristóteles, *Ética a Nicômaco*

Goethe, em suas memórias *Poesia e Verdade,* e muitos outros autores já escreveram sobre a inutilidade dos prefácios, o que se estende, penso eu, às apresentações e a tudo o que se intromete entre o leitor, que abre o volume na intenção de lê-lo, e aquilo que o autor escreveu, na esperança de que fosse lido.

Além de adiar, esse introito por vezes confunde ou, pior ainda, especialmente em produção exclusivamente ficcional, tira a graça ao adiantar o que só deveria ser apresentado no devido tempo, risco que aqui, num texto técnico, felizmente não se corre.

Entretanto, há talvez uma singela utilidade nessas palavras iniciais. É que se pode expressar a honra e a alegria pelo convite em oferecê-las ao público e desde já externar os elogios merecidos quando a produção vale a pena, como é o caso.

O amigo, colega Juiz Federal, exímio magistrado Newton Pereira Ramos Neto me pede uma apresentação a esta sua obra – *Poderes do juiz no processo civil e sua conformação constitucional* – que em rigor a dispensaria, e isso por seus próprios méritos, como poderá aferir quem nela mergulhar. É o resultado de sua tese de Doutorado à Pontifícia

Universidade Católica de São Paulo, orientada pelo insigne Professor Thiago Lopes Matsushita, e de cuja banca tive a honra de participar.

A temática enfocada é extremamente interessante, e, no contexto da formação da compreensão de um Código de Processo Civil que trouxe grandes e profundas inovações na conformação das faculdades do dirigente do processo, imprescindível.

Mais que isso: numa quadra em que o atuar da jurisdição, sob todos os ângulos, porém principalmente em seu prisma político, cresceu ao ponto de exigir um novo entendimento de seu papel no que tange ao relacionamento com os demais Poderes, num ambiente constitucional no qual a norma máxima passou a ter sua normatividade efetiva reconhecida.

Todavia, não se imagine que o cerne da discussão é algo recente. Em realidade, cuida-se aqui de uma problemática que, embora hodiernamente tornada ainda mais aguda, tem atraído a atenção de muitas meditações já há mais de um século, qual, por exemplo, a de Ruy Barbosa em 1909:

> A soberania, que é o poder, tem de ser limitada pelo direito, que é a lei. Daí a necessidade que se impõe à democracia, especialmente no regime presidencial, de traçar divisas insuperáveis aos três órgãos da vontade nacional. E a justiça é a chave de todo esse problema da verdade republicana.

Dessa sorte, o livro se situa no vértice fundamental entre o Direito Processual e o Direito Constitucional, mas haure elementos, entre outras, da Ciência Política, da Filosofia e da Sociologia Jurídicas, para não falar da Ética, e busca amparo na melhor doutrina, tanto nacional como comparada.

O estudo começa fincando as premissas dos diversos modelos de condução processual e propõe a via cooperativa como forma de síntese estratégica entre as linhas quase sempre opostas do garantismo e do ativismo judicial, desde que embebida do dever de boa-fé.

A seguir, na parte que é, a meu sentir, o âmago do trabalho, cuida dos poderes do juiz no processo contemporâneo, analisando os poderes de direcionamento formal do processo em padrão democrático. Aí segue para a análise da gestão dos processos como elemento da cooperação, fazendo comparativos entre visões diversas, sempre a serviço da eficiência e com uma visão internacional, para poder aprofundar o tratamento da matéria no CPC vigente. Este, como é sabido, aprofundou a flexibilização procedimental e introduziu entre nós, no plano legal, a calendarização processual, deu novas dimensões ao negócio processual, inclusive em matéria probatória e na distribuição dinâmica do *onus probandi.*

Newton enfeixa esses pontos todos, sem esquecer de sua relação com os poderes judiciais de instrução e das medidas cautelares atípicas, num arremate primoroso em que constrói a respeito dos poderes finalísticos - os limites e responsabilidades da decisão judicial sob a luz de padrões democráticos -, palmilhando os desafios do confeiçoamento da decisão judicial que incorpore um contraditório real e uma fundamentação coerente, nos termos da novel regulação processual e dentro de um ordenamento que está, a cada dia, mais preocupado em estabelecer e manter um sistema de precedentes com características próprias, capaz de oferecer previsibilidade e, portanto, segurança jurídica.

Não hesito em dizer que pouca coisa de tão boa qualidade foi escrita nessa matéria, ao menos nos últimos tempos. E bem escrita, numa prosa leve e clara, de que nossa produção jurídica volta e meia se afasta para recair em rebuscamentos de obscuridade disfarçada em pretensa erudição.

Finalmente, vêm as coerentes conclusões, de cuja parte final vale transcrever:

> Construir um processo adequado ao Estado Democrático de Direito consiste em utilizar os poderes judiciais com vistas ao alcance da razoável duração do processo (art. 5º, LXXVIII, CF), mas sempre tendo em mente que o núcleo duro dessa garantia fundamental inclui, ao lado da segurança, previsibilidade e celeridade, o contraditório efetivo e a fundamentação adequada à promessa constitucional (art. 93, X), fatores essenciais para a legitimação dos atos judiciais.
>
> Aos juízes resta a tarefa de fomentar um efetivo Direito como integridade, que somente poderá ser construído com uma tomada de consciência de todos aqueles que operam nos sistemas de justiça, a partir de uma postura que possa efetivamente contribuir para a pacificação social.

Depois são, como de praxe, expostas as referências bibliográficas, todas do mais elevado gabarito.

Terminada a última página, dá vontade de dizer, como Sêneca em uma de suas *Epístolas Morais a Lucílio:*

> O que quer que um outro disser bem, é meu.

Mas, infortunadamente para mim, não é. O mérito aqui, todinho, é de Newton. E não se pense que tratar desses assuntos é fácil para ele, porque estão no dia a dia de sua profissão. Não. O grande *justice* americano Benjamin N. Cardozo, no começo do seu famoso *A Natureza do Processo Judicial,* assegura:

> Seria de imaginar que qualquer juiz descrevesse com facilidade procedimentos que já aplicou milhares de vezes. Nada mais longe da verdade.

Assim, só me resta dar os parabéns ao autor, pedir desculpas ao leitor por haver-lhe atrasado a leitura e recomendar que a inicie sem demora.

Marcelo Navarro Ribeiro Dantas

Praia de Pirangi (Parnamirim-RN), janeiro de 2018.

SUMÁRIO

1

INTRODUÇÃO

A hermenêutica jurídica incorporou-se à vida do cidadão de tal maneira que praticamente não há mais temas fora da pauta dos tribunais. Inventada pelos modernos, a Constituição é reinventada pela jurisdição a partir da euforia de um legislador concorrente, no dizer de Habermas[1]. A era dos princípios, fluida como a água que escapa do domínio das mãos, trouxe severas dificuldades para o ato de julgar. Sem esquemas lógico-dedutivos, sem a condição de reis-filósofos que podem agir como um barco a vela sem timoneiro, é hercúlea a tarefa de definir a solução adequada para as angústias humanas. Em contrapartida, surgem para os juízes enormes responsabilidades políticas, que se traduzem, sobretudo, na crítica oriunda de uma sociedade aberta e plural.

Nesse cenário, os tribunais passaram, em escala mundial, a ser protagonistas da afirmação de direitos, numa tendência crescente de recurso à Justiça[2-3]. Assim, o Poder Judiciário surge como um

---

1. HABERMAS, Jürgen. *Direito e democracia:* entre a facticidade e a validade. Tradução Flávio Beno Siebeneichler. v. I. Rio de Janeiro: Tempo Brasileiro, 1997, p. 320 e ss.

2. Nos primeiros 25 anos da Constituição, enquanto a população cresceu cerca de 30%, segundo dados do IBGE, o número de ações em trâmite na Justiça cresceu quase 270 vezes, saindo de 350 mil para 92 milhões, segundo o relatório *Justiça em Números,* do Conselho Nacional de Justiça.

3. Como causa desse fenômeno, André Ramos Tavares aponta, entre outras, a desconfiança em relação ao legislador, numa tentativa clara de aprimoramento

espaço institucional de debate público, dando voz às minorias, aos mais diversos grupos sociais, configurando um ambiente propício à emancipação social, se entendido o processo sob uma perspectiva democrática, como teremos oportunidade de verificar ao longo do presente trabalho.

Esse crescente protagonismo dos tribunais os colocou no centro das preocupações coletivas. A atividade judiciária passou a se desenvolver em um ambiente de crítica à realidade institucional, notadamente quanto à desconfiança na sua eficácia e na função social que exerce, impondo-se uma alteração radical nos seus parâmetros de qualidade e desempenho. É dizer, desenvolve-se, a partir de então, um sentimento de mudança voltado a tornar o Judiciário mais célere, menos burocratizado, mais transparente e eficiente, de maneira a consubstanciar veículo de efetiva garantia da cidadania.

Nessa tarefa de redimensionamento da atividade jurisdicional, indaga-se: qual o limite da intervenção judicial nos problemas humanos? Como equacionar a questão da morosidade sem a perda dos parâmetros mínimos de um devido processo legal? Como superar os obstáculos de uma sociedade complexa, inserida em uma modernidade líquida – parafraseando Bauman na descrição de nosso tempo[4] –, na qual "dizer" o Direito é muito mais do que o ideal positivista poderia imaginar?

Nesse contexto, um dos temas de grande relevo da contemporaneidade diz respeito à definição do papel do juiz na criação/reconhecimento de direitos, seja no plano material ou substancial – é dizer, na construção final das relações jurídicas intersubjetivas –, seja no plano processual – como garante da consecução de procedimentos verdadeiramente democráticos. Outro desafio que se

---

da atividade legislativa a partir da atuação judicial, o que o autor denomina de "judicialismo constitucional". TAVARES, André Ramos. ***Paradigmas do judicialismo constitucional.*** São Paulo: Saraiva, 2012, p. 14-15.

4. BAUMAN, Zygmunt. ***Modernidade Líquida.*** Rio de Janeiro: Jorge Zahar Ed., 2001.

apresenta aqui é o de verificar como essa tarefa jurisdicional pode ser realizada de modo qualitativo em face da litigiosidade excessiva dos tempos modernos, o que exige o equacionamento do binômio tempo/decisão judicial adequada.

O presente trabalho volta-se, assim, à tentativa de demonstrar o redimensionamento operado em relação ao papel do juiz no processo civil brasileiro a partir do Código de Processo Civil de 2015.

Uma observação inicial se impõe, entretanto: essa nova perspectiva do papel do magistrado como condutor do processo decorre, em verdade, da reconfiguração do próprio Estado Democrático de Direito. Antecede, pois, o advento do novel diploma normativo. Trata-se, com efeito, de adaptação das categorias fundamentais do processo à virada paradigmática da hermenêutica jurídica, que passa a conceber o ambiente democrático à luz do direito de influência e participação efetiva nos destinos do Estado e da sociedade.

De todo modo, é de indagar-se: essa nova compreensão do papel do juiz no processo existia em que extensão antes do Código de Processo Civil de 2015? Aqui há uma questão, digamos, cultural. Por influência dos sistemas codificados (*civil law*) e da baixa efetividade normativa, como revela, por exemplo, a ausência de um maior "sentimento constitucional", para usarmos expressão de Pablo Lucas Verdú[5], a lei exerce papel extremamente relevante na inserção de novos comportamentos jurídico-sociais entre nós[6]. É dizer, embora essa ressignificação da função judicial no âmbito do processo seja imperativo do próprio paradigma do Estado Democrático de

---

5. VERDÚ, Pablo Lucas. *O sentimento constitucional*: aproximação ao estudo do sentir constitucional como modo de integração política. Rio de Janeiro: Forense, 2004.

6. Esse fenômeno gera a chamada "inflação legislativa", expressão que designa a produção em massa de leis. Carnellutti, que também se referia a essa tendência como "hipertrofia da lei", já sustentava que um movimento legislativo crescente impactaria a formação cuidadosa e equilibrada do ordenamento jurídico, afetando, ao fim, o seu próprio atributo de imperatividade. (CARNELUTTI, Francesco. *A morte do direito*. Tradução Hiltomar Martins Oliveira. Belo Horizonte: Líder, 2003, p. 9-11).

Direito[7], a tradição brasileira recomenda – quiçá exige – alterações legislativas pertinentes voltadas a um escopo contrafactual, isto é, como mecanismo de intervenção necessária para o início das transformações sociais.

É nesse contexto que surge, entre nós, um novo Código de Processo Civil, inaugurando um capítulo de normas fundamentais que, espera-se, possa contribuir para a efetiva introdução, em *terra brasilis,* de um modelo constitucional de processo. Assim, embora essa revisitação dos postulados que inspiram o comportamento judicial no processo seja uma exigência das novas expectativas sociais para o Direito como um todo – e não uma decorrência da positivação de determinadas regras no ordenamento –, essa modificação legislativa no Brasil é relevante dada a nossa dependência histórica de fontes normativas no cenário de mudanças jurídicas.

Por outro lado, os desafios que a hermenêutica atual enfrenta, decorrentes, em boa parte, do caráter aberto das normas jurídicas, constituirão terreno propício para o incremento da atividade judicial. A complexidade na tarefa de aplicação do Direito vai repercutir no nível de litigiosidade das sociedades contemporâneas, embora não se trate esta de uma causa isolada. Nesse ponto, é óbvio que as causas de litigiosidade excessiva são deveras complexas. Um diagnóstico preciso é uma atividade quase inatingível, mas, entre

7. Sobre a noção de paradigma, no âmbito da filosofia da ciência, Thomas Kuhn o definiu como um mecanismo de compreensão das transformações científicas e seus fenômenos, caracterizando-se como descobertas universalmente reconhecidas que, num determinado marco temporal, fornecem soluções para os problemas de uma comunidade de cientistas. No âmbito das ciências jurídicas, Jürgen Habermas considera que os paradigmas do Direito definem um modelo de sociedade capaz de explicar como direitos e princípios devem ser concebidos e implementados para que, num dado contexto, realizem as funções que normativamente lhes dão razão de existir. Sobre o tema, vide: KUHN, Thomas S. ***The Structure of Scientific Revolutions***. 2. ed. Chicago and London: University of Chicago Press, 1970. Há uma versão em português: ***A estrutura das revoluções científicas***. 7. ed. São Paulo: Perspectiva, 2003. Vide, ainda: HABERMAS, Jürgen. ***O discurso filosófico da modernidade.*** Tradução Ana Maria Bernardo et al. Lisboa: Dom Quixote, 1990; e ***Direito e democracia:*** entre facticidade e validade.

elas, é possível reconhecer, para além do nível de complexidade do Direito e sua interpretação, a ausência de uniformidade na aplicação jurídica como fator decisivo para o incremento dos litígios judiciais.

A compreensão da independência judicial em um grau absoluto possui raízes históricas como fator necessário para a limitação do (ab)uso do poder, mas, sob um outro prisma, gerou a ausência de previsibilidade na aplicação do ordenamento – cada juiz decide "soberanamente" –, repercutindo na cultura de litigiosidade dos tempos modernos. Noutras palavras, o exercício da atividade jurisdicional sob o prisma individualista marcou época a partir da necessidade de se assegurar ao magistrado independência para atuar na perspectiva da tutela dos direitos do cidadão em face da atuação estatal. Todavia, esse isolamento funcional impactou a compreensão da aplicabilidade do Direito sob uma ótica sistêmica, afetando sobremaneira a previsibilidade e coerência na interpretação das normas jurídicas, estimulando, pois, a litigância lotérica.

O mesmo se diz da visão do acesso à justiça em uma escala extremamente ampla. Explicamos: ao mesmo tempo em que a perspectiva moderna do acesso à justiça democratizou a possibilidade de postulação judicial por parte do cidadão, ela permitiu uma litigância desenfreada em decorrência, entre outros, da facilidade de se levar ao Judiciário qualquer tipo de pretensão, ainda que temerária. A isto se soma a ausência de maior rigor no exame dos critérios de obtenção da assistência judiciária gratuita e de uma política judiciária mais severa de combate à litigância de má-fé[8]. Um cenário que se assemelha à "tragédia dos comuns"[9], em que todos agem egoisticamente (no

---

8. A obra de Mauro Cappelletti contribuiu sobremaneira para o redimensionamento dos custos de acesso à justiça, notadamente ao propugnar, na chamada primeira onda renovatória, pela assistência judiciária gratuita. CAPPELLETTI, Mauro; GARTH, Bryant. *Acesso à Justiça.* Tradução Ellen Gracie Northflleet. Porto Alegre: Fabris, 1988, p. 19 e ss.

9. Num longo artigo publicado em 1968, o biólogo americano Garret Hardin formulou uma teoria que viria a chamar de "Tragédia dos Comuns". Em termos gerais, a teoria de Hardin determina que a falta de controle dos excessos individuais dos integrantes de um grupo pode levar à completa destruição dos recursos disponíveis.

caso judicial, demandas individuais, notadamente de caráter repetitivo), sem uma distribuição adequada dos custos daquela ação (ônus financeiro do processo), de maneira a esgotar um recurso comum (prestação jurisdicional *adequada*). Ao final, alargou-se a porta de entrada, sem, porém, conceber-se meios que pudessem reproduzir esse fenômeno na porta de saída.

O fato é que a avalanche de processos judiciais em tramitação nos tribunais veio acompanhada da necessidade de engendramento de novas ferramentas processuais capazes de aperfeiçoar o trabalho das cortes, de forma a garantir a segurança jurídica possível e racionalizar o papel do Judiciário em sua missão dirigida à efetividade da cláusula constitucional da razoável duração do processo (art. 5º, LXXVIII, CF/88). O desafio passa a ser como se buscar efetividade sem comprometimento do devido processo legal.

Nessa linha, a construção adequada da decisão judicial pode contribuir decisivamente para a redução da litigiosidade excessiva. Para isso, no entanto, impõe-se investigar quais os limites e possibilidades da atuação do juiz em um modelo de processo verdadeiramente democrático, de modo que a decisão judicial seja construída não sob uma perspectiva pragmática de persecução do "eficienticismo", mas sempre levando em conta o valor fundamental das garantias processuais asseguradas na Constituição.

É dizer, a verdadeira eficiência em uma democracia somente pode ser erigida a partir de decisões legítimas, que considerem a racionalidade da atividade jurisdicional (em sua perspectiva substancial) e o exame das condições democráticas de formação dos atos que, encadeados, forjam o processo contemporâneo.

Portanto, o presente trabalho se volta exatamente à investigação do papel do juiz no processo contemporâneo – notadamente a

---

É o que ocorre, por exemplo, em um condomínio em que o serviço de distribuição de água é custeado a partir de cotas iguais, gerando a ausência de conscientização e de controle individual dos gastos.

partir da incorporação normativa da ideia de cooperação processual – e aos desafios que o exercício da função judicante encerra em um cenário democrático. Nessa tarefa, parece relevante apresentar uma compreensão dos diversos modelos ideológicos de condução do processo concebidos ao longo da história para, ao final, pensarmos no modelo prevalecente em nosso sistema processual, enfrentando possíveis aspectos que mereçam uma filtragem hermenêutica para a edificação de relações processuais dotadas de maior legitimidade. A partir disso, defende-se que diversas normas processuais consagradas no ordenamento jurídico pátrio devem sofrer interpretação conforme ou declaração de nulidade parcial sem redução de texto[10-11] para que guardem sintonia com o texto constitucional.

---

10. "Decisão pela 'interpretação de leis conforme a Constituição' (*verfassungskonforme Auslegung*) persegue o escopo de poupar a decisão legislativa, evitando a declaração de sua inconstitucionalidade ou até de nulidade da regra fixada pelo legislador, na medida em que, em havendo mais de uma interpretação possível, há de se dar prevalência àquela que for mais correspondente às normas constitucionais." (SCHWABE, Jürgen. ***Cinquenta anos da jurisprudência do Tribunal Constitucional Alemão.*** Montevidéu: Fundação Konrad-Adenauer, 2005, p. 113). Já no tocante à declaração de nulidade parcial sem redução de texto, "trata-se de uma técnica de interpretação constitucional – que tem sua origem na prática da Corte Constitucional alemã – utilizada pelo Supremo Tribunal Federal, na qual se declara a inconstitucionalidade parcial da norma sem reduzir o seu texto, ou seja, sem alterar a expressão literal da lei. Normalmente, ela é empregada quando a norma é redigida em linguagem ampla e que abrange várias hipóteses, sendo uma delas inconstitucional. Assim, a lei continua tendo vigência – não se altera a sua expressão literal –, mas o Supremo Tribunal Federal deixa consignado o trecho da norma que é inconstitucional. É dizer, uma das variantes da lei é inconstitucional. Portanto, faz-se possível afirmar que essa técnica de interpretação ocorre, quando – pela redação do texto na qual se inclui a parte da norma que é atacada como inconstitucional – não é possível suprimir dele qualquer expressão para alcançar a parte inconstitucional. Impõe-se, então, a suspensão da eficácia parcial do texto impugnado sem a redução de sua expressão literal." (BASTOS, Celso Ribeiro. ***Hermenêutica e Interpretação Constitucional.*** São Paulo: Celso Bastos Editor, 1999, p. 175).

11. "A diferença fundamental entre interpretação conforme a Constituição e declaração de inconstitucionalidade parcial sem modificação do texto consiste no fato de que a primeira, ao pretender dar um significado ao texto legal que seja compatível com a constituição, localiza-se no âmbito da interpretação da lei, enquanto a nulidade parcial sem modificação de texto localiza-se no âmbito da aplicação, pois pretende excluir alguns casos específicos de aplicação da lei." (SILVA, Virgílio Afonso

Aqui, é pertinente abrir um parêntese para dizer que, em linhas gerais, e tendo por base a modelação de sentido da norma sob julgamento ou dos efeitos da decisão de inconstitucionalidade, as sentenças do controle de constitucionalidade podem ser divididas em sentenças de nulidade e sentenças manipulativas[12]. Estas últimas se diferem das primeiras exatamente porque nelas se busca uma via intermediária de solução para o caso constitucional, preservando-se parte do domínio normativo acaso existente, enquanto que, nas primeiras, a decisão é de tipo "extremo"[13], já que se limitam a expurgar do mundo jurídico o ato tido por inconstitucional. Assim, a referida técnica de decisão, para além da formulação de um juízo de constitucionalidade ou inconstitucionalidade, comporta efeitos transformadores sobre a relação de significado ou sobre as consequências jurídicas produzidas pelo preceito normativo que é objeto da decisão[14].

No âmbito das sentenças manipulativas, encontram-se três modelos gerais, quais sejam: as sentenças restritivas dos efeitos temporais da decisão de inconstitucionalidade; as sentenças interpretativas (que abrangem a interpretação conforme e a declaração parcial de inconstitucionalidade sem redução de texto); e as sentenças com

---

da. Interpretação conforme a constituição: entre a trivialidade e a centralização judicial. *Revista DIREITO GV*, v. 2, n. 1, p. 191-210, jan./jun. 2006, p. 201).

12. De forma diferente, José Adércio Leite Sampaio, por exemplo, denomina as segundas de "sentenças intermediárias", que se subdividiriam em sentenças normativas (aditivas, aditivas de princípio e substitutivas) e transitivas (SAMPAIO. José Adércio Leite. As sentenças intermediárias de constitucionalidade e o mito do legislador negativo. In: SAMPAIO. José Adércio Leite; CRUZ, Álvaro Ricardo de Souza (Coord.). *Hermenêutica e Jurisdição Constitucional*. Belo Horizonte: Del Rey, 2001, p. 163).

13. Cf. terminologia de: SEGURA, Angel Latorre; DIEZ-PICAZO, Luis. La Justicia Constitucional en el Quadro de las Funciones del Estado. *Relatório*. VII Conf. dos Tribunais Constitucionais Europeus. Justiça Constitucional e espécies. Conteúdo e Efeitos das Decisões sobre a Constitucionalidade de Normas. Lisboa: Tribunal Constitucional, 1987, p. 198.

14. MORAIS, Carlos Blanco de. *Justiça Constitucional*. O contencioso constitucional português entre o modelo misto e a tentação do sistema de reenvio. Tomo II. Coimbra: Coimbra Editora, 2005, p. 109.

efeitos aditivos.[15] [16] Em todas essas modalidades, como dito alhures, existe um sentido de preservação da norma impugnada.

Investigado esse aspecto, e a partir de um esforço analítico, impõe-se analisar dogmaticamente quais os poderes do juiz na perspectiva do modelo constitucional de processo, sempre sem perder de vista o viés democrático que deve dirigir o comportamento judicial na atualidade. O tema, para fins didáticos, encontra-se dividido entre o que se optou chamar de *poderes instrumentais* - que se referem aos mecanismos de condução formal do processo e que também se poderia considerar como um "dever de gestão" do processo com vistas ao alcance de suas finalidades - e *poderes finalísticos* - que dizem respeito mais especificamente aos fatores determinantes para a construção legítima da decisão judicial, notadamente a observância do contraditório e de uma fundamentação adequada.

No tocante aos deveres instrumentais, será importante perceber que modelos processuais adequados pressupõem, primeiramente, a organização e administração do sistema judicial, preocupação que, no direito estadunidense, vem ocupando os cientistas desde a década de setenta. Aqui se insere tanto o planejamento administrativo e financeiro dos órgãos jurisdicionais, como a formação dos profissionais encarregados do ato de julgar, cada dia mais inseridos em um contexto de multifacetadas funções estranhas ao ato de julgar tal como classicamente concebido (manuseio de ferramentas de gestão, recursos tecnológicos e mecanismos alternativos de resolução de conflitos).

---

15. Todavia, no âmbito da doutrina estrangeira a classificação é variadíssima, não havendo um consenso acerca de um critério classificatório e conceitual. Sobre o tema, especialmente as diversas classificações e conceitos, vide, ***e.g.***: VEGA, Augusto de la. ***La sentencia constitucional en Itália***. Madrid: Centro de Estudios Políticos y Constitucionales, 2003.

16. Tivemos oportunidade de examinar mais detalhadamente as sentenças aditivas em: RAMOS NETO, Newton Pereira. A construção do direito na jurisprudência do Supremo Tribunal Federal: limites e possibilidades no uso das sentenças aditivas. ***Observatório da Jurisdição Constitucional***, Brasília, ano 3, 2009/2010. Disponível em: <http://ojs.idp.edu.br/index.php/observatorio/article/view/255/211>. Acesso em: 03 nov. 2016.

Superada essa tarefa externa ao processo, mas que exerce sobre ele notável influência, torna-se imprescindível desenvolver técnicas de condução do processo em si mesmo que possam gerar maior eficiência de resultados (a perspectiva procedimental da atividade jurisdicional). Essas técnicas vêm-se notabilizando sob a terminologia *gerenciamento do processo*, um conjunto de ações e estudos que se voltam à racionalidade na realização dos atos do procedimento.

Essas duas atividades – gestão dos tribunais e gestão do processo – convergem, finalmente, para o resultado da prestação jurisdicional, o ato de decidir propriamente dito. Com efeito, sem racionalidade na concepção do sistema de justiça e dos modelos de processo, torna-se impossível a tarefa de construção adequada de cada ato processual, dadas as exigências e desafios da prestação jurisdicional em tempos hodiernos. Isto é, a qualidade da atividade jurisdicional pressupõe uma nova forma de pensar o processo desde (e até mesmo antes de) seu início, a partir do planejamento e identificação dos pontos de entrave, passando, ainda, pelo diagnóstico dos próprios temas objeto de análise pelo tribunal. Ao final, importa verificar o conteúdo em si do ato jurisdicional, especialmente no plano das condições adequadas de debate que antecedem sua construção e do grau de racionalidade dos argumentos que o sustentam.

Por fim, enfrentar-se-á o desafio da construção da decisão judicial no âmbito de um sistema de precedentes, que pugna, sobretudo, pela conscientização dos juízes acerca da responsabilidade política que gravita em torno da necessidade de contribuir para a elaboração de um sistema de justiça igualitário, coerente e dotado de previsibilidade.

2

PRIMEIRA PARTE: PREMISSAS IDEOLÓGICAS DA DIREÇÃO DO PROCESSO

2.1. EXPOSIÇÃO DOS MODELOS TRADICIONAIS

Tratando-se de um objeto cultural, é compreensível que o Direito seja forjado a partir da experiência histórica e social. Dessa maneira, a cada modelo de organização social vai corresponder um modelo de atuação judicial. Os poderes do juiz, portanto, são concebidos à luz de um cenário específico de organização política, ocorrendo o mesmo em relação ao papel atribuído às partes litigantes[17]. Todas essas diretrizes, ademais, estão sujeitas a mutações ao longo do processo histórico, dada a dinâmica da vida.

2.1.1. *O modelo ativista*

Numa perspectiva liberal, o processo constituía-se em um ambiente no qual cabia ao juiz decidir a causa após assistir, inerte, ao exercício, pelas partes, de suas faculdades processuais. A solução

---

17. MITIDIERO, Daniel. *Colaboração no Processo Civil*: pressupostos sociais, lógicos e éticos. 2. ed. São Paulo: Revista dos Tribunais, 2011, p. 54.

da lide partia exclusivamente do desempenho dos litigantes na proteção dos seus interesses, cabendo ao órgão julgador, ao final, ditar solitariamente a decisão.

O socialismo no processo surge a partir de uma pretensão de correção de condutas humanas, reforçando-se o papel do magistrado em detrimento da atuação parcial dos sujeitos litigantes. Passa-se a acreditar na capacidade do Estado de solucionar, através da prestação jurisdicional, as deficiências sistêmicas de um modelo de sociedade desigual, gestado notadamente a partir da Revolução Industrial.

Com o advento do socialismo no ambiente do processo, o que cresceu significativamente ao longo do século XX, especialmente a partir do delineamento do denominado Estado de Bem-Estar Social (*Welfare State*), passa-se a um modelo de notável intervenção estatal no processo. Nessa diretriz, revelam-se: (i) uma grande preocupação com as questões sociais, notadamente a necessidade de correção da desigualdade material entre as classes; e (ii) a necessidade de intervenção estatal a partir da concepção do Judiciário como órgão de realização de justiça (pretensão de correção da sociedade)[18].

Esse movimento, aliás, coincide mais ou menos com o período de grande esforço para dotar o direito processual civil de caráter científico, desvinculando-o do direito material. Com a centralização da teoria processual na figura da "jurisdição", representação do Estado voltada à "tutela" de direitos da sociedade, faltava, porém, aproximar-se novamente o processo do direito material.

O distanciamento gerado a partir da pretensão de emprestar ao direito processual autonomia e caráter científico havia gerado uma postura extremamente individualista e alheia ao mundo externo. Passa-se, então, ao movimento de reaproximação do processo e do direito material, compreendendo-se, doravante, o primeiro como

18. Em sentido semelhante, cf.: THEODORO JR., Humberto et al. *Novo Código de Processo Civil: Fundamentos e sistematização*. Rio de Janeiro: GEN Forense, 2015, p. 62.

um instrumento a serviço do segundo. A obra de Oskar Bulow, no ponto, é considerada "a certidão de nascimento do direito processual civil"[19]. A jurisdição assume aqui um papel voltado à realização do direito do Estado e à pacificação social.

Para os avanços do socialismo processual, revelou-se de extrema importância o pensamento do autor húngaro Antonio Menger, cujas diretrizes doutrinárias influenciaram firmemente a doutrina de Giuseppe Chiovenda e Franz Klein - que, a seu turno, lançou luzes sobre a elaboração do direito processual brasileiro desde o Código de 1939.

A obra do referido autor[20] foi marcada pela preocupação com os problemas sociais, defendendo a materialização das reivindicações proletárias a partir de reformas legislativas. Menger propôs uma espécie de maior intervenção do juiz, criticando a legislação processual então vigente mundo afora, que propugnava por uma jurisdição inerte. Tais condições jurídicas beneficiariam as classes ricas, uma vez que as camadas sociais menos favorecidas, para defender seu direito, esbarrariam na dificuldade de encontrar apoio jurídico adequado, de modo que a passividade judicial diante do duelo desigual gerava severos prejuízos.

A doutrina de Menger, como acima dito, influenciou a obra de Franz Klein[21], responsável pela reforma processual austríaca que vigorou a partir do final do século XIX, a mais importante codificação processual da época, e veio a exercer influência também sobre boa parte da produção legislativa do século XX. O chamado "Regulamento de Klein", aliás, foi imprescindível na formação ideológica

19. DINARMARCO, Cândido Rangel. *Instituições de direito processual civil.* 3. ed., São Paulo: Malheiros, 2003, v. I, p. 258.

20. MENGER, Antonio. *El derecho civil y los pobres*. Buenos Aires: Atalaia, 1947.

21. TARELLO, Giovani. Il problema della riforma processuale in Italia nel primo quarto del secolo. Per uno studio della genesi dottrinale e ideologica del vigente codice italiano di procedura civile. In: GUASTINI, Ricardo; REBUFFA, Giorgio. Dottrine del processo civil: studi storici sulla formazione del diritto processuale civile. Bologna: Il Mulino, 1989.

do código processual italiano de 1940, surgido em pleno período do nazifascismo, e que vem sendo acusado, por parcela da doutrina atual, de ser autoritário[22].

Rompia-se, a partir de Menger, com uma perspectiva individualista e liberal no processo civil da época. Assim, o direito processual, como um ramo do Direito Público, além de buscar satisfazer interesses de ordem privada, deveria focar sua atuação na realização de valores sociais, de modo que o Estado-juiz deveria figurar como representante do interesse geral. A partir de uma concepção do processo como instituição voltada para o bem-estar social, incrementa-se o papel do órgão judicial, que passa a estar munido de poderes para a direção material do processo, de modo a garantir a sua marcha rápida e regular. Nesse sentido, o § 432 da *Zivilprozessordnung* (ZPO) austríaca estabelecia a prerrogativa de o juiz instruir as partes leigas em matéria jurídica, aconselhando-as acerca das consequências jurídicas de seus atos[23].

Nessa lógica, para Klein, o processo se convertia em um *mal social*, de modo que cabia ao Estado concluí-lo no menor tempo e custo possível. Um dos elementos definidores desse processo é o reforço dos poderes do juiz, que deve proteger o ordenamento jurídico a serviço da comunidade, para o que se revela imprescindível o poder de determinar provas de ofício. O juiz não se limita a julgar, sendo, nessa ótica, o gestor do processo, a quem incumbe agir, consoante seus poderes discricionários, de maneira a garantir não só o direito das partes, mas principalmente os valores da sociedade[24].

---

22. CIPRIANI, Franco. En el centenario del Reglamento de Klein (El proceso civil entre libertad y autoridad) Tradução Adolfo Alvarado Velloso. ***Revista del Instituto Colombiano de Derecho Procesal***, Córdoba, v. 27, n. 27, p. 71-108, 2001.

23. ALVARO DE OLIVEIRA, Carlos Alberto. ***Do formalismo no processo civil***. 2. ed. São Paulo: Saraiva, 2003, p. 50.

24. AROCA, Juan Montero. Prova e verdade no processo civil – contributo para o esclarecimento da base ideológica de certas posições pretensamente técnicas. In: CALDEIRA, Adriano Cesar Braz. ***Processo e ideologia***. São Paulo: LTr, 2015, p. 133-142.

Na Itália, essa tendência publicista encontra-se marcada na obra de Chiovenda[25]. Para ele, o juiz, na qualidade de órgão do Estado, deveria participar ativamente da lide, de maneira a tornar a jurisdição efetivamente acessível à parte menos favorecida. A extensão dos poderes do juiz seria uma porta aberta para a adaptação do processo de acordo com as necessidades sociais. O processo, consistente em uma relação entre o Estado e o cidadão, não poderia ser conduzido de modo indiferente ao resultado material que virá a alcançar. Assim, se o Código italiano de 1865 era marcadamente protetor dos interesses individuais que estavam na base do Estado Liberal, o Código de 1940 aspirava ser a expressão do Estado Fascista. Para este, o processo não é apenas um palco de disputa entre interesses privados, mas sobretudo um instrumento assecuratório da efetivação das normas editadas pelo Estado[26].

Observa-se, portanto, que, embora as concepções fascista e socialista de processo possuam matizes ideológicos distintos, ambas se voltam à busca da verdade *material* ou *objetiva*. E isto não se dava tendo em vista a tutela de direitos do cidadão, mas para levar a efeito o que o Estado definiu como interesse geral a partir do Direito objetivo posto. Nos dois casos, o que se vê é que o juiz não era rigidamente qualificado, nem como terceiro nem como sujeito imparcial[27].

Assim, por influência dessas tradições europeias, atualmente ainda se mantém arraigada a cultura inquisitiva aos sistemas processuais civis, paradoxalmente ao que ocorre nos sistemas processuais penais, nos quais há uma tendência migratória para o viés acusatório[28].

---

25. TARELLO, Giovani. Il problema della riforma processuale in Italia nel primo quarto del secolo. Per uno studio della genesi dottrinale e ideologica del vigente codice italiano di procedura civile, p. 23.

26. AROCA, Juan Montero. Prova e verdade no processo civil – contributo para o esclarecimento da base ideológica de certas posições pretensamente técnicas.

27. Ibidem.

28. CALVINHO, Gustavo. La efectivización de lós derechos humanos desde la perspectiva del garantismo procesal. In: CALDEIRA, Adriano Cesar Braz. *Processo e ideologia.* São Paulo: LTr, 2015, p. 107-126.

Essa visão sedimentou-se firmemente na cultura processual brasileira, em especial, após a obra de Cândido Rangel Dinamarco ("A instrumentalidade do processo", 1987)[29]. Superava-se aqui a compreensão do processo como mera técnica, devendo este atender às necessidades políticas e sociais do seu tempo. Concebe-se então os escopos sociais (paz social), políticos (afirmação da autoridade do Estado) e jurídicos do processo (realização concreta do Direito). A partir daí se estabelece uma diretriz voltada à flexibilização da técnica processual em prol de um suposto direito absoluto de descoberta da verdade[30], tudo a partir de uma "parcialidade positiva"[31].

---

29. DINAMARCO, Cândido Rangel. *A instrumentalidade do processo*. 8. ed. São Paulo: Malheiros, 2000.

30. "Si la verdad fuere realmente un problema jurídico primordial y su búsqueda la exclusiva o principal determinante de toda y de cualquiera actuación de los jueces, podrían coexistir con ellos institutos del sobreseimiento, de la absolución por la duda, de cualquier tipo de caducidad (de la instancia, de la producción de la prueba, etc.), de las cargas probatorias, de la congruencia procesal como clara regla de juzgamiento, de la prescripción liberatoria, de la cosa juzgada, de la imposibilidad de deducir excepciones relacionadas con la causa obligacional en la ejecución de títulos cambiarios, etc., etc.? La respuesta negativa es de toda obviedad...?" (VELLOSO, Adolfo Alvarado. La imparcialidad judicial y el sistema inquisitivo de juzgamiento. In: AROCA, Juan Montero; VELLOSO, Adolfo Alvarado (Coord.). *Proceso civil e ideología*: un prefacio, una sentencia, dos cartas y quince ensayos: Moción de Valencia (2006), Declaración de Azul (2008). Valencia: Tirant lo Blanch, 2006. p. 217- 247).

31. "A favor del "eslabón más débil" de la relación procesal – una iniciativa conocida como "parcialidad *positiva*" (?!) – el juez puede hacer más flexible el procedimiento estándar legal (aunque aquí, por regla general, sea realizado un procedimiento sumario y oral), invertir la carga de la prueba, relativizar *pro misero* el rigorismo de la cosa juzgada (lo que explica la propagación *contra legem* de la cosa juzgada *secundum eventum probationis* en Brasil, especialmente en las lides sobre seguridad y asistencia social), interferir en la formación del objeto litigioso, satisfacer las carencias en materia de prueba (esto no insulta a la "imparcialidad"?) y conceder medidas autosatisfactivas *ex officio* [activismo autoritario "socioequilibrante", que los críticos ven como praxis *gauchiste*]." Mais à frente, concluiu o mestre: "[...] el activismo autoritario *engagée* del procesualismo socialista predica la "parcialidad positiva" como criterio de legitimidad de la actividad jurisdiccional (que no es más que una degradación de la imparcialidad). Dentro de la trilogía estructural del proceso, el objetivo socialista de desestructuración es el concepto de *jurisdicción* (y el principio constitucional que lo protege – la *imparcialidad*)." (COSTA, Eduardo

Ainda que esse não tenha sido o objetivo da instrumentalidade, sua concepção ideológica, fundada no monopólio do poder pelo Estado, ao qual os sujeitos processuais devem se submeter como mero coadjuvantes do processo, constitui terreno propício para o advento de ativismos de toda ordem. Com efeito, na medida em que o processo é encarado como meio e não um fim em si mesmo, estimula-se o comportamento judicial voltado ao atendimento de demandas sociais e políticas a partir de um senso próprio de justiça[32].

Nesse contexto, a instrumentalidade do processo abre espaço para um modelo autocrático na medida em que: (i) ao se adotar a jurisdição como categoria central da teoria geral do processo, concentra-se na figura do juiz um conjunto de poderes solipsistas incompatível com o compartilhamento de funções entre todos os sujeitos processuais no processo moderno; (ii) estimula-se uma separação radical entre Estado e indivíduo, que reitera uma relação de sujeição deste para com aquele; e (iii) legitimam-se provimentos jurisdicionais de cunho decisionista a partir da busca pelo atendimento de escopos políticos e sociais[33].

A ideia de um "Direito Processual Social", nesse cenário, é tributária da concepção publicista de processo, que se forjou sob as bases de uma reação ao individualismo do Estado liberal. A figura de juiz inerte e passivo serviria apenas aos propósitos da dominação política, uma vez que o formalismo excessivo fomentaria a manutenção do privilégio de classes. Daí que o incremento do papel do juiz na direção do processo torna-se necessário com vistas à descoberta da verdade e efetiva distribuição de justiça (papel salvacionista do Estado, com nítida inspiração marxista, fundada na desconfiança das

---

José da Fonseca. Los criterios de la legitimación jurisdiccional según los activismos socialista, fascista y gerencial. *Revista Brasileira de Direito Processual – RBDPro*, Belo Horizonte, ano. 21, n. 82, p. 205-216, abr./jun. 2013.).

32. Em sentido similar, cf.: ABBOUD, Georges. *Discricionariedade Administrativa e Judicial*. O Ato Administrativo e a Decisão Judicial. São Paulo: Revista dos Tribunais, 2014, p. 363-365.

33. Ibidem, p. 366.

garantias individuais como mecanismo suficiente de asseguramento da igualdade). O ponto alto dessa concepção parece ser a defesa de amplos poderes instrutórios do magistrado, que se vai convertendo em um dogma, sob a crença de que o publicismo é um traço imanente ao processo[34].

Há aqui um nítido enfraquecimento do papel das partes no processo e um incremento do protagonismo do juiz, que passa a ser visto como representante de um Estado capaz de solucionar a problemática social e econômica subjacente. A criação desse modelo de "socialização processual", portanto, surge a partir da busca de novos horizontes supostamente capazes de enfrentar as mazelas decorrentes do individualismo, gerando, porém, novos equívocos[35]. Isto é, se por um lado esse movimento surge pela real necessidade, à época, de se combater a prevalência dos interesses privados sobre os sociais, a defesa do protagonismo judicial exacerbado no processo gerou problemas de outra natureza, notadamente uma confiança cega na capacidade do magistrado de melhor definir as relações jurídicas, em detrimento da capacidade das próprias partes de agirem em defesa de seus interesses.

34. "No Brasil, porém, é ainda diminuto o grupo de juristas que se opõem a esse estado de coisas. Aqui, o juiz superpoderoso não só é tolerado como vangloriado. Contudo, essa exaltação deve-se mais a uma cultura inercial que a uma escolha refletida. Até agora, são poucos os processualistas que se debruçam sobre as perigosas implicações das iniciativas judiciais probatórias. Talvez isso explique a passividade com o qual se aceitam em nosso país excentricidades como as teorias das ***cargas probatórias dinâmicas***, da ***parcialidade positiva do juiz*** e do ***cooperativismo processual***. Afinal, não há por essas bandas alicerce dogmático mínimo para imprimir-se uma contraforça a essas doutrinas autoritárias. Tudo se passa como se pairasse sobre o ativismo judicial probatório o mais absoluto consenso. Não sem razão essas doutrinas são muitas vezes defendidas por autores que não dialogam criticamente com a nata do garantismo processual. Isso acaba gerando um conhecimento unilateral de baixa densidade científica. Daí a necessidade constante de realimentar-se o debate entre ativistas e garantistas." COSTA, Eduardo José da Fonseca. Algumas considerações sobre as iniciativas judiciais probatórias. *Revista Brasileira de Direito Processual – RBDPro*, Belo Horizonte, ano 23, n. 90, p. 153-173, abr./jun. 2015.

35. THEODORO JR., Humberto et al. Novo Código de Processo Civil, p. 63.

2.1.2. O modelo garantista

A retomada do debate crítico, com foco nas deficiências do modelo ativista, dá-se em época mais recente, especialmente na Espanha, Itália e Portugal, espalhando-se para a América Latina, cujos expoentes mais conhecidos são Juan Montero Aroca, Franco Cipriani e Adolfo Alvarado Velloso[36]. No Brasil, a temática foi introduzida por Glauco Gumerato Ramos[37].

O garantismo funda-se basicamente no objetivo de proteger o cidadão contra eventuais abusos do Estado, que, no processo, materializam-se a partir do aumento exacerbado dos poderes do juiz (processo como *garantia*). Essa perspectiva está baseada, em linhas gerais, na doutrina de Luigi Ferrajoli[38].

No âmbito do garantismo, propugna-se pela valorização da categoria "processo" em detrimento da "jurisdição". É dizer, valoriza-se aqui o contraditório, a ampla defesa e a imparcialidade do juiz como elementos legitimadores da decisão judicial. Para o ativismo, o juiz deve atuar na condução do processo independentemente da diligência da parte em defesa de dados interesses, sempre buscando a realização da justiça a partir do exercício do poder estatal encarnado na "jurisdição". Para o garantismo, o processo é um método no qual o resultado dependerá do efetivo debate entre as partes e de sua diligência em melhor manejar suas faculdades processuais. Desse modo, o foco do garantismo encontra-se na categoria "processo", no sentido de que a decisão judicial se legitima não em virtude dos

---

36. Sobre o tema, vide a coletânea organizada por Juan Montero Aroca, que, no cenário internacional, revela-se como um divisor de águas na publicização do debate: AROCA, Juan Montero (Coord.). *Proceso civil e ideología un prefacio, una sentencia, dos cartas y quince ensayos*. Valencia: Tirant lo Blanch, 2006.

37. RAMOS, Glauco Gumerato. Ativismo e Garantismo do Processo Civil: Apresentação do Debate. In: DIDIER, Fredie et al. *Ativismo Judicial e Garantismo Processual*. Salvador: Juspodivm, 2013, p. 260.

38. FERRAJOLI, Luigi. *Direito e razão* – Teoria geral do garantismo penal. Tradução Fauzi Choukr. São Paulo: Revista dos Tribunais, 2002, p. 683-766.

resultados substanciais que atingem o modo de vida das pessoas, mas em razão do respeito irrestrito às garantias fundamentais das partes (de ambas, ressalte-se). O contraditório e a ideia de imparcialidade, aqui, passam a ser a viga mestra na construção de um processo considerado democrático.

Nessa concepção há um foco maior de atenção à pessoa que recorre à Justiça, de modo que é a partir dela que se visa construir um modelo de processo como garantia e ferramenta de efetivação dos direitos humanos. O processo é visto como método de debate, como mecanismo assecuratório de que nenhum direito será materializado em detrimento de um direito da parte adversa. Dá-se ênfase à perspectiva do direito de defesa que a parte exerce no processo diante de um juiz imparcial e independente. A partir disso, pode-se dizer que seus princípios básicos são: (i) igualdade entre as partes; (ii) imparcialidade; e (iii) independência do julgador[39].

Para o garantismo, um certo distanciamento do magistrado é necessário para que se forme, sobre a solução da lide, uma blindagem capaz de evitar as propensões cognitivas do magistrado[40] – antes de tudo, uma característica própria do ser humano. Incapaz de fugir de seu elemento anímico, é preciso que se preserve, ao lado da imparcialidade – decisão judicial isenta do ponto de vista de seu conteúdo –, a "impartialidade" do magistrado, que se volta a impedir que o juiz aja como parte na condução da lide[41]. A suposta neutralidade, pois,

---

39. CALVINHO, Gustavo. La efectivización de lós derechos humanos desde la perspectiva del garantismo procesal.

40. No âmbito da psicologia comportamental cognitiva, a obra de Daniel Kahneman e Amos Tversky (KAHNEMAN, Daniel. ***Rápido e Devagar***: Duas Formas de Pensar. Rio de Janeiro: Editora Objetiva, 2012; TVERSKY, Amos; KAHNEMAN, Daniel. Judgment under Uncertainty: Heuristics and Biases. ***Science,*** New Series, v. 185, n. 4157, p. 1124-1131, 1974) aponta para a circunstância de que o homem não age sempre imbuído de racionalidade, estando sujeito a propensões ou vieses cognitivos (***cognitive biases***). No campo do Direito, a temática tem sido analisada a fim de observar esse enviesamento no comportamento judicial.

41. CABRAL, Antônio do Passo. Imparcialidade e impartialidade. In: DIDIER JR., Fredie; JORDÃO, Eduardo Ferreira (Org.). ***Teoria do processo***: panorama doutrinário mundial. Salvador: Juspodivm, 2008.

nada mais seria do que um mito, quando a praxe judiciária revela o risco das propensões cognitivas decorrentes, por exemplo: (i) do contato com prova ilícita - mesmo quando excluída dos autos; (ii) da tendência de confirmar, ao final, a tutela de urgência antes deferida; (iii) do enviesamento decorrente do contato preliminar com as partes, por ocasião da audiência de conciliação; e (iv) da produção de provas de ofício, o que, como regra, é feito para beneficiar uma parte ou para confirmar posicionamento cognitivo já firmado[42].

Costuma-se relacionar o modelo *adversarial-dispositivo* a regimes liberais, e o modelo *inquisitivo* a regimes intervencionistas[43]. Contudo, "se é certo que dados culturais certamente influenciarão a conformação do processo, método de exercício de poder, não há relação direta entre aumento de poderes do juiz e regimes autocráticos, ou incremento do papel das partes e regimes democráticos"[44]. Nesse contexto, assim como o incremento moderado do poder dos juízes no âmbito do processo pode servir aos propósitos de eficiência democrática do sistema, um garantismo exacerbado pode conduzir a resultados indesejáveis na perspectiva da composição efetiva das lides[45].

Nessa lógica, o CPC brasileiro de 2015 não pode ser enquadrado perfeitamente nas clássicas dicotomias "social-individual", "autoritário-liberal", "publicista-privatista" e/ou "ativista-garantista". Segue, nosso código atual, a tendência dos ordenamentos

---

42. Sobre essa temática, recomendamos as seguintes leituras: GUTHRIE, Chris; RACHLINSKI, Jeffrey J.; WISTRICH, Andrew J. Inside the judicial mind. ***Cornell Law Review***, v. 86, p. 778-829, may, 2001; e LYNCH, Kevin J. The lock-in effect of preliminary injunctions. ***Florida Law Review***, v. 66, p. 779-821, 2014.

43. A terminologia, embora corrente, é objeto de críticas na doutrina. Sobre os problemas desta dicotomia, cf. DAMAŠKA, Mirjan R. ***The faces of justice and State Authority***. New Haven: Yale University Press, 1986, p. 3 e segs; CHASE, Oscar G. A "excepcionalidade" americana e o direito processual comparado. ***Revista de Processo: RePro***, São Paulo, v. 28, n. 110, p. 115-140, 2003, p. 122.

44. DIDIER JR., Fredie. Os Três Modelos de Direito Processual: inquisitivo, dispositivo e cooperativo. ***Revista de Processo: RePro***, São Paulo, ano 36, v. 198, p. 207-217, ago. 2011.

45. Voltaremos a este ponto no tópico dedicado aos ***case management powers*** (3.1.1).

processuais contemporâneos[46], que são forjados a partir de diferentes características, tendo como foco a adequação do procedimento a objetivos multifacetados dos sistemas de justiça[47].

Essa tendência dos ordenamentos processuais se insere no contexto de um movimento mais amplo que tem como principais características: (i) a filtragem constitucional do direito processual, em busca da concepção de um verdadeiro modelo constitucional de processo; (ii) a aplicação de princípios processuais constitucionais mesmo ante a falta de regras específicas, dentre os quais, o princípio do contraditório; (iii) a exigência de uma fundamentação analítica para justificar as decisões judiciais; (iv) a preocupação com as formas de intervenção popular no ambiente do processo; (v) a construção de um modelo cooperativo de processo; e (vi) o aumento dos poderes de direção do processo como forma de gerar maior eficiência para o sistema processual.

2.1.3. O modelo cooperativo

Como uma espécie de revisão da polarização entre os modelos adversarial e inquisitivo, mas ainda sob o forte viés social dos modelos processuais hegemônicos do século XX[48], a ideia de cooperação processual surge na perspectiva de esgotamento da centralidade do

---

46. Nessa linha, JOLOWICZ, John Anthony. Adversarial and inquisitorial approaches to civil litigation. In: ______. *On civil procedure*. Cambridge: Cambridge University Press, 2000. p. 175-184.

47. "Nada impede que o legislador, em relação a um tema, encampe o 'princípio dispositivo' e, em relação ao outro, o 'princípio inquisitivo'. Por exemplo: no direito processual civil brasileiro, a instauração do processo e a fixação do objeto litigioso (o problema que deve ser resolvido pelo órgão jurisdicional) são, em regra, atribuições da parte (arts. 128, 263 e 460, CPC). Já em relação à investigação probatória, o CPC admite que o juiz determine a produção de provas *ex officio* (art. 130 do CPC)." (DIDIER JR., Fredie. *Op. cit.*).

48. Tendo em vista exatamente a circunstância de que a cooperação processual surge no contexto do Estado Social de Direito, faz-se imprescindível sua releitura democrática a fim de se evitar a defesa de um modelo autocrático de processo. No presente trabalho, buscar-se-á defender um modelo de cooperação mitigada que atenda aos reclamos do Estado Democrático de Direito. Sobre as raízes históricas da cooperação processual,

processo em torno da figura do juiz, propondo um modelo de gestão compartilhada e responsabilização mútua entre todos os atores processuais. Trata-se de um modelo misto que, embora não surja com propósitos de reação ao modelo socialista, busca mitigar os poderes autocráticos do magistrado, ao propugnar por uma partilha de competências entre os diversos sujeitos processuais. Desse modo, ela se constitui em um modelo que não abre mão de certas iniciativas judiciais, mas que, de alguma maneira, tenta racionalizá-las e submetê-las a mecanismos de controle pelas partes afetadas pela atuação estatal[49]. Busca-se, portanto, compensar o papel interventivo do magistrado com a participação ativa das partes na formação da decisão[50].

A partir da ideia de "divisão do trabalho"[51], propugna-se por uma reorganização das atribuições do juiz e das partes no processo. Haveria, a partir daí, uma releitura do papel de cada de sujeito do processo por meio de uma perspectiva de maior equilíbrio, ensejando modificações no tocante à compreensão de seus poderes, faculdades e deveres processuais.

Calmon de Passos já advertia há mais de uma década:

> Acreditar-se e dizer-se que o fundamental é a tutela jurídica, sendo o processo (prestação da atividade jurisdicional) o acessório é adotar-se postura ideologicamente perigosa, de todo incompatível com o ganho civilizatório que a democracia representa como forma de convivência política. Se o Direito é produzido socialmente pelos homens, a vitória mais significativa

---

vide: KOCHEM, Ronaldo. Introdução às raízes históricas da cooperação processual (Kooperationsmaxime). *Revista de Processo: RePro*, ano 41, v. 251, p. 75-111, jan. 2016.

49. Em sentido semelhante, SOUSA, Diego Crevelin de. Segurando o juiz contraditor pela impartialidade: de como a ordenação de provas de ofício é incompatível com as funções judicantes. *Revista Brasileira de Direito Processual – RBDPro*, Belo Horizonte, v. 24, n. 96, p. 49-78, out./dez., 2016).

50. CUNHA, Leonardo Carneiro da. *Atendibilidade dos fatos supervenientes no processo civil.* Coimbra: Almedina, 2012, p. 28

51. MOREIRA, José Carlos Barbosa. O problema da "divisão do trabalho" entre o juiz e as partes: aspectos terminológicos. In: ______. *Temas de direito processual.* Quarta série. São Paulo: Saraiva, 1989. p. 35-44.

> da modernidade, em termos políticos, foi assentar-se, como inafastável postulado, que sua validade é indissociável do processo de sua produção, processo este incompatível com o arbítrio, exigindo, para legitimar-se, que atenda a regras cogentes e prévias, respeitados os princípios fundamentais do Estado de Direito Democrático, tudo constitucionalmente prefixado. Em suma, que sejam atendidas as exigências do devido processo legal, tanto do devido processo legal (devido processo constitucional, seria mais adequado dizer-se) legislativo, quanto do administrativo e do jurisdicional. [...] Devido processo constitucional jurisdicional, cumpre esclarecer, para evitar sofismas e distorções maliciosas, não é sinônimo de formalismo, nem culto da forma pela forma, do rito pelo rito, mas sim um complexo de garantias mínimas contra o subjetivismo e o arbítrio dos que têm poder de decidir[52].

Nessa lógica, segundo sua construção doutrinária clássica – que merece uma leitura constitucionalmente adequada, como veremos oportunamente –, a cooperação cria para o magistrado, como consectários lógicos, os deveres de prevenção, esclarecimento, assistência e consulta às partes. A colaboração, entendida como princípio, estruturar-se-ia a partir desses deveres, que se constituem em regras de comportamento para o juiz na condução do processo[53].

O *dever de prevenção* funciona como uma espécie de advertência voltada ao aprimoramento da atuação processual das partes, de maneira a evitar vícios e irregularidades que inviabilizem o conhecimento adequado do mérito do litígio, isto é, impedindo o chamado "uso inadequado do processo"[54]. Caberia ao magistrado, pois, apontar a deficiência na postulação das partes para que possam ser supridas, prestigiando-se, pois, a primazia do mérito[55].

---

52. CALMON DE PASSOS, José Joaquim. ***Direito, poder, justiça e processo*** – julgando os que nos julgam. Rio de Janeiro: Forense, 1999, p. 68-69.

53. Entre outros, cf.: MITIDIERO, Daniel. ***Colaboração no processo civil,*** p. 76.

54. SOUSA, Miguel Teixeira de. ***Estudos sobre o novo processo civil.*** 2. ed. Lisboa: Lex, 1997, p. 65-66.

55. A primazia do mérito vem sendo abordada, na doutrina nacional, como um dos vetores fundamentais do Novo CPC, notadamente em função do disposto no art.

O *dever de esclarecimento* possui dupla função: primeiro, tem o sentido de permitir ao magistrado que, a qualquer tempo, convoque as partes para prestar esclarecimentos sobre a matéria de fato e de direito alegada, dando-se conhecimento à parte adversa do resultado da iniciativa; segundo, afora a existência de justificativa plausível, as partes são obrigadas a atender à solicitação judicial[56]. Essa atividade teria a função de (i) facilitar a obtenção de elementos de convencimento e (ii) prestar auxílio à parte débil na relação processual, de maneira a gerar efetiva paridade de armas[57]. Além disso, o dever de esclarecimento cumpre o papel de permitir ao juiz ou tribunal que aclare junto às partes dúvidas sobre alegações e pedidos[58], permitindo a construção de decisões capazes de enfrentar adequadamente o litígio - aqui repousa também o dever do magistrado de esclarecer seus próprios pronunciamentos para as partes (o que se desdobra no dever de fundamentação).

O *dever de assistência* (ou auxílio) refere-se ao afastamento, por ato judicial, de qualquer obstáculo que inviabilize a obtenção, por uma das partes, de documento ou informação essencial[59] para o cumprimento de um ônus ou dever ou para o exercício de uma faculdade processual. Nele, está incluída também a superação de

---

4º do novo estatuto processual. Vide sobre o tema: CUNHA, Leonardo Carneiro da. ***Princípio da primazia do julgamento do mérito***. 30 mar. 2015. Disponível em: <http://www.leonardocarneirodacunha.com.br/opiniao/opiniao-49-principio-da-primazia-do-julgamento-do-merito/>. Acesso em: 01 jul. 2015.

56. Aqui reside um dos riscos da cooperação para a compreensão de um processo democrático, caso se admita o exercício desse poder de requisição *ex officio* e indiscriminadamente. O tema será abordado com maior vagar oportunamente.

57. Nessa segunda perspectiva, o dever de esclarecimento se confunde, de certo modo, com o dever de assistência.

58. SOUSA, Miguel Teixeira. ***Op. cit.***, p. 65.

59. Sobre o tema dos poderes instrutórios do juiz, também se fará uma abordagem crítica à luz dos postulados do processo democrático. No tocante à exibição de documentos, o ***busílis*** fundamental da questão, a nosso ver, reside nas iniciativas probatórias à revelia de provocação da parte diretamente interessada.

qualquer dificuldade que impeça o exercício daquelas situações jurídico-processuais anteriormente elencadas[60].

Finalmente, o *dever de consulta* impõe a necessidade de que, como regra, o juiz ouça as partes sobre questões de fato e de direito antes de decidir, evitando-se, pois, as chamadas "decisões-surpresa" e permitindo-se o pleno exercício do direito de influência na construção dos provimentos jurisdicionais[61].

Assim é que o processo civil cooperativo, de que é exemplo o modelo implementado pelo CPC/2015, estrutura-se de maneira a viabilizar a atuação judicial voltada à construção de uma "decisão de mérito justa e efetiva" (art. 6º). Para tanto, o legislador se vale destes deveres de esclarecimento (arts. 139, VIII, 321, 357, §3º), de diálogo (arts. 9º, 10, 191, 357, § 3º, 487, parágrafo único, 489, § 1º, IV, 493, parágrafo único), de prevenção (arts. 139, IX, 317, 932, parágrafo único, 1.007, §§ 2º, 4º e 7º, 1.17, § 3º, 1.029, § 3º) e de auxílio (arts. 319, § 1º, 3734, § 1º, 400, parágrafo único, 772, III), atividades que permearão todo o procedimento comum[62].

2.2. COOPERAÇÃO: PRINCÍPIO OU TÉCNICA PROCESSUAL?

A proposta de cooperação processual vem sendo objeto de críticas por parte de relevante doutrina desde antes de sua introdução,

---

60. De que são exemplos a inversão do ônus da prova, o direito à justiça gratuita (cuja existência enseja o dever correlato do juiz de deferir, presentes os requisitos legais) e a determinação para que o executado indique bens à penhora.

61. Essa diretriz foi acolhida no CPC/2015 (Art. 10), que incluiu entre as que devem ser debatidas as questões cognoscíveis de ofício, como já defendia boa parcela da doutrina nacional, mesmo antes do advento do novo ***Codex***. Comumente, a regra é objeto de críticas, notadamente por partes dos juízes, tendo em vista a alegação de que implicará em morosidade processual. Mas é preciso ver que, em ambiente democrático, o desenvolvimento do diálogo entre as partes e o juiz não compõe o tempo ***patológico*** do processo – esse sim, capaz de gerar morosidade –, mas o seu tempo ***fisiológico*** – noutras palavras, o tempo necessário para a produção de decisões legítimas. Em sentido semelhante, cf.: MITIDIERO, Daniel. ***Colaboração no Processo Civil,*** p. 116.

62. Ibidem, p. 100.

como norma positiva, no ordenamento jurídico pátrio[63]. Para tanto, aponta-se, de plano, sua consideração como princípio, o que ensejaria, segundo essa visão, a possibilidade de se constituir em um veículo de flexibilização de regras processuais, abrindo espaço para a discricionariedade judicial, como uma espécie de retorno às tradições do positivismo[64].

Partindo-se da premissa de que a cooperação é sim norma revestida de conteúdo principiológico, é preciso reconhecer, de início, que a ascensão dos princípios no âmbito da interpretação jurídica não pode ser vista como uma carta de alforria em favor do magistrado, que, a partir deles, ver-se-ia livre das amarras do silogismo, do juiz "boca da lei", para alcançar o papel de construtor de direitos por meio de uma pauta indefinida de valores, ideologias, expectativas morais etc.[65] Um sistema de princípios não equivale ao que se convencionou chamar de *panprincipiologismo*, fenômeno identificado com a atribuição da qualidade de princípio a qualquer padrão interpretativo que se queira adotar, mediante estratégias retóricas e perfeccionistas, visando a fins pragmáticos.

---

63. Vide, por todos: STRECK, Lenio. ***Verdade e consenso.*** 3. ed. Rio de Janeiro: Lumen Juris, 2009, p. 485 e ss.

64. As referências no presente trabalho ao "positivismo" dizem respeito, basicamente, ao "positivismo normativista", que, na qualidade de pensamento antagônico às teorias de ordem metafísica, sociológica, histórica ou antropológica, tentou alcançar a autonomia da ciência do Direito utilizando-se, para tanto, o método positivista (das ciências exatas). Tal positivismo diferencia-se do exegetismo porque, ao contrário do juiz "boca da lei", o juiz do normativismo deve identificar a norma individual do caso, inclusive a partir de um ato de vontade, ato este que não é objeto da ciência jurídica, mas da política jurídica. A ciência jurídica, portanto, vai até a construção da moldura dentro da qual atuará o aplicador da norma. A partir dali, há uma "escolha" juridicamente incontrolável. Sobre o tema, vide: KELSEN, Hans. ***Teoria Pura do Direito***. 6. ed. São Paulo: Martins Fontes, 1998. Essa discricionariedade também é encontrada em: HART, Herbert Lionel Adolphus. ***Conceito de Direito.*** 2. ed. Lisboa: Fundação Calouste Gulbenkian, 1994.

65. No ponto, estamos de pleno acordo com Streck e Motta. (STRECK, Lenio Luiz; MOTTA, Francisco José Borges. Um debate com (e sobre) o formalismo-valorativo de Daniel Mitidiero, ou: "Colaboração no processo civil" é um princípio? ***Revista de Processo: RePro***, v. 37, n. 213, p. 13-34, nov. 2012, p. 14).

Aliás, o sistema de princípios, no âmbito da teoria da integridade do Direito[66], surge exatamente na perspectiva contrária, isto é, como instrumento de limitação da discricionariedade judicial na aplicação da norma jurídica, constituindo-se em um projeto de verdadeiro "ataque geral ao positivismo" (*general attack on positivism*)[67].

Contra a consideração da cooperação como princípio, afirma-se que ela não estaria dotada de densidade normativa e do caráter deontológico próprio das normas jurídicas[68]. A essa assertiva se pode objetar que, além da cooperação processual haver sido incorporada ao ordenamento jurídico pátrio – o que lhe assegura caráter normativo e potencialidade para dela se extraírem consequências práticas –, ela se amolda perfeitamente ao conceito de princípio da teoria dworkiniana, segundo a qual um princípio constitui um padrão a ser observado por exigência de justiça ou equidade ou alguma outra dimensão da moralidade[69]. O princípio, nessa diretriz, é uma norma que não busca regular sua condição de aplicação, pois não apresenta consequências jurídicas que se seguem automaticamente quando as condições são dadas, possuindo uma dimensão de peso ou importância (*dimension of weight*)[70].

66. DWORKIN, Ronald. ***O Império do Direito.*** Tradução Jefferson Luiz Camargo. São Paulo: Martins Fontes, 2003.

67. DWORKIN, Ronald. ***Levando os direitos a sério***. Tradução Nelson Boeira. São Paulo: Martins Fontes, 2002, p. 35.

68. STRECK, Lenio Luiz; MOTTA, Francisco José Borges. ***Op. cit.*** p. 17.

69. DWORKIN, Ronald. ***Levando os direitos a sério***, p. 36. Veja-se que o reconhecimento do caráter principiológico da cooperação no presente trabalho não significa concordar, no ponto, com as premissas de Daniel Mitidiero, para quem um princípio se caracteriza por sua dimensão finalística (noção atribuída a: ÁVILA, Humberto. ***Teoria dos princípios***: da definição à aplicação de princípios jurídicos. 6. ed. São Paulo: Malheiros, 2006), voltada à realização de um processo justo, que, por sua vez, identifica-se com a perseguição de valores como a justiça material e a paz social (MITIDIERO, Daniel. Colaboração no processo civil como ***prêt-à-porter?*** Um convite ao diálogo para Lenio Luiz Streck. ***Revista de Processo: RePro***, v. 36, n. 194, p. 55-68, abr. 2011).

70. DWORKIN, Ronald. ***Levando os direitos a sério***, p. 39.

Alega-se que as regras são necessariamente derivação de princípios, de modo que não há regra sem princípio instituidor. Essa seria a razão pela qual a cooperação, que não se desdobra em regras específicas, não assumiria a condição ontológica própria dos princípios[71]. Para além de parecer questionável a assertiva de que toda regra pressupõe um princípio anterior[72] [73], o óbice colocado à consideração da cooperação em um plano principiológico fica esvaziado quando se parte da ideia de que há, sim, diversos desdobramentos do modelo cooperativo em regras, como teremos oportunidade de verificar ao longo do presente trabalho. As regras funcionam à maneira do tudo ou nada (*all-or-nothing*)[74], isto é, na dimensão da

71. STRECK, Lenio Luiz; MOTTA, Francisco José Borges. Um debate com (e sobre) o formalismo-valorativo de Daniel Mitidiero, ou: "Colaboração no processo civil" é um princípio?, p. 21.

72. Essa assertiva, como proposta geral, somente nos parece válida se estabelecermos uma vinculação fraca e distante entre determinadas regras e princípios (como a vinculação entre uma de regra de trânsito e o princípio da segurança jurídica ou igualdade). Se partirmos da premissa de uma vinculação forte e próxima, muitas regras não podem ser reconhecidas como derivação de princípios, razão pela qual são unidades normativas autônomas, sem qualquer vínculo hierárquico com normas de caráter principiológico.

73. Defendendo que o princípio da cooperação atua no processo independentemente da existência de regras específicas: "O princípio da cooperação atua ***diretamente***, imputando aos sujeitos do processo deveres, de modo a tornar ilícitas as condutas contrárias à obtenção do 'estado de coisas' (comunidade processual de trabalho) que o princípio da cooperação busca promover. Essa eficácia normativa independe da existência de ***regras jurídicas*** expressas. Se não há regras expressas que, por exemplo, imputem ao órgão jurisdicional o dever de manter-se coerente com os seus próprios comportamentos, protegendo as partes contra eventual comportamento contraditório (***venire contra factum proprium***) do órgão julgador, o princípio da cooperação garantirá a imputação desta situação jurídica passiva (dever) ao magistrado." (DIDIER JR., Fredie. Os Três Modelos de Direito Processual: inquisitivo, dispositivo e cooperativo).

74. De modo a emprestar coerência às premissas do presente trabalho, cabe-nos ressaltar que a distinção entre regras e princípios é uma distinção entre dois tipos de normas, e não entre dois tipos de textos. É por isso que tanto as regras quanto os princípios pressupõem uma interpretação prévia. Isso não quer dizer, todavia, que ambos tenham a mesma estrutura. Após a interpretação em sentido estrito, regras jurídicas têm incidência quase automática, ou seja, elas "estabelecem soluções particulares" (TAVARES, André Ramos. ***Fronteiras da Hermenêutica***

validade, sendo possível reconhecer diversas normas dessa natureza no sistema processual que constituem derivação da cooperação e que consubstanciam os chamados "deveres de colaboração"[75].

Por outro lado, na medida em que a cooperação, em seu sentido naturalístico, dá ideia de algo que pressupõe adesão voluntária das partes, seria possível defender que ela mais se aproxima de uma técnica processual do que de um princípio[76]. Isto porque caberia à parte manejar os atos processuais de modo a colaborar para a "rápida e justa solução da lide", o que ensejaria, pois, um juízo psicológico de aquiescência ao ingresso na "comunidade de trabalho". Todavia, como se terá oportunidade de demonstrar no tópico posterior, o modelo de cooperação aqui defendido não inclui a atuação da parte voltada a auxiliar seu adversário no tocante à sua pretensão em si. A

Constitucional. São Paulo: Método, 2006, p. 92). Por seu turno, mesmo após a interseção entre texto e realidade, os princípios ainda poderão entrar em conflito com outros princípios. Isto porque a aplicabilidade dos princípios, em um caso concreto, não se apresenta de forma obrigatória, uma vez que não possuem consequências jurídicas que se sucedem automaticamente quando presentes as condições abstratamente previstas no texto. Seria possível dizer que, quando entram em colisão, ganha aplicação aquele princípio que, pelas circunstâncias concretas do caso, mereça primazia. Daqui se conclui que a essência do Direito é sempre uma prática interpretativa, que se exerce no plano pragmático. Assim, "no nível da práxis não há uma distância tão grande entre regras e princípios, como quer – semanticamente – Alexy e seus seguidores. Os princípios só não aparecem com a clareza objetiva das regras porque se revestem de uma dimensão histórico-transcendental: sua 'aplicação' depende de uma justificação que vai além da mera objetividade das regras, num plano que não é meramente empírico, mas que traz consigo a dimensão de vivências práticas e compartilhadas pela comunidade histórica." (OLIVEIRA, Rafael Thomaz de. ***Decisão judicial e conceito de princípio.*** Porto Alegre: Livraria do Advogado, 2008, p. 206).

75. Nesse ponto, ousamos discordar da diretriz no sentido de que a cooperação não é princípio porque ela se constitui, em verdade, em deveres (DELFINO, Lucio; ROSSI, Fernando F. Juiz contraditor?. ***Revista Brasileira de Direito Processual – RBDPro***, Belo Horizonte, v. 21, n. 82, p. 229-254, abr./jun., 2013). O dever jurídico consubstancia uma vinculação imposta à vontade de quem por ele é alcançado. Nesse sentido, a cooperação se desdobra em diversos deveres, mas, como expressão geral conformadora da aplicabilidade do sistema processual, com eles não se confunde.

76. Sobre a noção de técnica processual, vide: GONÇALVES, Aroldo Plínio. ***Técnica processual e teoria do processo.*** Rio de Janeiro: Aide, 1992.

leitura dos deveres de cooperação das partes entre si apontará para outro caminho, perfeitamente defensável sob o prisma democrático.

Finalmente, é preciso ver que a cooperação não surge no direito contemporâneo como uma norma artificialmente imposta pelo legislador, premissa que poderia também ser levantada contra o seu aspecto principiológico, dado o caráter histórico-cultural dos princípios[77] [78]. Com efeito, é preciso ver que os chamados deveres de esclarecimento, prevenção e consulta são perfeitamente extraíveis do contraditório redimensionado a partir da Constituição de 1988 - e não a partir da mudança na legislação processual (CPC/2015) -, notadamente à vista de uma concepção de democracia participativa. O dever de auxílio, a seu turno, pode ser compreendido perfeitamente como uma derivação do princípio da isonomia processual. Por fim, a boa-fé processual - única compreensão democrática possível da cooperação das partes "entre si" - sobrevive incólume no sistema sem a existência do art. 6º do NCPC a partir dos postulados do modelo constitucional de processo.

Nessa perspectiva, contraditório substancial, fundamentação analítica e proibição de decisão surpresa são expressões

---

77. "A origem desses princípios, enquanto princípios jurídicos, não se encontra na decisão particular de um poder legislativo ou tribunal, mas na compreensão do que é apropriado, desenvolvida pelos membros da profissão e pelo público ao longo do tempo. A continuidade de seu poder depende da manutenção dessa compreensão do que é apropriado, desenvolvida pelos membros da profissão e pelo público ao longo do tempo. A continuidade de seu poder depende da manutenção dessa compreensão do que é apropriado. Se deixar de parecer injusto permitir que as pessoas se beneficiem de seus próprios delitos ou se deixar de parecer injusto impor encargos especiais sobre monopólios que fabricam máquinas potencialmente perigosas, esses princípios não mais desempenharão um papel em novos casos, mesmo se eles não forem anulados ou revogados." (DWORKIN, Ronald. ***Levando os direitos a sério***, p. 64).

78. Não por outra razão, Dworkin, ao tratar da comunidade de princípios, sustenta que uma determinada sociedade é compreendida como formada por pessoas que se consideram governadas não apenas por um conjunto de decisões tomadas em âmbito institucional, mas também por um sistema de princípios construídos a partir da interpretação da história das práticas sociais. (DWORKIN, Ronald. ***O império do Direito***, p. 116).

perfeitamente recolhíveis da concepção de processo como direito fundamental de participação efetiva no desenvolvimento e formação de provimentos decisórios, isto é, como controle do poder exercido pelo Estado-juiz. A isso se juntaria a própria previsão constitucional da razoável duração do processo, cujos desdobramentos estão exatamente nas técnicas de condução do processo voltadas a resultados eficazes.

Aliás, essa visão, segundo o prisma ora adotado, tem a utilidade de impedir ou combater uma proposta de cooperação processual que reforce poderes totalitários do magistrado voltados à correção de desigualdade materiais, em verdadeira prática assistencialista[79]. Daí, passa a ser essencial definir em que a cooperação pode efetivamente contribuir para a construção de um novo modelo de condução do processo civil.

Nesse prisma, há de se indagar: qual a função normativa do art. 6º do NCPC na ordem jurídico-processual em vigor? Trata-se de um "vazio normativo" ou uma norma de cunho retórico? Partindo-se das premissas antes elucidadas, especialmente a de que a cooperação funda-se em elementos histórica e adredemente presentes no sistema normativo, conclui-se que a disposição do art. 6º, em uma leitura constitucional, nada mais é do que uma *norma de reforço* aos postulados essenciais da construção do devido processo legal, no qual se insere o direito de participação e de entrega da prestação jurisdicional em tempo razoável. Trata-se a cooperação, portanto, de uma *norma de canalização* das diretrizes do processo contemporâneo, de viés democrático, cujos pilares fundamentais encontram-se no contraditório fortalecido, na fundamentação, na participação dos afetados na construção dos atos estatais e no combate à litigância de má-fé, que impede que o Estado exerça sua função no processo. Ao fim, ela se revela como uma faceta do devido processo legal substancial.

79. Entre essas propostas estaria a defesa de que a parte é obrigada a fornecer elemento de prova mesmo que este contrarie seus interesses na lide, tudo sob o manto da necessidade de "colaborar" para a solução da lide.

Reconhecer o caráter principiológico da cooperação, ademais, não significa adotar uma dimensão que se traduza em um cheque em branco para o magistrado dirigir o processo em busca de resultados definidos por ele próprio. Nesse sentido,

> Num momento que em que o Novo CPC constitui um sistema principiológico de regras, há que se atentar para que isso não signifique um aumento dos poderes do magistrado – ou que seus poderes sejam percebidos sob a fiscalidade que as próprias normas fundamentais do Código impõem, como densificação dos comandos constitucionais. A crítica ao positivismo literalista na aplicação das normas não nos leva ao extremo oposto, que é uma nova forma de discricionariedade/decisionismo judicial: agora não mais quando há lacunas/antinomias, mas em qualquer caso[80].

Ao que nos parece, o receio de reconhecimento da cooperação como princípio se deve muito mais ao risco de se lhe atribuir uma "super-relevância" e uma "sobre-hierarquia" no quadro geral das normas jurídicas, como sói acontecer com diversos princípios *ad hoc* que foram criados com capacidade de gerar, na prática, a derrogação casuística de regras jurídicas claramente estabelecidas. O problema residiria mais na necessidade de *interpretação adequada* da cooperação no ambiente democrático[81] – com as limitações que esta perspectiva impõe – do que no reconhecimento de seu *status* principiológico. Nessa linha, a problemática reside mesmo na consideração conceitual dos princípios, de modo que é preciso concordar com a crítica de que eles não se confundem com políticas ou valores[82].

80. THEODORO JR., Humberto et al. Novo Código de Processo Civil, p. 52.

81. Nesse ponto, entende-se que a cooperação não é uma derivação lógica da proposta do formalismo-valorativo de Carlos Alberto Alvaro de Oliveira (***Do formalismo no processo civil***), que, de fato, abre portas para a defesa do afastamento de regras em nome de supostos fins do processo.

82. A confusão de direitos com valores, decorrente do exame axiológico do fenômeno jurídico, reduz o caráter deontológico dos direitos, submetendo-os a um juízo de

2.3. A COOPERAÇÃO NO MODELO DEMOCRÁTICO DE PROCESSO: UMA VIA INTERMEDIÁRIA ENTRE O ATIVISMO E O GARANTISMO?

2.3.1. *Cooperação processual e seu sentido dogmático*

Na doutrina brasileira[83], a colaboração foi mencionada pela primeira vez por José Carlos Barbosa Moreira, ao propugnar pela divisão do trabalho entre juiz e partes[84], o que serviria para resolver de maneira harmoniosa a contraposição entre os modelos dispositivo e inquisitivo do processo civil[85]. Em uma perspectiva mais profunda, porém, o tema fora introduzido no Brasil a partir da obra de Carlos Alberto Alvaro de Oliveira, para quem havia necessidade de uma direção efetiva do processo pelo juiz a partir não de uma posição dominante, mas pautada pelo diálogo com as partes[86]. Na mesma época, Lúcio Grassi de Gouveia elaborou trabalho acerca dos deveres de cooperação, tendo como marco teórico a obra do jurista português Miguel Teixeira de Sousa, analisando a possibilidade de aplicação do modelo no direito brasileiro[87].

---

ponderação fundado nas consequências fáticas de sua realização (Cf. HABERMAS, Jürgen. *Direito e democracia,* p. 314-323). Essa estratégia interpretativa, que considera a Constituição como uma "ordem objetiva de valores", afasta a dimensão de validade binária das regras jurídicas – válidas ou inválidas –, que passam a ser "relativizadas" em nome de fins constitucionais extremamente intangíveis.

83. O histórico é de Mitidiero. (MITIDIERO, Daniel. *Colaboração no Processo Civil,* p. 100-102).

84. MOREIRA, José Carlos Barbosa. O problema da "divisão do trabalho" entre o juiz e as partes: aspectos terminológicos. In: ______. *Temas de direito processual.* Quarta série. São Paulo: Saraiva, 1989, p. 50.

85. MOREIRA, José Carlos Barbosa. Sobre a participação do juiz no processo civil. In: ______. *Temas de direito processual.* Quarta série. São Paulo: Saraiva, 1989, p. 66.

86. ALVARO DE OLIVEIRA, Carlos Alberto. Poderes do juiz e visão cooperativa do processo. *Revista da Ajuris*, Porto Alegre, n. 90, p. 55-84, jun. 2003, p. 55-84.

87. GOUVEIA, Lúcio Grassi de. Cognição processual civil: atividade dialética e cooperação intersubjetiva na busca da verdade real. In: DIDIER Jr., Fredie (Org.). *Leituras Complementares de Processo Civil*. 9. ed. Salvador: Juspodivm, 2011. v. 1, p. 371-385.

As expressões "cooperação" ou "colaboração" são dotadas de múltiplos sentidos, podendo ensejar uma má exegese no projeto de construção de um processualismo efetivamente democrático. Mesmo quando analisada sob a ótica do dever do juiz para com as partes, a expressão não se afigura suficiente para designar o dever de oferecer uma prestação jurisdicional legítima.

> É dizer, no sentido usual do termo: o juiz não deve apenas "cooperar" ou "colaborar" com as partes; não se trata de liberalidade, de ("boa") vontade judicial, mas de correlação forçosa entre direitos-garantias das partes e deveres-poderes do juiz, escapando estes últimos a qualquer uso discricionário[88].

Daí a necessidade de se buscar uma compreensão adequada da cooperação processual que lhe assegure o papel de elemento propulsor de um processo pós-liberalista e pós-socialista.

Em seu sentido semântico, cooperação significa "operar simultânea ou conjuntamente; dar contribuição para algo". Mas operar conjuntamente não pode consistir, numa interpretação democrática, em gerar para a parte o dever de colaborar com a pretensão de seu adversário, já que o conflito de interesses é inerente à relação processual. As partes operam, mas operam separadamente. Seu sentido, portanto, deve se voltar a uma atuação funcional que se dirija à busca, no melhor tempo possível, de uma resposta estatal para o conflito. Nesse ponto, a parte tem um dever "negativo": não criar obstáculos para que o Estado-juiz cumpra seu papel, o que não se confunde com auxílio à tese adversária. Isto é, cooperar significa que as partes têm propósitos comuns no processo - entrega da prestação jurisdicional - e, no tocante a eles, auxiliam-se mutuamente, o que não significa que não possam ter posições conflitantes quanto a outros aspectos. Adotada uma adequada chave de leitura, a ideia

88. STRECK, Lenio Luiz et al. *A cooperação do Novo CPC é incompatível com a Constituição.* Consultor Jurídico. 23 dez. 2014. Disponível em: <http://www.conjur.com.br/2014-dez-23/cooperacao-processual-cpc-incompativel-constituicao>. Acesso em: 25 jul. 2016.

de cooperação processual pode colaborar para a construção de um processo eficiente, sem perda de legitimidade democrática.

Por outro lado, é inegável o ganho que a relação processual pode obter a partir dos aprimoramentos democráticos propostos pelo garantismo. Todavia, além do devido processo legal, é preciso lembrar que a Constituição Federal incorpora outros direitos e pretensões que precisam, concomitantemente, ser protegidos e implementados pela atuação estatal. Desse modo, dada a compreensão da sociedade como um ente abstrato voltado à realização de fins comuns, em uma lógica naturalmente cooperativa[89], impõe-se uma compreensão do Estado que abranja prestações positivas dirigidas à implementação desse projeto homogêneo. Nessa lógica, inclui-se, por óbvio, a intervenção do Estado no ambiente do processo – ainda que limitada – de maneira a assegurar uma prestação jurisdicional adequada. Não é à toa que a Constituição, por exemplo, assegura a dignidade da pessoa humana (CF, art. 1º, III), o objetivo de construir uma sociedade livre, justa e solidária (art. 3º, I), o compromisso da jurisdição de atuar de modo a evitar lesão ou ameaça a direito (art. 5, XXXV), a razoável duração do processo e os meios que garantam a celeridade de sua tramitação (art. 5º, LXXVII), de modo que o conjunto da obra "conspira contra os posicionamentos maniqueístas que apartam por completo o ativismo judicial do garantismo processual"[90]. O direito a um processo justo é, portanto, um direito à prestação (e não abstenção) estatal que estabilize, a tempo e modo, as relações jurídico-sociais.

Parece-nos legítimo, assim, que o sistema preveja: (i) a possibilidade de concessão de tutelas de urgência *inaudita altera parte*[91],

---

89. Em sentido semelhante, cf.: MITIDIERO, Daniel. Colaboração no processo civil como *prêt-à-porter?* Um convite ao diálogo para Lenio Luiz Streck, p. 59.

90. RAMOS, Glauco Gumerato. Ativismo e Garantismo do Processo Civil: Apresentação do Debate.

91. Art. 9º Não se proferirá decisão contra uma das partes sem que ela seja previamente ouvida.
Parágrafo único. O disposto no *caput* não se aplica:
I – à tutela provisória de urgência; [...].

quando essa solução é necessária para a efetividade da jurisdição e melhor distribuição do ônus do tempo do processo; (ii) a adoção de medidas equivalentes ao resultado prático requerido[92], como forma de que o juiz busque a solução que materialmente assegure a realização da prestação jurisdicional; (iii) os poderes de direção formal do processo por parte do magistrado, de maneira a conduzi-lo em busca de solução jurisdicional célere; e (iv) a possibilidade de combater a litigância de má-fé, que se volta contra a efetividade do processo e da segurança jurídica[93].

Dessa maneira, o processo vai sendo construído ora dando ênfase à participação das partes, como se verifica nas fases postulatória e instrutória, ora dando proeminência à participação do juiz na construção do resultado da atividade jurisdicional, como se verifica nas fases saneatória e decisória. Daí a conclusão de que a cooperação pode ser compreendida como uma terceira via apta a equilibrar os papéis dos sujeitos na relação processual, de modo a construir-se um processo eficiente, porém sem perda de suas características democráticas.

2.3.2. *Legitimação do processo cooperativo e os riscos da má compreensão do modelo proposto*

Um esclarecimento importante refere-se à compreensão de processo justo adotada neste trabalho, tema ao qual voltaremos oportunamente. De antemão, ressaltamos que não identificamos a

---

92. Art. 497. Na ação que tenha por objeto a prestação de fazer ou de não fazer, o juiz, se procedente o pedido, concederá a tutela específica ou determinará providências que assegurem a obtenção de tutela pelo resultado prático equivalente.

93. Art. 139. O juiz dirigirá o processo conforme as disposições deste Código, incumbindo-lhe:
[...]
II – velar pela duração razoável do processo;
III – prevenir ou reprimir qualquer ato contrário à dignidade da justiça e indeferir postulações meramente protelatórias; [...].

cooperação como elemento integrante de um processo orientado pela busca da verdade, como o faz, por exemplo, Daniel Mitidiero[94]. A ideia de realização da justiça material através do processo se liga invariavelmente à busca da verdade. Parece-nos que, no ponto, a razão está com Luigi Ferrajoli, ao asseverar que *"a falta de critérios objetivos seguros para afirmar que uma tese judicial é verdadeira torna inservível ou até mesmo desorientado o próprio conceito de verdade processual"* [95].

Nesse cenário, há de se indagar como a cooperação processual pode ser encarada como via intermediária entre um modelo inquisitivo (ativista) e um modelo dispositivo (garantista). Além disso, pode-se questionar também se a cooperação, em seu sentido clássico, seria inteiramente adaptável à perspectiva de um processo democrático por meio de uma releitura de seu sentido tradicional, fundada em uma interpretação conforme a Constituição, a fim de melhor adequá-la ao modelo processual que ora se propõe. Isto porque é preciso um cuidado redobrado para que a cooperação não se converta em uma "razão de conteúdo"[96], colocando sob risco a racionalidade formal do Direito – estabelecida na legalidade e em procedimentos previamente definidos – e substituindo-a por uma racionalidade construída a partir de uma ética específica. A cooperação, pois, não pode ser compreendida como um instrumento que, ao contrário de ampliar o debate processual, presta-se à instrumentalização das partes e reforço de eventual postura ditatorial do juiz.

É como ressaltou o Ministro Eros Grau por ocasião de seu voto na ADPF 144:

> A sociedade, insatisfeita com a legalidade e o procedimento legal, passa a nutrir anseios de justiça, ignara de que ela não existe em si e de que é incabível, como observara Epicuro,

94. *Op. cit.*, p. 60.

95. FERRAJOLI, Luigi. *Direito e razão*, p. 50.

96. GRAU, Eros Roberto. *Por que tenho medo dos juízes* – a interpretação e aplicação do direito e os princípios. 6. ed. Malheiros: São Paulo, 2013, p. 17.

> discutirmos a "justiça" ou "injustiça" da norma produzida ou da decisão tomada pelo juiz, visto que nem uma, nem outra ["justiça" ou "injustiça"], existem em si; os sentidos, de uma e outra, são assumidos exclusivamente quando se as relacione à segurança [segurança social], tal como concebida, em determinado momento histórico vivido por determinada sociedade. Por isso mesmo é que, em rigor, a teoria do direito não é uma teoria da justiça, porém, na dicção de Habermas, uma teoria da prestação jurisdicional e do discurso jurídico.
>
> É possível e desejável, sim, que o direito, em sua positividade, seja interpelado criticamente, a partir de conteúdos éticos e morais nascidos da luta social e política. Esta luta se dá aliás, desde o advento da modernidade, com o propósito de realizar, para o maior número, as promessas de liberdade, da igualdade e fraternidade. Outra coisa é a pretensão de substituir-se o direito pela moralidade, o que, na prática, significa derrogar as instituições do Estado de direito em proveito da vontade e do capricho dos poderosos ou daqueles que os servem.

Na primeira versão apresentada ao Senado Federal, o Projeto do Novo Código de Processo Civil (Projeto de Lei nº 166/2010) continha a seguinte disposição: "Art. 5º. As partes têm direito de participar ativamente do processo, cooperando entre si e com o juiz e fornecendo-lhe subsídios para que profira decisões, realize atos executivos ou determine a prática de medidas de urgência".

Atendendo às críticas formuladas por parte da doutrina[97] no sentido de que a própria estrutura adversarial do processo contencioso revela-se incompatível com a ideia de colaboração entre as partes, o Senado Federal, no Substitutivo enviado à Câmara dos Deputados já no final do ano de 2010, emprestou nova redação ao dispositivo referido, excluindo a previsão da colaboração entre as partes. Com as alterações apresentadas no relatório geral pelo Senador Valter

---

97. MITIDIERO, Daniel; MARINONI, Luiz Guilherme. *O projeto do CPC*. São Paulo: Revista dos Tribunais, 2010, p. 73.

Pereira, passou a prescrever o projeto que: "Art. 5º. As partes têm direito de participar ativamente do processo, cooperando com o juiz e fornecendo-lhe subsídios para que profira decisões, realize atos executivos ou determine a prática de medidas de urgência".

Ocorre que o Substitutivo da Câmara dos Deputados (Projeto de Lei nº 8.046/2010), que veio a ser sancionado como novo estatuto processual, alterou o dispositivo supracitado, transformando-o no artigo 6º, que previu a colaboração de todos os sujeitos processuais entre si[98].

Os críticos da cooperação, na vertente "deveres das partes", apostam em sua ineficácia porque se trataria de visão que "espelha visão idealista e irrefletida daquilo que se dá na arena processual, onde as partes ali se encontram sobretudo para lograr êxito em suas pretensões"[99]. Essa perspectiva partiria de premissas estatalistas, que colocam as partes em condição de subserviência em relação ao juiz, figura prevalecente porque representante do poder estatal[100].

Por outro lado, apostam em sua inconstitucionalidade (vertente "deveres do juiz") na medida em que a cooperação "institui espécie de *álibi normativo* cujo manejo avalizará a invasão da moral no direito, passaporte para o absolutismo e seu *princípio epocal* revelado pela *vontade de poder*". Sendo assim,

> escudado na cooperação, terá o juiz condições de atuar solapando (ou relativizando) a ampla defesa das partes, em interferência na liberdade que possuem, elas e seus advogados, para elegerem

---

98. Art. 6º Todos os sujeitos do processo devem cooperar entre si para que se obtenha, em tempo razoável, decisão de mérito justa e efetiva.

99. STRECK, Lenio Luiz et al. *A cooperação do Novo CPC é incompatível com a Constituição.*

100. Na linha de que não há colaboração entre as partes, mas apenas do juiz para com as partes, Mitidiero deixa claro que essa assertiva não implica desobrigar as partes dos deveres de boa-fé e lealdade, de modo que, para o autor, esses não seriam desdobramentos diretos da cooperação. (MITIDIERO, Daniel. *Colaboração no processo civil,* p. 62).

as linhas de argumentação narrativa e estratégica que melhor atendam aos seus interesses[101].

De fato, é preciso levar em conta que uma má compreensão da cooperação processual poderá conduzir a resultados desastrosos em termos de ganhos democráticos. Numa vertente autoritária, a cooperação pode estimular o protagonismo judicial indevido, capaz de relativizar posição processuais legítimas dos contendores, que agem na defesa estratégica de interesses antagônicos, em busca da solução que se pretende "justa". Aqui entra em jogo um componente moral na atividade do juiz, que se investe de autoridade para corrigir rumos da relação processual em busca desse resultado material, externo ao processo, que ele considera subjetivamente ser o melhor. A interferência na liberdade das linhas de atuação processual poderia, a partir dessa lógica, ser de tal ordem a ponto de permitir a quebra de deveres de confidencialidade e sigilo, ou mesmo autorizar o suprimento, por parte dos magistrados, de deficiências técnicas das partes envolvidas no litígio[102]. A cooperação, nesse contexto, em vez de combater, reforçaria a tendência autocrática de um modelo socialista de processo, servindo como combustível simbólico para a maximização dos poderes judiciais legitimados pela busca da "verdade".

Como toda obra humana, é inegável que o fenômeno processual seja dotado de forte caráter ideológico. As opções técnicas sofrem nítida influência cultural[103]. Pensar em um processo asséptico é puro romantismo destituído de análise da realidade subjacente. É preciso, porém, questionar se a diretriz ideológica do processo está

---

101. DELFINO, Lucio; ROSSI, Fernando F. Juiz contraditor?, p. 229-254.

102. Essa parece ser a linha argumentativa seguida por Cunha (CUNHA, Leonardo José Carneiro da. O Processo Civil no Estado Constitucional e os Fundamentos do Projeto do Novo Código de Processo Civil Brasileiro. ***Revista de Processo: RePro***, São Paulo, v. 209, p. 349-374, jul. 2012).

103. Sobre as relações entre processo e cultura, vide: MITIDIERO, Daniel. ***Elementos para uma teoria contemporânea do processo civil brasileiro.*** Porto Alegre: Livraria do Advogado, 2005, p. 11-16.

adstrita às escolhas do legislador[104] ou se cabe ao magistrado, manipulando as formas adredemente concebidas, atribuir ao processo uma função estranha àquelas escolhas. Aqui desponta o problema da discricionariedade, revelado por uma postura que se dirige à modificação do sentido do texto normativo para a realização de valores, convicções e ideologias pessoais. Nessa seara, surge a questão da chamada "decisão orientada por seus resultados", na qual o julgador, após escolher subjetivamente uma dada solução jurídica, busca elementos que possam sustentar as opções eleitas[105].

No Brasil, a corrente instrumentalista do processo, alinhada a esse modelo socialista, acaba por compreender o processo como um fenômeno capaz de corrigir mazelas sociais a partir de uma espécie de "juristocracia"[106]. Porém, mesmo apostando vigorosamente na capacidade dos juízes de construírem decisões "justas" a partir da apropriação das "expectativas sociais", nem os adeptos dessa corrente advogaram explicitamente a tese da desconsideração dos ônus e deveres processuais tipificados na ordem jurídica como

104. Em nosso sistema, várias são as diretrizes legislativas em prol da correção de desigualdades materiais. São exemplos: (i) assistência judiciária gratuita; (ii) distribuição dinâmica do ônus da prova; (iii) concessão de poderes formais de direção do processo pelo juiz; (iv) concessão de poderes instrutórios; (v) legitimação extraordinária; (vi) modificações de competência; (vii) procedimentos diferenciados; e (viii) controle sancionatório da litância de má-fé.

105. A afirmação é de ABBOUD, Georges; LUNELLI, Guilherme. Ativismo judicial e instrumentalidade do processo. *Revista de Processo: RePro*, v. 40, n. 242, p. 19-45, abr. 2015, p. 21-47.

106. ABBOUD, Georges; LUNELLI, Guilherme. Ativismo judicial e instrumentalidade do processo. Em sentido semelhante, embora sob uma perspectiva menos crítica: "Verdade que, contemporaneamente, seja por conta do chamado ativismo judicial ou ainda por uma nova vertente da instrumentalidade do processo, foi-se gradualmente aceitando um alargamento da faixa de atuação do Judiciário, a este se reconhecendo em certos casos legitimidade para um prudente criacionismo, justificado pelo propósito de interpretar os textos de regência por modo a deles extrair o máximo de significado, para além de sua singela literalidade, assim potencializando sua idoneidade para resolver o conflito em modo justo e tempestivo." (MANCUSO, Rodolfo de Camargo. *Acesso à Justiça*: condicionantes legítimas e ilegítimas. São Paulo: Revista dos Tribunais, 2011, p. 91).

forma de realizar a justiça. A defesa da relativização dos critérios científico-processuais em nome da realização de uma finalidade pouco palpável reduz sensivelmente todo o esforço da ciência voltado à racionalidade. Em uma única penada, sufoca também parte da luta do liberalismo para a construção do Estado de Direito e de limites ao exercício despótico do poder.

Em demandas com forte apelo social (trabalhistas, previdenciárias etc.), já é comum encontrarmos posturas judiciais que equiparam o magistrado ao papel desenvolvido pelas partes no âmbito do contraditório, tudo em nome da materialização dos valores fundamentais da Constituição[107]. O juiz assume a chamada "parcialidade positiva", produzindo provas que as partes voluntariamente

107. Em recente decisão, a Corte Especial do Superior Tribunal de Justiça definiu que, nas demandas previdenciárias, a ausência de prova material da condição de trabalhador rural conduz à extinção do processo sem resolução de mérito, ensejando, pois, a possibilidade de nova propositura da demanda. Para a referida corte, "as normas previdenciárias devem ser interpretadas de modo a favorecer os valores morais da Constituição Federal/1988, que prima pela proteção do Trabalhador Segurado da Previdência Social, motivo pelo qual os pleitos previdenciários devem ser julgados no sentido de amparar a parte hipossuficiente e que, por esse motivo, possui proteção legal que lhe garante a flexibilização dos rígidos institutos processuais. Assim, deve-se procurar encontrar na hermenêutica previdenciária a solução que mais se aproxime do caráter social da Carta Magna, a fim de que as normas processuais não venham a obstar a concretude do direito fundamental à prestação previdenciária a que faz jus o segurado."
(REsp 1.352.721/SP, Rel. Ministro Napoleão Nunes Maia Filho, Corte Especial, julgado em 16/12/2015, DJe 28/04/2016)". Na doutrina processual, há importante debate acerca dos efeitos da sentença de improcedência em razão da ausência de provas. O entendimento tradicional é no sentido de que a sentença de improcedência sempre induz à formação de coisa julgada, não tendo o sistema feito distinção no tocante ao ***fundamento*** da decisão. Para alguns, todavia, considerando que esse mesmo sistema não regulamentou ***expressamente*** os efeitos da sentença de improcedência ***por insuficiência de provas***, a decisão final que não acolhe o pedido, quando fundada nesse motivo, não forma coisa julgada material. O precedente ora examinado, todavia, parte de uma fundamentação sociológica, que leva em conta a "relevância" do direito material discutido, ferindo de morte a autonomia do processo e ensejando a relativização de garantias processuais de maneira ***ad hoc***, isto é, de acordo com a ideologia que o juiz deseje implementar via relação processual.

não carrearam aos autos, adotando medidas constritivas sem prévio contraditório (em nome, sempre, da efetividade), procedendo à inversão do ônus da prova sem oportunizar aos grandes litigantes a possibilidade de se desincumbir do referido ônus etc.

Nesse diapasão, cabe trazer a lume a advertência de Edgar Morin:

> A reforma do pensamento é uma necessidade democrática fundamental: formar cidadãos capazes de enfrentar os problemas de sua época é frear o enfraquecimento democrático que suscita, em todas as áreas da política, a expansão da autoridade dos *experts*, especialistas de toda ordem, que restringem progressivamente a competência dos cidadãos. Estes são condenados à aceitação ignorante das decisões daqueles que se presumem sabedores, mas cuja inteligência é míope, porque fracionária e abstrata[108].

A proposta da *comunidade de trabalho* visa incrementar o diálogo entre juiz e partes, de maneira a produzir decisões com maior grau de legitimidade. É nessa ótica que se pode afirmar que essa nova perspectiva do processo tem assento constitucional, na medida em que a necessidade de participação dos afetados na formação dos procedimentos estatais encontra-se na base da democracia contemporânea[109]. E daí surge a necessidade de prévio pronunciamento das partes acerca de qualquer ponto que possa servir de apoio para a decisão judicial, inclusive no tocante às questões cognoscíveis de ofício (art. 10, CPC/2015).

Essa proposta, porém, não equivale a colocar o juiz no lugar das partes, trazendo aos autos fatos, teses e provas à revelia dos interessados. Também não se confunde ela com a concessão de

---

108. MORIN, Edgard. *A cabeça bem-feita*: repensar a reforma, reformar o pensamento. Tradução Eloá Jacobina. 4. ed. Rio de Janeiro: Bertrand Brasil, 2001, p. 103-104.

109. ALVARO DE OLIVEIRA, Carlos Alberto. O processo civil na perspectiva dos direitos fundamentais. In: ______. *Do formalismo no processo civil*. 2. ed. São Paulo: Saraiva, 2003, p. 269.

poder ao juiz para obrigar as partes a atuarem em busca de um resultado previamente estabelecido, mesmo que contrário ao que postulam em juízo, instrumentalizando seus interesses e sua atuação, naturalmente parcial, em busca do valor supremo da "justiça". Com efeito, o que cada uma delas ambiciona é resolver a questão da melhor forma possível, desde que isso signifique favorecimento em prejuízo do adversário[110].

Por essa razão é que a cooperação das partes entre si e com o juiz não pode ser compreendida na extensão defendida pela doutrina estrangeira[111], uma vez que, a partir dela, corre-se o sério risco de eliminar artificialmente o agir estratégico das partes[112], obrigando-se uma delas, de maneira autoritária, a prestar auxílio à parte adversa, em detrimento de seus próprios interesses[113].

É dizer: o esvaziamento de uma concepção rígida de formalismo processual não pode se converter em um mecanismo de maximização do protagonismo judicial socialista voltado à flexibilização das formas em prol de um ativismo seletivo[114].

Com efeito, subjacente ao discurso socialista está a ideia do juiz como "tutor" da parte hipossuficiente, cujo papel seria o de colmatar as deficiências da defesa técnica feita pelo advogado,

---

110. Na mesma linha, cf.: STRECK, Lenio Luiz et al. *A cooperação do Novo CPC é incompatível com a Constituição.*

111. SOUSA, Miguel Teixeira de. *Estudos sobre o novo processo civil*, p. 65-66.

112. Embora não engendrada para as relações processuais, valemo-nos, no ponto, da formulação de Habermas acerca do agir estratégico. Assim, com vistas a alcançar êxito, o indivíduo persegue os seus interesses individuais, organizando uma estratégia baseada nas consequências de suas ações. Para alcançar seus objetivos, mesmo em qualquer cooperação eventual, cada indivíduo só estaria interessado em seus próprios propósitos (Para maior aprofundamento, consulte-se: HABERMAS, Jürgen. *Direito e Democracia*, p. 288 e ss).

113. Na doutrina, há posição relevante de que só é possível falar-se em cooperação processual do juiz para com as partes, mas nunca entre elas, dada a existência de conflito de interesses (MITIDIERO, Daniel. *Colaboração no Processo Civil*, p. 70).

114. A advertência é de THEODORO JR., Humberto et al. Novo Código de Processo Civil, p. 23.

pretensamente menos habilitado para tal tarefa do que o órgão responsável pela distribuição de justiça. Em nome do direito dos mais "fracos", assumiria o Judiciário o papel de superego da sociedade[115], transigindo-se, na prática, com o direito do réu, que também exerce pretensão na relação processual[116]. O processo acaba por se constituir, em um cenário como esse, num instrumento de legitimação das pré-compreensões fenomênicas do magistrado, sob o forte risco de enviesamento cognitivo (*cognitive biases*), como mencionado alhures.

Do ponto de vista pragmático, o Código de Processo brasileiro de 2015 formatou um sistema que foge da tradicional tensão entre os defensores do protagonismo das partes (liberalismo processual) e os defensores do protagonismo do juiz no processo (socialismo processual e demais vertentes "estatizantes")[117]. O legislador, portanto, realizou escolhas pragmáticas em sua estruturação[118]. Não obstante esse "sincretismo ideológico" sob coloridos mais ou menos publicistas ou privatistas, parece de extrema relevância definir o papel da cooperação processual no âmbito dessa realidade normativa, uma vez que sua compreensão em perspectiva democrática permitirá considerá-la uma categoria intermediária entre os modelos inquisitivo e adversarial de processo.

Não se olvida, nessa assertiva, a visão de que, em sua concepção tradicional, a cooperação processual se alinha muito mais a um modelo ativista de processo. Porém, intenta-se demonstrar que é

115. MAUS, Ingeborg. Judiciário como superego da sociedade: o papel da atividade jurisprudencial na "sociedade órfã". ***Novos Estudos CEBRAP***, São Paulo, n. 58, p. 183-202, nov. 2000.

116. SILVA, Blecaute Oliveira. O autor pede... o réu também! Ou da improcedência como procedência. In: DIDIER JR., Fredie et al. ***Improcedência***. Coleção Grandes Temas do Novo CPC. Salvador: Juspodivm, 2015, p. 49-61.

117. No mesmo sentido, cf.: THEODORO JR., Humberto et al. Novo Código de Processo Civil, p. 14.

118. Nessa linha, cf.: ROQUE, André Vasconcelos; DUARTE, Zulmar. O Pragmatismo Processual no Novo CPC: Um Voo Panorâmico. In: CALDEIRA, Adriano Cesar Braz. ***Processo e ideologia***. São Paulo: LTr, 2015. p. 34-43.

possível a construção de um modelo cooperativo mais consentâneo com a necessária relação entre democracia e processo a partir da aplicação das técnicas de decisão denominadas interpretação conforme a Constituição e declaração parcial de inconstitucionalidade sem redução de texto.

2.3.3. A questão do "agir estratégico" e o sentido adequado do dever de boa-fé processual

Uma das principais críticas que se faz à concepção tradicional da cooperação seria o fato de que não há, em um sistema contencioso de solução das lides, como eliminar o "agir estratégico" das partes, que seria imanente à própria condição adversarial do litígio. Assim, a cooperação estaria limitada à diretriz "juiz-partes" ou estaria inserida também na lógica "partes-juiz" e "parte-parte"?

Nesse ponto, convém observar que a ideia de "agir estratégico" não é incompatível com a existência de objetivos comuns no processo. Daí que, embora as partes adotem posturas processuais orientadas por interesse, suas ações "colaboram" para a formação do discurso[119], isto é, para a elaboração do juízo definitivo na lide. Desse modo, a sobrevivência da cooperação como instituto processual depende dela "ser trabalhada em sintonia com o caráter litigioso que distingue o objeto do processo, em respeito às liberdades das partes e sem desprezar que cada qual delas tem por alvo desideratos próprios e contrastantes entre si"[120].

Embora a cooperação não elimine os comportamentos conflitantes das partes no processo, porque inerentes ao conflito de interesses, sua essência impõe um padrão de conduta voltado ao alcance dos escopos do processo. Daí estar ela intimamente vinculada à noção de boa-fé processual (art. 5º do CPC/2015), que impõe a busca de uma linha divisória entre o exercício legítimo do direito

119. HABERMAS, Jürgen. *Direito e Democracia*, p. 288.

120. DELFINO, Lucio; ROSSI, Fernando F. Juiz contraditor?.

de defesa e contraditório e o abuso desse direito. A essa temática ligar-se-á a busca de critérios racionais de delimitação da chamada litigância de má-fé e a concepção de mecanismos processuais de combate efetivo a essa prática, que contribui insofismavelmente para a ineficiência do aparelho judiciário.

Nesse contexto, a moderna processualística reconhece o princípio da boa-fé objetiva como aplicável às relações processuais, de maneira a se exigir dos sujeitos processuais uma conduta pautada pela lealdade e lisura[121]. A seu turno, a jurisprudência tem evoluído para considerar como digno de coibição o comportamento contraditório no processo (*venire contra factum proprium*)[122] – donde deriva também a possibilidade de aplicação do princípio da proteção da confiança em sede processual[123]. Nesse ponto, importante verificar

121. THEODORO JR., Humberto et al. Novo Código de Processo Civil, p. 160.

122. PROCESSUAL CIVIL. AGRAVO REGIMENTAL. COMPORTAMENTO CONTRADITÓRIO DA PARTE. VENIRE CONTRA FACTUM PROPRIUM. PARTE QUE PRETENDE RENOVAR APRECIAÇÃO DE MATÉRIA JULGADA NO RECURSO CONEXO, INTERPOSTO PELA ORA RECORRIDA. INVIABILIDADE. CONEXÃO. OBSERVÂNCIA AO DECIDIDO NO OUTRO FEITO, EVITANDO-SE A PROLAÇÃO DE DECISÕES CONTRADITÓRIAS. 1. Contraditoriamente, o recorrente postula seja reconsiderada a decisão monocrática e, em caso de não acolhimento desse pleito pelo relator, que o feito seja redistribuído, caracterizando inadmissível conduta contraditória (*venire contra factum proprium*). 2. A matéria que o recorrente pretende seja apreciada já foi dirimida no julgamento do feito conexo, tendo o agravante manejado recursos, já apreciados por este Colegiado, pretendendo a reforma da decisão prolatada naqueles autos, de modo que fica límpido que não cabe reexame da matéria e que não houve qualquer prejuízo ao ora recorrente. 3. "A avaliação da conveniência do julgamento simultâneo será feita caso a caso, à luz da matéria controvertida nas ações conexas, sempre em atenção aos objetivos almejados pela norma de regência (evitar decisões conflitantes e privilegiar a economia processual)". (REsp 1255498/CE, Rel. Ministro MASSAMI UYEDA, Rel. p/ Acórdão Ministro RICARDO VILLAS BÔAS CUEVA, TERCEIRA TURMA, julgado em19/06/2012, DJe 29/08/2012) 4. Agravo regimental não provido (STJ – AgRg no REsp: 975529 RS 2007/0189812-0, Relator: Ministro LUIS FELIPE SALOMÃO, Data de Julgamento: 06/11/2012, T4 – QUARTA TURMA, Data de Publicação: DJe 12/11/2012).

123. Em sentido semelhante, cf.: CABRAL, Antônio do Passo. O contraditório como dever e a boa-fé processual objetiva. Revista de Processo: ***RePro, São Paulo***, ano 30, n. 126, p. 76-78, 2005, p. 76-78.

que, no ambiente cooperativo, a boa-fé objetiva também se aplica à atuação judicial[124].

No âmbito do sistema processual, há que se ter em mente que ambas as partes perseguem a estabilização de determinadas relações jurídicas. A essa visão poder-se-ia opor o argumento de que, em regra, uma parte usa a potencial ineficiência do sistema a seu favor quando vislumbra a pequena probabilidade de êxito de sua pretensão. Porém, esses comportamentos "não cooperativos" devem ser combatidos a partir da exigência de uma postura ética dos sujeitos processuais – o que vai se inserir, no contexto do processo contemporâneo, como um desdobramento da cooperação.

Isto é, embora numa relação jurídico-processual contenciosa a parte não esteja obrigada a colaborar com os objetivos do adversário, ou mesmo para a rápida solução da lide, não pode ela se valer de artifícios voltados a fomentar a ineficiência do sistema. Há mecanismos expressos de combate a essas posturas nocivas à pacificação do conflito, dentro da ótica do caráter contrafactual do Direito[125], que se voltam, pois, ao desestímulo de condutas desse jaez. *Fair play*, nesse sentido, não se confunde com auxílio material às pretensões da parte adversa; significa apenas que as regras do jogo devem ser observadas, sem olvidar que, em qualquer ambiente de disputa, é natural a perseguição de fins contraditórios. Noutras palavras, os contendores querem vencer.

A boa-fé, compreendida numa perspectiva clássica a partir de sua ótica subjetiva, sempre esteve atrelada a um modelo de ética ligado a uma tendência de moralização do processo, no sentido de que às partes cabe atuar de maneira a revelar a verdade dos fatos. No modelo de processo cooperativo, a boa-fé ganha

124. Imagine-se, por exemplo, uma tutela antecipada concedida e que venha a ser revogada vários anos depois sem qualquer fato superveniente que altere o cenário fático anterior. O Estado-juiz, no caso, estaria a fomentar um ambiente de insegurança jurídica, quando cabe a ele buscar a estabilização das relações jurídicas como critério para se alcançar a paz social.

125. THEODORO JR., Humberto et al. Novo Código de Processo Civil, p. 59.

uma outra dimensão – de cunho objetivo – de maneira a exigir das partes – e agora, também do juiz – que se comportem com lealdade como participantes do processo. É, aliás, o que se extrai do art. 5º do CPC/2015, segundo o qual "aquele que de qualquer forma participa do processo deve comportar-se de acordo com a boa-fé".

Assim, no âmbito de um processo cooperativo lido sob lentes democráticas, não é possível falar-se em boa-fé no sentido de colaboração para descoberta da verdade, pelo menos como regra[126], sob pena de se esvaziar o agir estratégico das partes, que insere no âmbito de sua autonomia privada. Apenas em um modelo de processo assimétrico é admissível o Estado exigir um dever absoluto das partes de dizer a verdade[127].

Nesse ponto, é importante observar que o dever de boa-fé na seara processual não possui a mesma dimensão que no âmbito do direito material. Neste, notadamente em tema de direito obrigacional, os interesses das partes devem ser, em regra, convergentes (adimplemento); naquele, não há interesse comum entre as partes do ponto de vista substancial, já que cada um persegue seu próprio interesse. Daí haver quem defenda que a colaboração é apenas do juiz para com as partes e jamais das partes entre si[128].

A boa-fé objetiva no processo, portanto, compreende: (i) proibição de criar ilícita e dolosamente posições processuais (vedação ao *tu quoque*); (ii) proibição de comportamento contraditório (*nemo potest venire contra factum proprium*); (iii) proibição de abuso dos poderes processuais; e (iv) perda dos poderes processuais em razão

---

126. Defende-se aqui que a requisição de documentos só é juridicamente admissível quando a parte requerente não possui outros meios de obtenção da prova, de modo que sua atuação processual não pode restar inviabilizada pela inação ou contumácia do adversário. Essa perspectiva, ao que nos parece, bem equilibra o ônus de provar e os deveres de cooperação inerentes ao processo contemporâneo.

127. MITIDIERO, Daniel. *Colaboração no Processo Civil*, p. 93.

128. Ibidem, p. 104.

da ausência de seu exercício a fim de gerar nos demais sujeitos a expectativa de seu não exercício posterior (*supressio*)[129].

Partindo-se dessas premissas, a colaboração das partes para com o juiz e entre si mesmas acaba por se limitar, a partir da aplicação da técnica de interpretação conforme a Constituição, a este dever de boa-fé processual[130] e de contribuição dialógica para a construção da decisão final, que regulará o caso (norma individual) e da qual se poderá extrair um precedente (norma geral). Assim, do ponto de vista democrático, não se revela adequada a leitura da cooperação como "colaboração" das partes para com o Estado, discurso que dá ensejo a toda sorte de ativismos voltados à realização de fins metajurídicos. Seria ela, nesse sentido, uma concitação, uma regra de boa vontade, devendo ser exercida pelas partes no limite de sua disponibilidade e no âmbito do dever de lealdade e probidade processual. Ela não se impõe como dever absoluto, nem mesmo autoriza a imposição de condutas contributivas por ato jurisdicional sancionador. Não se pode confundir, pois, probidade processual com o sufocamento do exercício de direitos e faculdades.

Do ponto de vista dos deveres do juiz para com as partes, por sua vez, a cooperação funciona muito mais como um princípio limitador da função estatal em sua vertente jurisdicional, impondo ao magistrado o respeito máximo ao devido processo legal em seus diversos desdobramentos, especialmente no tocante aos elementos que singularizam um processo verdadeiramente democrático aqui já mencionados: contraditório efetivo, fundamentação adequada, primazia do mérito e isonomia. É dizer, ao invés de constituir-se em uma norma permissiva de condutas processuais voltadas à

129. DIDIER JR., Fredie. ***Curso de Direito Processual Civil.*** 17. ed. v. I, Salvador: Juspodivm, 2015, p. 110-111.

130. Veja-se que a concepção aqui defendida não se coaduna integralmente com a proposta "pura" do garantismo, para a qual a temática acerca da boa-fé no processo expõe traços autoritários. Sobre o tema, vide, entre outros: AROCA, Juan Montero. ***Los principios políticos de la nueva Ley de Enjuiciamiento Civil.*** Valencia: Tirant lo blanch, 2001, p. 106-108; MENDONÇA, Luís Correia de. O vírus autoritário e processo civil. ***Revista Julgar,*** Lisboa, n. 1, p. 67-98, 2007, n. 1, p. 86 e ss.

descoberta da "verdade" (postura ativista), a cooperação, em um modelo democrático, deve funcionar como regra balizadora de respeito ao direito de participação igualitária das partes na lide, de modo que o resultado final do processo seja o produto da atuação equânime de todos os sujeitos processuais.

2.3.4. Alguns desdobramentos da cooperação processual na perspectiva democrática

Das considerações acima expostas pode-se concluir que o CPC de 2015 visa implementar, no Brasil, um modelo de processo no qual há um policentrismo entre todos os sujeitos[131]. Revela-se aqui um modelo conducente a uma repartição de funções, em que os todos os atores do processo atuam de maneira independente, mas de modo complementar, no sentido de que suas posições desembocarão na construção mútua dos pronunciamentos judiciais. Sendo assim, partes e juiz assumem responsabilidades na mesma proporção. Afasta-se aqui a visão tradicional eminentemente publicista do processo, que se centra na figura do juiz como ser incumbido de revelar o direito das partes a partir de critérios de justiça.

A cooperação sob a ótica do processo democrático propugna, ao mesmo tempo, pela superação do modelo de esvaziamento da atividade do juiz no conduzir do processo, de nítida inspiração liberal, e do modelo de aplicação compensatória do direito processual pelo magistrado, conforme os ditames do socialismo, reduzindo-se o foco de centralidade voltado à figura do juiz e da jurisdição.

131. Dierle Nunes denomina esse modelo de "comparticipativo". (NUNES, Dierle. *Processo jurisdicional democrático*: Uma Análise Crítica das Reformas Processuais. Curitiba: Juruá, 2008). Todavia, discordamos do autor quando ele considera que todos os sujeitos processuais atuam de maneira paritária no processo, na medida em que a decisão final, embora contando com a participação das partes em sua confecção, é ditada pelo Estado e, posteriormente, imposta. Nesse sentido, cf. DELFINO, Lucio; ROSSI, Fernando F. Juiz contraditor.

Assim, ao mesmo tempo em que no novo estatuto processual há um incremento da atividade de gestão do processo por parte do juiz (*e.g*, art. 139, VI e VI) – viés publicista –, o Código adota a diretriz de inserir no procedimento manifestações concretas de privatismo processual, como é o caso da cláusula geral de negócio processual (art. 190) e da possibilidade de as partes participarem do chamado "saneamento compartilhado" (Art. 357, § 3º). Por outro lado, impõe-se um modelo de contraditório fortalecido (arts. 9º e 10), no qual as partes exercem papel fundamental (direito de influência) na construção das decisões judiciais. Da mesma maneira, exige-se uma fundamentação mais sofisticada (art. 489, § 1º) como fator legitimante de decisões judiciais que, para além de serem reconhecidas como verdadeiras normas individuais a regular o caso concreto, constituem-se no embrião para a formação de normas gerais (sistema de precedentes judiciais).

Não há aqui uma visão romântica de que as partes atuam a partir de vínculos de solidariedade, comportando-se de maneira a buscar o resultado mais correto a partir da aplicação da lei. A cooperação não pode ser compreendida como uma sobrecarga ética imposta às partes. Do prisma delas, muito mais que um "dever", a cooperação é um "direito", na medida em que podem defender de maneira parcial suas pretensões, mas, paralelamente, possuem legitimidade para, ao agir em defesa de suas posições processuais, auxiliar na construção dos provimentos conjuntamente com o magistrado.

Daí podermos concluir que, no modelo de cooperação democrática, a decisão é correta pela observância do procedimento (legitimidade procedimental) e construção adequada de fundamentos, com a análise exauriente dos argumentos das partes (legitimidade substancial). Não há, pois, relação direta entre a correção do julgado e a realização de um conceito abstrato de justiça, o que implicaria um "peso moral" para as partes e para o juiz "tutor" da sociedade.

Nessa ótica, o sistema processual deve funcionar sob a perspectiva de criação de "freios" ao exercício de "poderes" no curso do processo, de maneira que estes estejam limitados a criar condições para que as partes exerçam plenamente suas faculdades processuais. Nessa atividade do magistrado, insere-se a criação de espaços de interação aptos a viabilizar a prolação de decisões que representem uma verdadeira partilha do poder estatal, a partir da atuação e influência de todos os envolvidos. O processo, antes de instrumento para a realização do Direito material, é compreendido agora como uma "garantia" contra a atuação ilegítima do Estado, servindo para salvaguardar a legitimidade discursiva e democrática dos provimentos jurisdicionais, uma das formas de intervenção do poder estatal na sociedade[132].

Compreendida sob essa ótica, um dos desdobramentos essenciais da cooperação passa a ser a ideia de contraditório efetivo, entendido como direito de participação na construção da decisão judicial e vedação de efeito surpresa decorrente de decisões que abordam fundamentos não debatidos pelas partes. Supera-se a noção formal do contraditório como mera bilateralidade, que se resumiria a um direito de informação e reação. Muito mais profundo, o contraditório passa a ser visto como uma condição de possibilidade para a construção de decisões judiciais fundadas em argumentação consistente e adequada[133].

Por outro lado, esse novo modelo de contraditório no âmbito do processo cooperativo afetará sobremaneira as técnicas de gestão do processo contemporâneo. É que ele potencializa a fase preparatória do processo de conhecimento – vide o saneamento compartilhado (art. 357, § 3º, CPC/2015)[134] –, permitindo uma melhor fixação dos pontos controvertidos e o exame mais acurado das questões aduzidas pelas partes, contribuindo, ao final, para a redução da margem de erro nas decisões judiciais.

---

132. Nesse sentido, cf.: NUNES, Dierle; BAHIA, Alexandre. ***Processo e república:*** uma relação necessária. Justificando. 09 out. 2014. Disponível em: <http://justificando.com/2014/10/09/processo-e-republica-uma-relacao-necessaria/>. Acesso em: 05 jul. 2016.

133. THEODORO JR., Humberto et al. Novo Código de Processo Civil, p. 84.

134. Ibidem, p. 102.

Um outro desdobramento fundamental da cooperação é a chamada "primazia do mérito", já aqui mencionada. No direito brasileiro, tal diretriz encontra uma de suas principais manifestações normativas no art. 4º do CPC/2015 ("As partes têm direito de obter em prazo razoável a solução integral do mérito, incluída a atividade satisfativa").

O dispositivo, tal como induz sua análise semântica, busca equilibrar a ideia de celeridade com a de contraditório e fundamentação adequadas em ambiente democrático. Isso porque o legislador não se contenta com a noção de uma prestação jurisdicional meramente estatística, com viés acentuadamente formal. Ali se propugna pela "solução integral do mérito", o que pressupõe, além da ultrapassagem de um formalismo exacerbado – muitas vezes, voltado à construção de uma jurisprudência defensiva –, uma prestação jurisdicional abrangente, capaz de exaurir as questões fáticas e jurídicas que gravitam em torno do objeto da lide. Em sede recursal, por fim, essa diretriz se materializa em diversas passagens do Código de 2015, que viabilizam a sanação de vícios processuais impeditivos da admissibilidade do recurso (arts. 932, parágrafo único, 1.007, §§ 2º, 4º e 7º e 1.029, § 3º).

3

SEGUNDA PARTE: OS PODERES DO JUIZ NA DOGMÁTICA DO PROCESSO CONTEMPORÂNEO

3.1. PODERES INSTRUMENTAIS: A DIREÇÃO FORMAL DO PROCESSO E SUA COMPATIBILIZAÇÃO DEMOCRÁTICA

3.1.1. Gerenciamento de processos judiciais: a gestão do processo como elemento da cooperação processual

3.1.1.1. Court management x case management: *uma relação necessária*

A relação entre a vida em sociedade e a aplicação do Direito pelos tribunais é um fenômeno muito mais intenso na contemporaneidade. Em contrapartida, o processo de legitimação das decisões judiciais torna-se mais árduo, exigindo maior desempenho (quantitativo e qualitativo) e estando sujeito a um escrutínio necessário a fim de se viabilizar a aceitação universal a partir do debate público.

Do juiz contemporâneo, por outro lado, não se exige apenas a aplicação racional do Direito por ocasião do ato de julgar; muitas outras atividades - de cunho eminentemente procedimental - atualmente lhe são afetas. Tais atividades derivam de regras processuais que são manifestações dos deveres de consulta, auxílio, esclarecimento e prevenção próprios de um modelo cooperativo de processo, como teremos oportunidade de verificar na casuística dos poderes do juiz presente no ordenamento jurídico pátrio (item 3.1.1.2).

Como premissa antecedente da gestão interna do processo, exige-se do juiz contemporâneo uma compreensão macro do fenômeno da administração da justiça (*court administration*), permeando temas afetos à seara da Gestão Pública, Direito Financeiro, Tecnologia da Informação etc. Essa visão revela-se imprescindível na tarefa de pensar o sistema de justiça, notadamente o planejamento da funcionalidade dos tribunais, visando à efetividade da prestação jurisdicional. Essa tarefa é exercida no plano político, com o viés discricionário que lhe é inerente, de modo que não se confunde com a atividade jurisdicional propriamente dita. Muito mais inserida na ótica do Direito Administrativo do que no âmbito do Direito Processual, a ideia de uma *court administration* é requisito essencial para a construção futura de um processo eficiente sem perda de seu viés democrático, como veremos oportunamente.

Nesse contexto, nunca o Direito se aproximou tanto da Economia. A necessidade de engendrar técnicas adequadas para lidar com a litigância de massa, por exemplo, exige do operador jurídico uma maior ênfase na eficiência do sistema judicial, dadas as repercussões das decisões judiciais no direcionamento da própria política econômica. Essa eficiência também se constitui em um dos termômetros de análise do grau de confiabilidade de um país sob a ótica dos investimentos internacionais. Tal realidade exige um nível maior e melhor de desempenho dos tribunais, revelando, por outro lado, a inadequação dos mecanismos tradicionais de equacionamento dos litígios para o tratamento da problemática.

O sistema jurídico passa a ser visto como componente do próprio desempenho econômico da nação. Os tribunais, nesse contexto, assumem o papel de reguladores das questões fiscais, contratuais, meio ambiente, mercado de trabalho, entre outros valores essenciais para o desenvolvimento, de modo a garantir direitos, previsibilidade e respeito às regras do jogo econômico. A ineficiência da Justiça, por sua vez, gera um ambiente de insegurança, favorecendo até mesmo a corrupção e o clientelismo, fatores que influenciam negativamente um dado mercado, afetando a concorrência e os investimentos.

Esses diversos níveis de abordagem dirigem-se sempre teleologicamente ao trabalho jurisdicional, notadamente no que toca ao seu momento ápice – a prolação da decisão judicial final –, porém, encarando tal atividade em uma perspectiva mais consentânea com as exigências da atualidade, que impõem ao ato de decidir valores como qualidade, eficiência e celeridade[135], sem prejuízo da observância das garantias fundamentais processuais.

Daí que a atividade jurisdicional, no modelo cooperativo de processo, precisa ser hodiernamente encarada em diversas grandezas, quais sejam: (i) no plano macro, relativo ao sistema de justiça compreendido em sua organização institucional, notadamente sua relação com a sociedade e o Estado, perpassando necessárias reformas a partir de políticas públicas específicas; (ii) no plano médio, que se ocupa basicamente da administração dos tribunais, o papel e funcionamento específico da máquina judiciária, no contexto da chamada *public management*; e (iii) no plano micro, que se relaciona ao núcleo da decisão, isto é, toda a atividade preparatória e constitutiva da tarefa jurisdicional final (gestão processual e decisional)[136].

A independência judicial passa a estar ligada diretamente aos fatores de *accountability*. Isto é, as prerrogativas da magistratura

135. Em sentido semelhante, cf.: MATOS, José Igreja; LOPES, José Mouraz; MENDES, Luís Azevedo; COELHO, Nuno. *Manual de gestão judicial*. Coimbra: Almedina, 2015, p. 8-9.

136. Ibidem, p. 9.

inserem-se em um contexto de conexão com o nível de desempenho do magistrado, de maneira que a legitimação da atividade jurisdicional liga-se doravante à excelência do trabalho desenvolvido, notadamente a prolação de decisões judiciais bem fundamentadas e em tempo razoável. Para isso, além da formatação da decisão judicial a partir de parâmetros hermenêuticos legítimos, é necessária sua confecção à luz de novos paradigmas formais, tanto no plano individual (clareza e pertinência concreta), como no plano sistêmico (gestão processual e satisfação abstrata[137] do usuário). Assim, a eficácia da prestação jurisdicional e a qualidade de seu exercício passam por uma administração judiciária eficiente, que pressuponha um diálogo entre as diversas instituições do sistema de justiça. Ademais, necessita-se de critérios de avaliação que não se baseiem exclusivamente em indicadores quantitativos, pressupondo uma atitude que dê atenção à perspectiva do cidadão, de modo a avaliar e reforçar a confiança no Poder Judiciário.

Por essa razão, pode-se dizer que a administração judiciária está informada pelos princípios: (i) do pleno respeito à independência e autonomia do poder judicial; (ii) responsabilização pelo desempenho qualificado do serviço público jurisdicional (*accountability*); e (iii) eficiência do sistema judicial[138].

A perspectiva que busca rentabilizar a produtividade dos juízes esbarra pura e simplesmente no risco de solapamento de diversas garantias do cidadão, como a de um processo democrático, especificamente que se traduza em elemento de participação efetiva dos interessados em uma decisão construída racionalmente

---

137. "Satisfação abstrata" porque, no plano jurisdicional, o usuário do serviço não pode ser tratado sob a lógica do cliente na iniciativa privada. É que, na medida em que decisão judicial precisa ser concebida em um ambiente de imparcialidade, obviamente que, em concreto, uma das partes não terá sua pretensão acolhida. Assim, seu nível de satisfação deve ser aferido a partir da qualidade da prestação do serviço oferecido – viés procedimental –, e não a partir do resultado da prestação jurisdicional.

138. MATOS, José Igreja; LOPES, José Mouraz; MENDES, Luís Azevedo; COELHO, Nuno. *Manual de gestão judicial*, p. 43.

a partir de fundamentação adequada[139]. E essa visão não pode ser materializada de modo simplista a partir de reformas processuais, mas necessita, ao contrário, de condições estruturais, financeiras e culturais para sua exata implementação. A tudo isso se deve somar uma abertura de horizontes que envolva todos os atores do sistema de justiça, os quais deverão ser capazes de se adaptar a uma nova forma de litigância.

Nesse cenário se insere o grave risco que a padronização decisória acrítica oferece para um processo verdadeiramente democrático, uma vez que o julgamento coletivo de ações pode sufocar a necessária análise das peculiaridades de cada causa de pedir, gerando o afastamento das condições necessárias a um devido processo legal efetivo[140].

Noutras palavras, a garantia da independência pressupõe que os sistemas de justiça encarem o problema da responsabilidade pela qualidade do serviço público prestado. E nesse ambiente, para além do aprimoramento estrutural, impõem-se aos juízes novas condições de formação, organização e gestão que proporcionem condições de desempenhar a atividade jurisdicional com a qualidade e eficiência compatíveis com a administração da justiça que se espera. É preciso, pois, que se estabeleçam critérios de avaliação que não se firmem exclusivamente em fatores quantitativos, deles devendo participar os usuários do sistema justiça, de maneira a incrementar o grau de confiabilidade na Justiça.

Nessa análise, deve-se inserir uma visão racional dos critérios de distribuição de processos por magistrado, segundo padrões de

---

139. Sobre o tema, vide, entre outros: THEODORO JR., Humberto; NUNES, Dierle; BAHIA, Alexandre. Breves considerações da politização do judiciário e do panorama de aplicação no direito brasileiro – Análise da convergência entre o *civil law* e o *common law* e dos problemas da padronização decisória. *Revista de Processo: RePro*, São Paulo, ano 35, n. 189, p. 9-52, nov./2010.

140. NUNES, Dierle. Processualismo constitucional democrático e o dimensionamento de técnicas para a litigiosidade repetitiva: a litigância de interesse público e as tendências não compreendidas de padronização decisória. *Revista de Processo: RePro*, v. 36, n. 199, p. 41-82, set. 2011.

econometria, de maneira a encontrar uma equação apropriada. Somente é possível um bom desempenho do sistema judicial havendo uma taxa de congestionamento baixa, o que pressupõe uma compreensão da: (i) dimensão da oferta (recursos humanos, estruturais e financeiros); (ii) dimensão da procura (variabilidade e complexidade da litigância); e (iii) variáveis de quantidade e qualidade da atividade jurisdicional e dos resultados por ela produzidos[141].

Existe também a necessidade de uma abordagem estatística, especialmente a partir de um tratamento empírico que leve em conta o diagnóstico de disfunções (inclusive com a concepção de uma equação ideal magistrado/quantidade de processos), avaliação de resultados (equilíbrio entre quantidade e qualidade), racionalização dos meios e recursos disponíveis (em que se inclui a flexibilização da estrutura das unidades judiciárias, dada a realidade de cada local), entre outros fatores.

Por outro lado, embora seja inegável a exigência do uso de técnicas de gestão no âmbito do processo contemporâneo, não há até o presente momento, no cenário científico do Direito mundial, uma sedimentação teórica que trace um panorama geral dos pontos centrais dessa nova realidade e seus reflexos na praxe forense. Esse é um desafio dos tempos modernos: construir uma doutrina razoavelmente uníssona acerca dessas técnicas e de seu uso em larga escala nos modelos cooperativos de processo adotados nos mais variados países.

Nesse contexto, parece inconteste que os métodos tradicionais de gestão, sedimentados em uma tradição burocrática e legalista, não se revelam mais capazes de superar os desafios de uma litigância volumosa e complexa, tornando-se pouco satisfatórios para as exigências hodiernas de rapidez e qualidade. Eis que surgem, nesse ambiente, os novos cânones da gestão pública, sob o influxo da gestão empresarial, notadamente a responsabilidade dos serviços, autonomia na gestão,

141. Nos EUA, o *Federal Judicial Center* trabalha com o *Weighted Caseload Method*, que tem como referência uma unidade temporal e visa determinar o "tempo judicial" necessário para findar um processo.

interação entre os diversos setores do fluxo processual, gestão por resultados, avaliação dos serviços e remuneração por desempenho. E esse cenário exige planejamento (a definição do que deve ser feito e como deve ser feito), organização (estabelecimento de relações entre pessoas e recursos voltados à consecução do objetivo), direção (processo de influência sobre pessoas, a partir de técnicas de motivação e liderança) e controle (comparação de resultados). Um quadro de efetivo acesso à justiça só pode ser construído a partir de uma decisão em prazo razoável, da garantia de um processo democrático e adequado e a partir da efetividade da prestação jurisdicional.

Veja-se que, historicamente, o sistema judicial é marcado pelo excessivo formalismo, em que boa parte da atividade jurisdicional é consumida com a prática de despachos de mero expediente que não funcionam efetivamente como impulsionamento do feito para uma decisão final. Superar esses entraves meramente burocráticos é uma das missões da gestão judicial moderna, além de melhorar o grau de confiabilidade do Judiciário, severamente abalado em virtude de sua lentidão, ao ponto de o sistema judicial, em países marcados historicamente por soluções contenciosas, ter perdido grande espaço de atuação para outras formas de resolução de conflito, impondo-se, pois, uma verdadeira revolução cultural [142].

Impõe-se considerar, por fim, que a expressão "gestão judicial" sugere uma multiplicidade de sentidos[143]. Todos esses sentidos estão conectados à atividade jurisdicional e à busca da racionalização e otimização do processo, voltando-se a uma maior eficiência do sistema a partir de regras de organização dos atos que envolvem, interna e externamente, a condução do processo. Além disso, qualquer modelo de gestão pressupõe: (i) planejamento, que exige a definição

142. Aqui não há nenhuma crítica ou desvalor aos chamados métodos alternativos de resolução de conflito, mas apenas uma constatação pragmática de que seu avanço – pelo menos em países como o Brasil – se deve, em muito, à ineficiência das soluções adjudicadas.

143. MATOS, José Igreja; LOPES, José Mouraz; MENDES, Luís Azevedo; COELHO, Nuno. *Manual de gestão judicial*, p. 7.

do *que* e *como* algo deve ser feito; (ii) organização, estabelecendo-se relações formais entre pessoas e recursos disponíveis; (iii) direção, compreendida como o processo voltado a influenciar positivamente os demais partícipes do processo (entendido aqui em acepção ampla) a partir de motivação, liderança e comunicação; e (iv) controle, que envolve um quadro comparativo entre o atual desempenho e o anterior, de maneira a possibilitar uma efetiva monitorização das atividades e ações corretivas permanentes[144].

Daí que a ideia de gestão judicial abrange tanto a administração da justiça (*court management*) quanto a gestão do próprio processo (*case management*); uma é a contraface da outra, e ambas precisam conviver harmonicamente a fim de alcançar resultados práticos para a eficiência da atividade jurisdicional.

3.1.1.2. *O gerenciamento dos processos judiciais*

Em sentido específico, a gestão processual se insere na gestão dos tribunais, mas com esta não se confunde. Sendo assim, a gestão do processo se identifica com a intervenção dos diversos atores no tratamento dos casos judiciais, através da utilização de técnicas processuais que se voltam à obtenção de uma resposta jurisdicional mais célere, mais equitativa e menos dispendiosa[145]. Trata-se de uma nova atenção a um conjunto de atividades que englobam a organização, o processamento e a formulação de estratégias internas que permitam a elevação do grau de eficácia do processo à luz de suas particularidades. Uma vez que essa perspectiva da gestão é exercida em ambiente endoprocessual, encontra-se ela adstrita aos padrões do devido processo legal, constituindo, pois, atividade *vinculada*.

Em uma outra dimensão, pode-se ainda falar em *gestão para a decisão*, porque somente a construção adequada de provimentos

144. Ibidem, p. 66.

145. Cf.: MATOS, José Igreja; LOPES, José Mouraz; MENDES, Luís Azevedo; COELHO, Nuno. *Manual de gestão judicial*, p. 12.

jurisdicionais, a partir de sua estruturação e dinâmica, é capaz de reduzir as taxas de reforma e de interposição de recursos, contribuindo para a razoável duração do processo. Desse modo, a forma de condução do *iter* interfere nos resultados da prestação jurisdicional. As decisões proferidas ao longo do processo contribuem para a aceitabilidade e compreensão da decisão final. Assim, toda a atividade de direção do juiz deve ser escrutinada, sem zonas ocultas, de maneira a se orientar pela construção de padrões de desempenho capazes de assegurar a legitimidade do ato jurisdicional final. Desta última, trataremos no tópico "*poderes finalísticos*" (item 3.2).

De todo modo, é importante lembrar que o discurso sobre a reforma da justiça sempre esteve pautado pela tônica das alterações formais e acréscimo de recursos materiais e humanos. Embora não se possa negar a importância dessas medidas, uma verdadeira reforma pressupõe uma abertura a novos horizontes, com um giro de cento e oitenta graus no modo de se enxergar o processo e seu papel, bem como nas estratégias que envolvem governança e organização dos sistemas processuais. Na tarefa de aprimoramento do sistema de justiça sobressai também a necessidade de se pensar nas exigências político-constitucionais de acessibilidade, tempestividade e de eficácia a partir de uma verdadeira revolução administrativa e cultural: fomento aos meios alternativos de resolução de conflito, organização e especialização dos tribunais, simplificação e gestão processuais, estruturação adequada dos serviços auxiliares – inclusive com a possível criação da figura do gestor administrativo – e incremento das ferramentas tecnológicas, tudo em um grande esforço de planejamento e integração.

Por outro lado, uma resposta adequada para problemas específicos pode exigir providências transitórias ou meramente locais, atendendo às peculiaridades do contexto social específico. Com efeito, uma gestão de proximidade, inclusiva e participativa pode gerar ganhos em resultados e satisfação.

Desde o início da década de 90 do século passado, o processo civil brasileiro tem passado por sucessivas reformas que visam, sobretudo, atribuir maior efetividade à prestação jurisdicional.

Referidas reformas tiveram um papel relevante, especialmente quando permitiram um melhor ajustamento do processo às peculiaridades das demandas submetidas à apreciação do Poder Judiciário. Sem prejuízo disso, o Código de Processo Civil de 2015 promete aprimorar ainda mais o sistema de justiça, com a criação de filtros recursais e um sistema de precedentes[146], afora outros mecanismos de racionalização do processo.

Nessa perspectiva, em tema de acesso jurisdicional efetivo, um dos aspectos que desafia o Judiciário do século XXI diz respeito exatamente à forma de gestão interna do processo judicial, como já antes mencionado. Com efeito, para além de pensarmos nas reformas legislativas capazes de aprimorar a prestação jurisdicional do Estado, incumbe à ciência jurídico-processual responder a duas indagações relativamente simples, a saber: por que a atuação jurisdicional, embora baseada nos mesmos procedimentos concebidos pelo legislador, exterioriza-se de modo tão diferente no plano prático? Por qual razão unidades jurisdicionais com estruturas assemelhadas oferecem um serviço público discrepante, apresentando taxas de congestionamento tão diferentes?

---

146. Lenio Streck e Georges Abboud demonstram preocupação com a criação de um "sistema de precedentes" entre nós, dadas, entre outros: (i) a falta de um efetivo sistema de ***stare decisis*** nos países da ***civil law***; (ii) a falta de similitude com outros subsistemas do ordenamento jurídico brasileiro (penal, trabalhista etc.); (iii) a criação de provimentos vinculantes com o fim de reduzir a complexidade na aplicação do Direito. Nas palavras dos autores: "Para tal desiderato, cremos ser fundamental a correta noção sobre o que é efetivamente um precedente genuíno do ***common law*** e a necessária compreensão do que é um provimento vinculante ***por disposição legal, por exemplo,*** súmula vinculante, acórdão paradigma etc. O sistema genuíno de precedentes inglês é criador de complexidade. O que o CPC-2015 faz é criar provimentos judiciais vinculantes cuja função é reduzir a complexidade judicial para enfrentar o fenômeno brasileiro da litigiosidade repetitiva. Respostas antes das perguntas. Mas, não podemos equiparar o artigo 927 a um sistema de precedentes, sob pena de termos uma aplicação desvirtuada do CPC." STRECK, Lenio Luiz; ABBOUD, Georges. ***O que é isto*** – o sistema (sic) de precedentes no CPC? Consultor Jurídico. 18 ago. 2016. Disponível em: <http://www.conjur.com.br/2016-ago-18/senso-incomum-isto-sistema-sic-precedentes-cpc>. Acesso em: 19 out. 2016. Voltaremos ao tema oportunamente, especialmente no item 3.2.4.

A resposta parece simples, mas na realidade não é: sem prejuízo de outras concausas, o fenômeno decorre da gestão que se materializa de modo diferente em cada unidade do Judiciário. Contudo, feito o diagnóstico, o aprofundamento da questão revela maior dificuldade quando se trata de definir como combater o problema de modo sistêmico.

A presente análise, como se pode inferir das considerações supra, parte de uma conclusão inicial: os entraves relativos a uma prestação jurisdicional ineficiente decorrem de aspectos deveras complexos – de ordem cultural, histórica, econômica, entre outros –, de modo que seu enfrentamento exige uma visão multidisciplinar. E um ponto que ainda vem sendo negligenciado diz respeito exatamente à gestão do processo, notadamente a utilização sistematizada das ferramentas disponíveis que podem contribuir para a tão almejada celeridade processual. Além disso, traçar balizas para o exercício do poder de direção do processo que alinhe os valores "eficiência" e respeito a direitos processuais de cunho fundamental (juízo natural, imparcialidade, contraditório, fundamentação etc.) representa um dos maiores desafios da processualística moderna.

Daí se revela pertinente apresentar, em uma perspectiva generalizante, como o problema da gestão processual vem recebendo tratamento no direito alienígena. Além disso, é importante apontar a possibilidade de construção de uma técnica adequada para o direito brasileiro, que, somando-se às previsões legislativas já em vigor, permita o aprimoramento do tempo do processo, sempre se buscando o equilíbrio entre essa pretensão pragmática e o respeito às garantias presentes no processo de cunho democrático.

3.1.1.2.1. A prestação jurisdicional como serviço público eficiente

É ideia assente, na atualidade, que a jurisdição, como uma das expressões da atividade estatal, caracteriza-se como serviço público e, como tal, encontra-se norteada pelos princípios que regem a

Administração Pública, em especial a eficiência e a economicidade. Desse modo, uma das principais metas do processo contemporâneo é assegurar uma solução adequada em tempo razoável, de forma a garantir a redução de gastos com o litígio – seja pelas partes, seja pelo Estado, a quem incumbe a prestação jurisdicional –, bem como a segurança jurídica decorrente de uma prestação de atividade estatal eficiente.

Porém, como prestação jurisdicional eficiente, não se pode entender apenas a decisão rápida. Nesse ponto, o legislador constituinte foi extremamente feliz ao valer-se da expressão "razoável duração do processo" (art. 5º, LXXVIII), ao invés de limitar-se ao conteúdo semântico do termo "celeridade processual". O processo exige um tempo mínimo de maturação, de modo que a decisão eficiente é aquela proferida no melhor tempo possível sem prejudicar a manifestação adequada e o enfrentamento de todos os argumentos trazidos pelas partes, tudo sob a luz da melhor compreensão do contraditório e ampla defesa[147]. Não por outra razão, já é visão sedimentada a de que a efetividade da tutela jurisdicional integra a concepção hodierna de acesso à justiça. Desse modo, ao lado da eficiência *quantitativa* convive necessariamente a eficiência *qualitativa*[148]. Apenas o caminhar harmônico de ambas permite o cumprimento efetivo das modernas

---

147. É emblemática, nesse sentido, a diretriz fundamental do CPC/2015:
Art. 9º Não se proferirá decisão contra uma das partes sem que ela seja previamente ouvida.
Parágrafo único. O disposto no *caput* não se aplica:
I – à tutela provisória de urgência;
II – às hipóteses de tutela da evidência previstas no art. 311, incisos II e III;
III – à decisão prevista no art. 701.
Art. 10. O juiz não pode decidir, em grau algum de jurisdição, com base em fundamento a respeito do qual não se tenha dado às partes oportunidade de se manifestar, ainda que se trate de matéria sobre a qual deva decidir de ofício.

148. NUNES, Dierle. Precedentes, padronização decisória preventiva e coletivização – paradoxos do sistema jurídico brasileiro: uma abordagem constitucional democrática. In: WAMBIER, Teresa Arruda Alvim (Coord.). *Direito jurisprudencial.* São Paulo: RT, 2012. v. 1, p. 245-276.

garantias constitucionais de feição processual. Aliás, tendo em vista que o conceito de tempo razoável para o fim da prestação jurisdicional nem sempre coincide com as expectativas sociais, essa é uma questão que precisa ser publicamente assumida e esclarecida pelos órgãos do sistema, numa lógica comunicacional franca e inclusiva.

Outro ponto importante diz ao fato de que é preciso enfrentar o paradoxo construído no Brasil nas últimas décadas: paralelamente à concepção ampla que se deu à noção de acesso à justiça, impõe-se refletir sobre os mecanismos efetivos de equacionamento da proliferação de demandas que reclamam a atuação estatal. Mas essa tarefa não pode ser cumprida exitosamente sem ultrapassarmos alguns paradigmas imanentes ao direito processual clássico, especialmente uma visão extremamente formalista do processo.

Essa visão, dentre vários fatores, deve-se ao modelo inquisitorial adotado nos países de tradição romano-germânica, no qual, ao se atribuir os poderes de condução do processo ao magistrado, paralelamente se concebeu, sob o pálio dos ventos liberais, sérios limites de atuação a partir de procedimentos apriorísticos rígidos, tudo como forma de evitar o arbítrio judicial. Ademais, a influência do positivismo jurídico nessa seara fez-se sentir acentuadamente, na medida em que as codificações intentavam esgotar as amplas possibilidades fáticas a partir de previsões abstratas, num sistema hermético pretensamente exaustivo.

O modelo adversarial construído nos países de tradição anglo-saxônica caminhou na direção inversa[149]. Concebidos tais sistemas processuais a partir de uma interferência mínima do Estado-juiz na condução do procedimento, o passar do tempo revelou a necessidade

149. "Também haja quem relacione o processo ***adversarial*** ao ***common law*** e o processo inquisitivo ao ***civil law***. Como primeiro passo, a relação é correta, mas não devem ser ignoradas as profundas influências recíprocas que esses sistemas vêm causando um no outro, a ponto de a diferenciação entre eles ficar cada vez mais difícil." (DIDIER JR., Fredie. Os Três Modelos de Direito Processual: inquisitivo, dispositivo e cooperativo).

de incremento dessa atuação estatal a fim de otimizar o lapso de tempo para oferta da prestação jurisdicional. Eis aí o terreno propício para a construção dos denominados *case management powers*, que atualmente influenciam essa concepção de ferramentas gerenciais nos mais variados sistemas.

Por outro lado, à luz da atual crise de certeza do Direito, em que se constata a impossibilidade de apreensão, por parte do legislador, da realidade fenomênica subjacente, surge a tendência da atuação legislativa a partir de cláusulas gerais e abstratas, o que também possui reflexos no sistema processual. Assim, passa-se de uma concepção estática para uma concepção dinâmica dos modelos procedimentais, de modo a permitir sua adaptação à luz das peculiaridades do direito material postulado[150], tudo em busca da máxima eficiência na prestação jurisdicional. O direito processual, pois, tende a se inclinar para um *processo civil mínimo*, que está adstrito apenas ao desenho constitucional dos postulados do devido processo legal (o núcleo duro do processo, em que se inserem os direitos fundamentais processuais).

E, no âmbito do processo, o serviço público eficiente compreende tanto os postulados científicos que norteiam a atuação eficaz da Administração Pública em geral como o engendramento de fórmulas que permitam ao magistrado extrair ao máximo a eficácia do processo, produzindo decisões adequadas com o mínimo de dispêndio possível. Nesse ambiente de busca racional pela eficiência da prestação jurisdicional é que surge o gerenciamento do processo sob certo viés criativo - ainda que, do ponto de vista democrático, seja necessário estabelecer limites claros a fim de impedir a formação de um regime autoritário de processo –, no qual se insere a ampliação dos poderes de direção formal por parte do juiz.

150. A título ilustrativo, vide o caso do art. 497 do CPC/2015, que permite ao magistrado adotar diversas soluções visando à efetividade da prestação jurisdicional, numa verdadeira mitigação da regra da congruência entre pedido e sentença. No mesmo sentido, entre outros, cf.: DIDIER JR., Fredie et al. *Curso de Direito Processual Civil.* 5. ed. v. 5. Salvador: Juspodivm, 2013, p. 455.

3.1.1.2.2. O gerenciamento dos processos no cenário internacional

A gestão processual pode ser vista como uma parcela importante da gestão dos tribunais. A distinção dessas definições é crucial porque os conceitos sob exame comportam diferentes formulações de problemas e respectivas soluções. A gestão dos tribunais leva em conta, como se sabe, um conjunto de ações estratégicas externas ao processo, que deve considerar, entre outros fatores, as disponibilidades humana e orçamentária. A gestão processual, embora relevante em qualquer cenário, sobreleva sua atuação no contexto das dificuldades de resposta (volume elevado de processos x escassez de recursos), já que ela visa a atacar um dos pontos nevrálgicos da prestação jurisdicional ineficiente: o movimento processual "aparente" (impulso "em círculos"). Esse movimento aparente, além de não se traduzir em respostas concretas para aqueles que buscam o Judiciário, estimula incidentes, multiplica atos, desperdiça energia humana e consome recursos desnecessariamente. Ao final, gera apenas morosidade e mais insatisfação.

Na doutrina e experiência estrangeiras, a temática relativa à gestão do processo há muito tempo é objeto de preocupação, especialmente nos países da *common law*. Nestes, vive-se atualmente um processo de aproximação entre a tradicional utilização do modelo adversarial - com a condução do procedimento estando centrada nas partes litigantes, possuindo o magistrado comportamento predominantemente passivo - e o modelo inquisitorial - em que o juiz possui maior protagonismo nessa atividade[151].

Nos Estados Unidos, desde a década de 70 do século passado, as cortes federais passaram a exercer atividade de gerenciamento em

151. Sobre o tema, recomendamos, entre outros, a leitura de dois ensaios de José Carlos Barbosa Moreira: (Duelo e Processo. In: MOREIRA, José Carlos Barbosa. *Temas de direito processual*. Oitava série. São Paulo: Saraiva, 2004; O processo civil contemporâneo: um enfoque comparativo. In: MOREIRA, José Carlos Barbosa. *Temas de direito processual*. Nona série. São Paulo: Saraiva, 2007).

razão das críticas dirigidas ao funcionamento do sistema de justiça. Nas décadas seguintes, foram modificadas as *Federal Rules of Civil Procedure* (FRCP, uma espécie de Código de Processo Civil) a fim de abreviar o tempo de tramitação dos processos. Paralelo a isso, em 1990 foi aprovado o *Civil Justice Reform Act*, que, em linhas gerais, atribui aos tribunais federais a tarefa de adaptar os procedimentos previstos em perspectiva abstrata aos casos submetidos à apreciação da corte[152].

No caso estadunidense, previu-se um sistema descentralizado, no qual cada tribunal deveria criar um comitê incumbido de apresentar um plano estratégico de racionalização do tempo de duração do processo, sem prejuízo da observância das normas gerais previstas em lei. Os programas de gerenciamento criados pelos tribunais deveriam estabelecer regras específicas de acordo com o perfil dos casos que são submetidos à sua apreciação, permitindo ao juiz inclusive planejar prazos e procedimentos diferenciados (*schedule*), definidos basicamente na audiência preliminar, sempre se estimulando a resolução alternativa de conflitos (*alternative dispute resolution*). No âmbito federal, a atividade de mediação é realizada por servidores públicos, voluntários, juízes aposentados, entre outros, de modo que a atividade do juiz da causa fica restrita à hipótese de não se conseguir uma solução amigável. Mesmo na atividade judicante, aliás, o magistrado é auxiliado por juízes leigos (*magistrate judge*), que exercem atividades tipicamente jurisdicionais, especialmente em relação à prática de atos da instrução processual e preparação de decisões.

O *schedule* estadunidense funciona como importante ferramenta de gestão, porque é neste ato processual que se define a programação do procedimento, com quadro detalhado de prazos para citação, defesa, produção de provas e data para julgamento. Já

152. Sobre o tema, vide: KAKALIK, James S. et al. ***Just, Speedy, and Inexpensive?*** An Evaluation of Judicial Case Management Under the Civil Justice Reform Act. Santa Monica, CA: RAND Corporation, 1996. Disponível em: <http://www.rand.org/pubs/monograph_reports/MR800>. Acesso em: 6 out. 2015.

ao ajuizar a ação, fica a cargo do próprio autor providenciar, após uma espécie de certificação pelo funcionário da corte (*clerk*), a citação da parte adversa, que pode se valer do correio ou até de meios eletrônicos[153], o que ilustra a intenção deliberada de desburocratizar o procedimento.

Referido modelo, pois, destaca-se pelas seguintes características primordiais: (i) envolvimento do magistrado com o caso logo no início do feito, sendo boa parte do gerenciamento definida na *pre-trial conference* (uma espécie de audiência preliminar[154]); (ii) participação mais ativa do julgador na condução do procedimento até seu desfecho final; e (iii) elaboração de cronograma dos atos especificamente para cada caso, levando em conta a complexidade de cada demanda[155]. Além disso, deve ser enfatizada a necessidade de cooperação entre as partes para que os resultados, em especial o tempo de tramitação do feito, sejam alcançados. Desse modo, a atividade gerencial do magistrado no modelo norte-americano está concentrada na tentativa de resolução da lide através de meios alternativos e na elaboração de um procedimento amoldado ao caso concreto, sem prejuízo do respeito às garantias processuais fundamentais[156].

Na Inglaterra, por seu turno, especialmente a partir do seu Código de Processo Civil editado em 1999 (*Civil Procedure Rules*), práticas de gerenciamento também foram inseridas no sistema. Essa reforma legislativa decorreu basicamente de relatório elaborado por Lord Woolf, então *Lord Chief Justice*, que apontava a necessidade de mitigação do sistema adversarial, com o magistrado passando a

153. GODOY, Arnaldo Sampaio de Moraes. Direito Processual nos Estados Unidos. ***Revista de Processo: RePro***, São Paulo, v. 30, n. 127, p. 107–116, set., 2005, p. 107.

154. TARUFFO, Michele. ***El proceso civil adversarial em la experiência americana:*** el modelo americano del proceso de connotación dispositiva. Bogotá: Temis, 2008, p. 8.

155. GAJARDONI, Fernando da Fonseca. ***Flexibilização procedimental:*** um novo enfoque para o estudo do procedimento em matéria processual. São Paulo: Atlas, 2008, p. 120.

156. Para a exata compreensão das diversas ferramentas de gestão no modelo norte-americano, é imprescindível a leitura de MARCUS, Stanley et al. ***Manual for complex litigation.*** 4th ed. Washington: Federal Judicial Center, 2004.

exercer papel mais destacado na organização e condução do procedimento, inclusive com as adaptações necessárias para o adequado enfrentamento de cada lide específica[157].

Além de atacar a má relação custo/tempo do processo, as CPR tiveram por finalidade modificar a cultura litigiosa dos tribunais ingleses, notadamente a partir de um modelo cooperativo entre advogados e litigantes. A partir de então, os advogados passaram a ter o dever de não perseguir os interesses de seus constituintes de modo inflexível[158], justificando-se, a partir dessa premissa, a transferência para o órgão judicial da direção formal do processo. Desse modo, a gestão do processo no Direito inglês passou a cumprir três funções principais, quais sejam: (i) encorajar as partes a se empenharem pelo consenso; (ii) evitar que o processo tramite lentamente e de maneira ineficaz; e (iii) garantir o uso racional dos recursos judiciais[159]. Assim, ultrapassada a fase conciliatória, incumbe ao magistrado velar pelo adequado andamento processual, identificando as peculiaridades do caso, fixando calendário de atos e prazos, determinando o tipo de procedimento que será adotado, entre outros.

Nas *Federal Rule of Civil Procedure* são enunciadas algumas regras de boas práticas processuais no sentido de que gestão significa "coisas diferentes para pessoas diferentes", com a flexibilidade na utilização dos instrumentos à disposição dos atores processuais a partir de uma permanente abertura à adaptação[160]. Ao atribuir ao juiz a gestão do processo, retirando das partes a iniciativa quanto à composição dos termos processuais, impôs-se a ele o

157. Sobre o tema, vide: ANDREWS, Neil. *O moderno processo civil*: formas judiciais e alternativas de resolução dos conflitos na Inglaterra. Tradução Teresa Arruda Alvim Wambier. São Paulo: Revista dos Tribunais, 2009, p. 89 e ss.

158. Nesse sentido, cf.: ANDREWS, Neil. Relações entre a Corte e as partes na era do case management. Tradução Fernanda Medina Pantoja, Marcela Kohlbach Faria e Paula Bezerra de Menezes. *Revista de Processo: RePro*, v. 38, n. 217, p. 181-203, mar. 2013, p. 187-188.

159. ANDREWS, Neil. *O moderno processo civil*. p. 140.

160. MATOS, José Igreja; LOPES, José Mouraz; MENDES, Luís Azevedo; COELHO, Nuno. *Manual de gestão judicial*, p. 235.

conhecimento detalhado do litígio desde o início do processo. Os novos poderes do juiz, no tocante à gestão, passaram a incluir a identificação preliminar das questões em litígio, a calendarização de atos e diligências, a determinação da ordem de apreciação das questões e a limitação de recursos das decisões relacionadas à direção formal do processo.

No direito europeu, a noção de *case management*, como uma tarefa de delineamento do *iter* procedimental voltado à eficiência, foi mencionada primeiramente no ano de 1984, em recomendação do Comitê de Ministros do Conselho Europeu, espraiando seus efeitos especialmente sobre os sistemas francês e inglês[161]. A partir dessa perspectiva, o magistrado passou a assumir o papel de gestor do processo, conduzindo sua marcha e adaptando os procedimentos às peculiaridades do caso concreto. Toda essa atividade passa a ser realizada em prol da celeridade processual, com a redução de custos da burocracia judiciária, visando assim à adequação máxima do *iter* processual às questões materiais subjacentes.

No direito francês, essencialmente, essa atividade já é exercida a partir da primeira audiência, na qual o juiz, analisando o processo em conjunto com as partes, procede à escolha do tipo de procedimento (circuitos curto, médio ou longo) que será utilizado para aquele caso. Nessa atividade, leva-se em conta o grau de complexidade da matéria e a eventual necessidade de maior dilação probatória.

Por sua vez, a partir da reforma de 2009 o processo civil italiano passou a incorporar mecanismos de gestão processual em seu sistema, como a calendarização processual e a criação de um procedimento sumário para causas específicas[162].

Em Portugal, a reforma de seu sistema iniciou-se em 1995, através do Decreto-Lei nº 329-A. Posteriormente, o Decreto-Lei

161. Cf. DE CRISTOFARO, Marco. Case management e riforma del processo civile, tra effettività della giurisdizione e diritto costituzionale al giusto processo. *Rivista di diritto processuale*, v. 65, n. 2, p. 282-305, 2010.

162. Ibidem, p. 303.

nº 108/2006 estabeleceu o chamado Regime Processual Experimental, normatizando o dever de gestão processual, com clara inspiração nos poderes de *case management* do direito norte-americano e inglês.

Em linhas gerais, a evolução do direito processual civil português consagrou, entre outros aspectos: (i) a valorização dos critérios de celeridade e simplicidade na construção dos regimes especiais; (ii) a utilização intensa dos meios alternativos de resolução de conflitos; (iii) a desjudicialização de determinadas matérias; (iv) o aumento dos poderes judiciais na condução dos processos; e (v) a maior utilização de conceitos vagos e indeterminados na lei[163].

Nesse âmbito, está inserido o dever de adequação do procedimento às especificidades da causa, bem como o de dirigir o processo de forma dinâmica, sempre em vista de uma decisão rápida e adequada. Essa tarefa inclui a possibilidade de realizar a "agregação de acções" transitoriamente para a prática conjunta de atos comuns, o que se revela um instrumento importante para a gestão das demandas de massa. Ao juiz se impõe um poder-dever de dirigir o processo não apenas zelando pelo cumprimento de normas processuais abstratamente definidas, mas sobretudo, cabendo a ele a responsabilidade de criativamente encontrar a norma concreta adequada para a condução de cada processo[164].

Além disso, criou-se um mecanismo de "monitorização dos processos", uma vez que se estabeleceu um dever de acompanhamento do tempo processual e a prestação de informações ao Conselho Superior da Magistratura (artigo 88 da Lei nº 52/2008). Nesse âmbito, revela-se importante o acesso à informação, que permite conhecer o volume e o tipo de litígios em tramitação. Estes dados, ao lado da existência de estatísticas específicas sobre a tipologia de processos

---

163. Cf. SOUSA, Miguel Teixeira de. O regime processual experimental português. ***Revista de Processo: RePro***, v. 32, n. 148, p. 169-180, jun. 2007, p. 169.

164. MATOS, José Igreja. ***Um modelo de juiz para o processo civil actual.*** Coimbra: Coimbra Editora, 2010, p. 124.

distribuídos a cada juiz, viabilizam o próprio dever de acompanhamento instituído em lei[165].

No contexto do processo português, é interessante também a criação dos chamados Valores de Referência Processual (VRP), que constituem um conceito-chave do modelo de gestão, permitindo uma mensuração quantitativa do volume de trabalho adequado para um juiz, e que são definidos a partir de uma tabela com valores mínimo e máximo, admitindo variações em função das especificidades regionais de cada comarca.

3.1.2. Traços gerenciais no Código de Processo Civil de 2015

3.1.2.1. Considerações iniciais

No Brasil, a gestão processual ainda se trata de tema relativamente novo. Afora poucos trabalhos que se voltaram ao tema recentemente, o gerenciamento do processo é tratado entre nós de modo empírico, sustentando-se em experiências jurisdicionais não sistematizadas.

Um ponto importante a se observar é que boa parte do conjunto de poderes que a doutrina anglo-americana convencionou chamar de *case management powers* não é novidade no Direito brasileiro[166]. É o que acontece, por exemplo, com o estímulo à conciliação e a própria previsão de uma audiência preliminar, na qual devem ser definidos os demais passos do rito procedimental, com a definição das matérias controvertidas e as provas que deverão ser produzidas. É possível dizer, na realidade, que precisamos mais de mudanças culturais do que de reformas legislativas[167].

---

165. MATOS, José Igreja; LOPES, José Mouraz; MENDES, Luís Azevedo; COELHO, Nuno. *Manual de gestão judicial*, p. 205.

166. Nesse sentido, cf.: OLIVEIRA, Guilherme Peres de. ***Adaptabilidade judicial.*** A modificação do procedimento pelo juiz no Processo Civil. São Paulo: Saraiva, 2013, p. 61.

167. Com efeito, a técnicas de gestão como a audiência preliminar e o saneamento do processo nem sempre se atribui a relevância devida na práxis judiciária. É o

No CPC/2015, a gestão do processo é tratada, de certo modo, de maneira genérica. Logo em seu título inaugural, que cuida das normas fundamentais, o legislador previu o direito de participação ativa das partes no processo, cabendo a elas cooperar entre si e com o juiz a fim de lhe fornecer subsídios para a prestação jurisdicional (art. 6º). Em que pesem as controvérsias que suscita o dispositivo, notadamente quanto a seu conteúdo e extensão, trata-se de importante reconhecimento do caráter horizontalizado e plural da relação jurídico-processual contemporânea. Por outro lado, exigem-se maiores traços de eticidade e probidade no âmbito do processo, colaborando as partes para uma gestão dirigida a uma "decisão de mérito justa e efetiva"[168].

Fora isso, a matéria está versada especialmente nos artigos que permitem ao magistrado ampliar prazos e inverter ordem de produção de provas (art. 139, VI), de modo a adequar o procedimento à tutela do direito material pretendida, bem assim estabelecer o calendário processual (art. 191) e o saneamento compartilhado (art. 357, § 3º), sem olvidar o acordo de procedimento que pode ser celebrado entre as partes (art. 190). Essas seriam, a princípio, as grandes novidades no novel sistema, embora seja possível defender-se que a calendarização e a adaptação procedimental podem ser adotadas independentemente de previsão legal, a partir de uma simples leitura constitucional do processo. De todo modo, as alterações legislativas terão o condão de impor ao magistrado o dever de velar pelo adequado funcionamento do sistema, superando também eventuais resistências doutrinárias e jurisprudenciais no sentido de

---

que sempre ocorreu também com a tutela de evidência, que é instrumento de combate à má-fé processual, criando a possibilidade de antecipação da aspiração pretendida independentemente do clássico requisito da urgência.

168. Justa, no ponto, considerando o caráter democrático do processo, compreende a construção de provimentos jurisdicionais adequados, a partir de observância do contraditório efetivo, paridade de armas e fundamentação analítica. Na linha aqui trabalhada, não se confunde com a realização de justiça material, notadamente a partir de uma pretensão de alcance da verdade real, perspectiva que pode ensejar arbítrios judiciais eliminadores da compreensão do processo como garantia das partes.

que o magistrado está jungido à rigidez dos procedimentos aprioristicamente concebidos pelo legislador, desde que tais técnicas sejam utilizadas sem descaracterizar o caráter democrático do modelo constitucional de processo.

Ao que parece, faltou um modelo mais audacioso, que levasse em conta o fato de que a qualidade do sistema de justiça pressupõe, às vezes, soluções pragmaticamente construídas dirigidas às necessidades concretas de quem lida com o sistema de justiça. Tais soluções podem inclusive ter o caráter transitório e/ou regional, enfatizando-se uma gestão de proximidade e com viés participativo, entregue àqueles que melhor conhecem e lidam diariamente com o sistema.

No exercício do poder de gestão, é preciso verificar os limites de atuação do magistrado, que se vinculam precisamente ao direito fundamental de acesso à justiça e à formatação de um processo democrático, no qual sejam asseguradas as garantias que constituem o "núcleo duro" do processo. Desse modo, cabe ao juiz, na condução formal do processo, assegurar especialmente: (i) a igualdade entre as partes, equilibrando-se sua participação sem distinções injustificadas[169-170], (ii) contraditório, notadamente na sua vertente mais forte (como direito de influência e "não surpresa") e ampla defesa, de maneira que todos os sujeitos processuais sejam partícipes da construção do resultado final do processo; e (iii) a prolação de

169. Art. 7º É assegurada às partes paridade de tratamento em relação ao exercício de direitos e faculdades processuais, aos meios de defesa, aos ônus, aos deveres e à aplicação de sanções processuais, competindo ao juiz zelar pelo efetivo contraditório.

170. Importante regra assecuratória do direito de tratamento igualitário no processo expressa-se no art. 12 do CPC/2015, que estabelece ordem preferencial de julgamento a partir da data cronológica de conclusão dos autos para decisão, salvo as exceções estabelecidas no § 2º do mesmo código. Sobre o tema, vide o Enunciado 32 da Enfam: "O rol do art. 12, § 2º, do CPC/2015 é exemplificativo, de modo que o juiz poderá, fundamentadamente, proferir sentença ou acórdão fora da ordem cronológica de conclusão, desde que preservadas a moralidade, a publicidade, a impessoalidade e a eficiência na gestão da unidade judiciária."

decisões devidamente fundamentadas, que permitam o controle da atividade jurisdicional.

A atividade de gestão, ademais, está sujeita à observância de algumas regras[171] reitoras da condução formal do processo.

A primeira delas é a regra dispositiva, segundo a qual cabe às partes a provocação visando à intervenção jurisdicional[172]. Outra regra fundamental para a economia da atividade processual e seu "olhar voltado para o futuro" é a da preclusão, que gera para as partes um conjunto de consequências decorrentes do não cumprimento de ônus processuais[173]. Por ela se estabelece um sistema de autorresponsabilidade das partes no tocante à sua participação no processo, impondo-se a prática de atos sob pena de a tramitação prosseguir sem a realização destes.

No modelo cooperativo de processo ora defendido, tem-se, ainda, a regra da boa-fé processual, já mencionada alhures, que exige um balizamento de condutas das partes e do juiz de maneira que o processo seja dirigido sempre à resolução do conflito no melhor tempo possível. Na cooperação, ainda, pode-se inserir o dever de estímulo à extinção amigável do conflito, no sentido de caber ao magistrado, na qualidade de gestor do processo, estimular a conciliação, demonstrando as vantagens da solução negociada[174].

---

171. Na doutrina, há quem chame tais disposições de princípios. Alinhando-nos à compreensão já aqui exposta, de que regras submetem-se a um modelo de aplicabilidade de tipo tudo ou nada (*all-or-nothing-fashion*), enquanto que os princípios inserem-se no contexto da dimensão de peso (***dimension of weight***), defendemos que as hipóteses mencionadas constituem, em verdade, regras jurídicas.

172. Art. 2º O processo começa por iniciativa da parte e se desenvolve por impulso oficial, salvo as exceções previstas em lei.

173. Por exemplo: Art. 278. A nulidade dos atos deve ser alegada na primeira oportunidade em que couber à parte falar nos autos, sob pena de preclusão.
Parágrafo único. Não se aplica o disposto no ***caput*** às nulidades que o juiz deva decretar de ofício, nem prevalece a preclusão provando a parte legítimo impedimento.

174. Essa é uma das diretrizes do modelo de princípios e regras de Processo Civil Transnacional (***Principles and Rules of Transnational Civil Procedure***), tais quais aprovadas pelo Conselho da UNIDROIT (Instituto para a Unificação do Direito Privado) em

Finalmente, cabe lembrar ainda da imediação, concentração e oralidade, que estimulam o contato do juiz com os elementos de prova em atos processuais otimizados, notadamente quando da audiência de instrução e julgamento[175]. Nesse contexto, cabe ao juiz, como já dito, assumir o quanto antes a direção do processo, inteirando-se da lide de maneira a facilitar a composição do litígio no menor espaço de tempo possível a partir do cumprimento de etapas processuais bem planejadas e executadas.

3.1.2.2. *Panorama geral da atividade do juiz nas diversas fases do procedimento comum*

O gerenciamento dos processos não se reduz a um conjunto de técnicas previamente estabelecidas em lei para aplicação pelo magistrado, como se sucede com as regras processuais previstas no plano abstrato[176]. Muito mais que um conjunto exaustivo de ferramentas, trata-se de um fenômeno que exige uma mudança de postura dos atores do processo. Do lado do magistrado, no sentido de haver um maior envolvimento com a causa concreta desde seu início, impondo-se um planejamento dos atos até o desfecho final da lide. Do lado das partes, no sentido de serem cumpridos efetivamente os deveres de cooperação, evitando-se as chicanas processuais e estabelecendo-se laços mais fortes com a razão final da atividade jurisdicional, que é apresentar solução adequada e eficaz.

Daí se dizer que as linhas gerais do desenvolvimento do *case management* envolvem 03 (três) fases[177], quais sejam: (i) fase inicial

---

abril de 2004, e pelo ***American Law Institute*** (Instituto de Direito Americano), em seu encontro anual realizado no mês de maio de 2004.

175. Como teremos oportunidade de verificar, defende-se no presente trabalho que o juiz não deve presidir a audiência de conciliação, na medida em que esse contato preliminar com as partes e provas "acidentais" pode gerar enviesamento cognitivo capaz de interferir na produção de decisões legítimas.

176. Nesse sentido, cf.: SILVA, Paulo Eduardo Alves da. ***Gerenciamento dos processos judiciais***. São Paulo: Saraiva, 2010, p. 37.

177. MATOS, José Igreja; LOPES, José Mouraz; MENDES, Luís Azevedo; COELHO, Nuno. ***Manual de gestão judicial***, p. 244.

ou postulatória, em que são apresentadas as pretensões em conflito. Cabe ao magistrado aqui se inteirar das peculiaridades da lide, de modo a permitir o planejamento e a estipulação de estratégias de condução do feito, especialmente os ritos que esta deverá seguir. É nessa fase que o juiz, debruçado sobre o exame preliminar das características da lide, poderá estabelecer diferenciações no tocante ao tipo de procedimento que o caso deverá seguir; (ii) fase intermediária, em que o juiz exerce com maior ênfase a atividade de saneamento, na qual cabe promover a audiência preparatória de organização do feito, a composição amigável da lide, a delimitação das questões efetivamente controvertidas – preferencialmente de maneira compartilhada com os advogados, que conhecem suas pretensões com maior profundidade –, afastando-se e deliberando-se acerca das demais, das provas pertinentes e do calendário processual; e (iii) fase final, na qual cabe produzir as provas que exigem audiência de instrução, as alegações finais e, por fim, a aferição definitiva de provas e argumentos no âmbito da sentença.

O que será capaz de diferenciar aqui o resultado qualitativo da prestação jurisdicional é a atenção para a gestão dos fluxos processuais (*caseflow management*), de maneira que não haja desperdício de atividade nos chamados "tempos mortos" do processo[178]. Com efeito, a operação concreta dessas ferramentas é que destacará o grau de eficiência da atividade processual em cada unidade (expeditividade).

---

178. "Pesquisa feita pela Fundação Getúlio Vargas para a Secretaria de Reforma do Judiciário do Ministério da Justiça apontou que os cartórios são responsáveis por 80% dos atrasos nas ações judiciais. Os alvos da pesquisa foram quatro cartórios paulistas. Dois na capital e dois no interior. O estudo, que durou oito meses, foi feito em 2006 e se baseou em entrevistas com funcionários e análises dos processos. Descontados os períodos em que os autos são levados ao juiz ou retirados para vista e manifestação, os processos ficam nos cartórios por um período equivalente a até 95% do tempo total de processamento. Fase considerada como "tempos mortos", em que o processo aguarda rotinas a serem praticadas pelos funcionários. É para estes "tempos mortos" que se pretende diagnosticar e apontar soluções." GONÇALVES, Érika Bento. ***Processos passam 95% do tempo nos cartórios judiciais***. Consultor Jurídico. 17 nov. 2007. Disponível em: <http://www.conjur.com.br/2007-nov-17/processos_passam_95_tempo_cartorios_judiciais>. Acesso em: 30 mai. 2016.

Trata-se de atividade permanente, voltada à supervisão e estabelecimento de metas e prioridades no cumprimento material dos atos jurisdicionais. Justifica-se aqui, inclusive, a possibilidade de se pensar em um prazo genérico médio para a tramitação dos procedimentos, que poderia ser extrapolado apenas quando houvesse justificativa plausível para tanto (por exemplo, má relação quantidade de processos/recursos humanos). O compromisso do sistema seria assumido em relação ao intervalo de tempo entre a instauração do processo e seu término, admitindo-se uma flexibilidade operativa. Ademais, nessa gestão dos fluxos se insere o diagnóstico das demandas de massa, que exigem estratégias de atuação diferenciadas[179].

A função do *case management* é resolver conflitos a partir do aprimoramento da prestação jurisdicional, buscando um melhor binômio tempo/custo do processo. Desse modo, ao falarmos em vertentes do gerenciamento, não há aqui uma pretensão exaustiva, uma vez que se trata de um conjunto de técnicas de aceleração do processo ainda em manifesta construção.

Na fase postulatória são as partes que constroem o objeto da lide (art. 2º, CPC/2015), cabendo ao juiz inteirar-se do tema para melhor conduzir o processo. São elas que fixam o objeto litigioso, como sobressai do art. 141 do CPC/2015, cabendo ao demandante expor suas alegações e formular o pedido (art. 319, III e IV, CPC/2015) e, ao demandado, apresentar defesa direta de mérito, com a negativa dos fatos afirmados da inicial, ou defesa indireta, apontando circunstâncias impeditivas, modificativas ou extintivas do direito do autor, quando então haverá ampliação do objeto de cognição da lide. Nessa etapa prevalece o caráter liberal ou adversarial, com interferência mínima do juiz, que ocorre, entre outros, para cumprir o dever de esclarecimento e prevenção.

Assim, o caráter cooperativo do processo se revela nessa fase na medida em que, a partir da definição dos contornos da lide

179. MATOS, José Igreja; LOPES, José Mouraz; MENDES, Luís Azevedo; COELHO, Nuno. *Manual de gestão judicial*, p. 261.

elaborados pelas partes, caberá ao órgão judicial exercer um controle prévio sobre a viabilidade do processo, no que se inclui a clareza da narrativa e a congruência entre alegações e pedidos (art. 330, § 1º, CPC/2015). É que, caso sejam detectados vícios formais, sem o suprimento adequado a partir do exercício do dever de prevenção, deve ocorrer a extinção do feito sem exame do mérito (arts. 330 e 485, I, do CPC/2015)[180]. Uma vez formado o objeto da causa, sua alteração somente se pode dar até o saneamento do processo e, ainda assim, desde que haja concordância da parte adversa (art. 329, CPC/2015). Exceção a essa regra tem-se apenas nas hipóteses de negócio processual que vise à ampliação do objeto original da lide (art. 190, CPC/2015)[181] ou mesmo quando da superveniência de fatos relevantes para o julgamento da causa (art. 493, CPC/2015).

Na fase inicial do gerenciamento, cabe ao magistrado exercer com maior ênfase os deveres de esclarecimento, consulta e prevenção, determinando a emenda da inicial, quando vislumbrar vício formal que impeça o exame do mérito, sempre apontando concretamente quais são as irregularidades detectadas[182].

Nessa fase, ainda, a primeira vertente do gerenciamento de processos dá ênfase aos meios alternativos de resolução de conflitos, de modo a se impor julgamento final apenas nos casos mais complexos, que exijam efetiva instrução processual. Busca-se aqui

---

180. MITIDIERO, Daniel. *Colaboração no Processo Civil,* p. 113.

181. Discordamos da assertiva de Mitidiero no sentido de que essa modificação está sujeita ao controle de conveniência por parte do magistrado. Com efeito, o controle de validade inserto no parágrafo único do art. 190, ao nosso ver, não possui a dimensão de permitir que o magistrado defina a possibilidade ou não de ampliação do objeto da lide em virtude de critérios de oportunidade, notadamente por incidência da regra do art. 139, VI, do CPC/2015. MITIDIERO, Daniel. *Colaboração no Processo Civil,* p. 121.

182. Art. 321. O juiz, ao verificar que a petição inicial não preenche os requisitos dos arts. 319 e 320 ou que apresenta defeitos e irregularidades capazes de dificultar o julgamento de mérito, determinará que o autor, no prazo de 15 (quinze) dias, a emende ou a complete, indicando com precisão o que deve ser corrigido ou completado.
Parágrafo único. Se o autor não cumprir a diligência, o juiz indeferirá a petição inicial.

a solução do litígio através da conciliação ou mediação e, em alguns sistemas, através de *mini-trials* ou avaliação de terceiros idôneos. Não foi por outra razão que o legislador de 2015, ao estabelecer o novo procedimento comum, "antecipou" a realização da audiência para a fase inicial do feito, isto é, logo após o juízo de admissibilidade positivo da petição inicial (art. 334). A conciliação, nesse contexto, assume o papel de princípio diretor da gestão na medida em que se caracteriza, hodiernamente, como um mecanismo fomentador da operosidade dos sistemas de justiça. Trata-se, pois, de ferramenta essencial na gestão processual[183].

Para a construção de um processo democrático, ademais, impõe-se que a audiência de conciliação seja conduzida por auxiliares da Justiça qualificados especificamente para essa atividade[184]. A uma, porque o grau de eficácia do sistema de conciliação e mediação está diretamente ligado às habilidades de quem conduz a audiência. A duas, porque a participação direta do juiz nessa etapa poderá ensejar quebra da imparcialidade na valoração posterior de fatos e provas, uma vez que na audiência de conciliação e mediação pode surgir alguma informação sobre as questões subjacentes à lide, ficando o magistrado "contaminado" por tais elementos colhidos sem o crivo do contraditório. Não por outra razão o legislador de 2015 previu a confidencialidade como princípio diretor da referida audiência[185].

---

183. Art. 334. Se a petição inicial preencher os requisitos essenciais e não for o caso de improcedência liminar do pedido, o juiz designará audiência de conciliação ou de mediação com antecedência mínima de 30 (trinta) dias, devendo ser citado o réu com pelo menos 20 (vinte) dias de antecedência.

184. A inexistência de profissionais assim qualificados na quantidade necessária, contudo, pode inviabilizar os propósitos do legislador. Essa dificuldade, a qual se associa uma inegável cultura adversarial, é um dos pontos invocados pelos críticos do modelo prioritário de conciliação inserido no novo código.

185. Art. 166. A conciliação e a mediação são informadas pelos princípios da independência, da imparcialidade, da autonomia da vontade, da confidencialidade, da oralidade, da informalidade e da decisão informada.
§ 1º A confidencialidade estende-se a todas as informações produzidas no curso do procedimento, cujo teor não poderá ser utilizado para fim diverso daquele previsto por expressa deliberação das partes.

Restando infrutífera a conciliação ou mediação, cabe ao magistrado inteirar-se do litígio no sentido de planejar o *iter* a ser perseguido. O inciso IX do art. 139, seguindo a diretriz da primazia do mérito (art. 4º, CPC/2015), autoriza o juiz a determinar o suprimento dos pressupostos processuais e saneamento de outros vícios. Consiste o dispositivo em desdobramento do dever de cooperação, notadamente em sua vertente prevenção, voltando-se à construção de um procedimento que, como regra, dirija-se a uma sentença de mérito.

Aqui o juiz passa a gerir efetivamente o procedimento, através de atos coordenados e previamente planejados, procedendo à organização do processo (art. 347 a 353 e 357 do CPC/2015). Nesse momento, deve ser feita nova aferição da viabilidade do processo, da validade de seus atos e definição de várias questões relativas à prova das alegações das partes, fase esta designada, na nova ordem processual, de "saneamento e organização do processo". Cabe ao juiz acomodar o caso ao rito utilizado, planejando os atos processuais, com controle do andamento do feito e, sendo o caso, flexibilizando o procedimento. À lei caberá aqui fornecer os parâmetros abstratos dessa atividade, de modo a evitar indevido arbítrio judicial. Nesse sentido, a flexibilização procedimental passa a ser ferramenta essencial para a boa gestão do processo, respeitadas, obviamente, as garantias processuais fundamentais, notadamente o contraditório e a fundamentação adequada. Tudo isso deve ser efetivado sem se perder de vista a advertência no sentido de que

> Grande parte de nossas últimas reformas processuais foram guiadas pelos cânones da instrumentalidade do processo, são eles: a instrumentalidade das formas, flexibilização da técnica processual e ativismo judicial. O que ocorre, porém, é que esses princípios são utilizados por boa parte da doutrina para se chegar à "ideia" de que, no processo, o *juiz pode tudo*. Exemplo

---

§ 2º Em razão do dever de sigilo, inerente às suas funções, o conciliador e o mediador, assim como os membros de suas equipes, não poderão divulgar ou depor acerca de fatos ou elementos oriundos da conciliação ou da mediação.

> marcante é a amplitude aos poderes instrutórios, bem como no que diz respeito à distribuição do ônus da prova que tem sido dada aos juízes. A utilização desmedida da instrumentalidade das formas e da flexibilização da técnica processual é que possibilitaram a construção de doutrinas como a relativização da coisa julgada, objetivação da atuação dos tribunais superiores, que não obstante as boas intenções, atribuem aos juízes poderes desmedidos contrários à segurança jurídica e ao próprio Estado Democrático de Direito[186].

Assim é que é preciso reconhecer tratar-se de projeto louvável aquele que busca reduzir formalismos técnicos em prol da efetivação de direitos, notadamente quando se percebe que muitas vezes o direito processual é utilizado como "um espaço totalizante que aniquila o ser do direito material, já não sendo o direito processual criado em função do direito material, mas esse criado em função daquele"[187]. Porém, aqui é preciso sempre ter cuidado para não se reduzir o espaço de atuação das formas em prol de um protagonismo judicial totalitário fundado nas premissas da instrumentalidade do processo, afastando-se regras sistêmicas cogentes em nome de uma atuação mais efetiva do Estado.

3.1.2.3. *A flexibilização procedimental*

Em busca desse equilíbrio, o legislador parte da estruturação de um novo formalismo, no qual se privilegiam, ao mesmo tempo, os direitos processuais das partes e as decisões de mérito (primazia do mérito, à luz do art. 4º), afastando-se, sempre que possível, a construção de uma "jurisprudência defensiva". Há, aqui, uma tentativa de estruturação de um formalismo que não desconsidera a necessidade de resultados estatísticos, mas que privilegie um

186. ABBOUD, Georges. *Discricionariedade Administrativa e Judicial*, p 363.

187. HIDALGO, Daniela Boito Maurmann. ***Relação entre direito material e processo***: uma compreensão hermenêutica. Porto Alegre: Livraria do Advogado, 2011, p. 99.

procedimento desenhado a partir da efetiva solução do litígio. Para fins de redução da litigância, aposta o legislador na parametrização das decisões judiciais a partir de um sistema de precedentes[188], capaz de gerar previsibilidade nos julgamentos e construir, no futuro, um verdadeiro modelo de conduta para a sociedade.

O formalismo, pois, passa a ser compreendido como um modelo de procedimento voltado ao asseguramento de garantias constitucionais e não um mecanismo pragmático dirigido à finalização prematura das lides, tudo em prol da redução estatística dos acervos processuais. Nesse momento, apresenta-se de grande relevo a possibilidade de utilização efetiva dos critérios de flexibilização do procedimento.

Com variações maiores e menores entre os ordenamentos jurídicos que a adotam, a flexibilização consiste, em linhas gerais, na possibilidade de construção, pelo magistrado, de um procedimento adequado para a tutela do direito perseguido em juízo, sempre que verificar a inexistência de um modelo abstrato capaz de resguardar a efetividade da jurisdição de maneira apropriada.

O modelo supradescrito pode ser chamado de *flexibilização judicial*. Ao lado dele, pode-se falar também na *flexibilização legal*, que ocorre quando o próprio ordenamento prevê a possibilidade de adoção, pelo magistrado, de caminhos processuais diversos, a depender da realidade concreta do caso. É o que acontece, ilustrativamente, com a decisão de saneamento e de organização do processo prevista no ordenamento jurídico pátrio (art. 357, CPC/2015)[189], que auto-

188. Embora não se possa perder de vista o fato de que a "commonlização" do direito brasileiro, *per si*, não será capaz de apresentar resultados absolutos no tocante à construção de uma segurança jurídica sistêmica, a simples criação de mecanismos de vinculação decisória não é capaz de produzir tal resultado sem que haja uma preocupação adequada com a qualidade das decisões "manifestadas por um Judiciário que efetivamente leve a sério seu dever de concretizar a Constituição e orientar a aplicação da lei em conformidade com ela". ABBOUD, Georges, *Op. cit.*, p. 362.

189. Art. 357. Não ocorrendo nenhuma das hipóteses deste Capítulo, deverá o juiz, em decisão de saneamento e de organização do processo:

riza o juiz a seguir um caminho mais ou menos longo, a depender da necessidade de produção de provas além das documentais. Em sentido semelhante - porém, em perspectiva bem mais dinâmica –, o sistema inglês prevê as *small claims track*, *fast track* e *multi track*. Este último circuito procedimental, aliás, trata-se de mecanismo bastante aberto, que permite ao magistrado, em sintonia com as partes, definir os procedimentos que serão adotados para a solução da lide, tudo se desenvolvendo nas chamadas *management conferences*[190].

O saneamento, nesse contexto, tem tanto uma função retrospectiva quanto prospectiva[191]. Em sua função retrospectiva, é importante observar a necessidade de materialização dos postulados da cooperação, notadamente os deveres de esclarecimento, consulta e prevenção, além de se prestigiar o exame do mérito em detrimento da priorização de resultados meramente formais (arts. 6º, 317, 485, § 7º e 488 do CPC/2015).

Uma vez que não existam situações que importem na extinção prematura do feito (extinção sem resolução de mérito ou julgamento antecipado), cabe ao juiz proceder à organização prospectiva do processo, especialmente no tocante à delimitação do *thema probandi* - que não necessariamente se confunde com o *thema decidendum* –, distribuição do ônus probatório e definição das provas pertinentes (art. 357). Note-se que, na sistemática da nova ordem processual, a

---

I – resolver as questões processuais pendentes, se houver;

II – delimitar as questões de fato sobre as quais recairá a atividade probatória, especificando os meios de prova admitidos;

III – definir a distribuição do ônus da prova, observado o art. 373;

IV – delimitar as questões de direito relevantes para a decisão do mérito;

V – designar, se necessário, audiência de instrução e julgamento. [...].

Para o aprofundamento do tema, recomendamos a leitura da excelente tese de doutoramento de Fernando da Fonseca Gajardoni, que se converteu na obra já aqui mencionada. Do mesmo modo, é imprescindível a leitura de Oliveira (OLIVEIRA, Guilherme Peres de. *Adaptabilidade judicial*).

190. DE CRISTOFARO, Marco. Case management e riforma del processo civile, tra effettività della giurisdizione e diritto costituzionale al giusto processo, p. 292-293.

191. MITIDIERO, Daniel. *Colaboração no Processo Civil*, p. 124.

delimitação das questões de fato e de direito pode dar-se por consenso entre as partes[192].

No âmbito do processo cooperativo, é importante que a definição desses caminhos ocorra a partir de diálogo efetivo com as partes, de modo que a proposta de um saneamento compartilhado bem atende a essa tendência democrática do processo moderno[193]. De efeito, como uma das expressões do modelo cooperativo de processo, o saneamento compartilhado revela-se também como um importante instrumento de planejamento, permitindo um melhor esclarecimento das alegações e dos pontos controvertidos da lide, bem assim a fixação das provas pertinentes ao caso. Se bem trabalhado, permitirá uma maior racionalização do procedimento, evitando-se desperdício de atividade processual, com a redução de tempo e custo do processo.

Um ponto importante acerca do tema da flexibilização diz respeito à redação original do art. 107, inciso V, do então Projeto de novo CPC, claramente inspirado no código português, segundo o qual caberia ao juiz "adequar as fases e os atos processuais às especificações do conflito, de modo a conferir maior efetividade à tutela do bem jurídico, respeitando sempre o contraditório e a ampla defesa". O dispositivo sofreu severas críticas, sob o fundamento de que constituiria verdadeira arbitrariedade autorizar-se o magistrado a alterar o procedimento conforme o caso concreto. Em razão dos apelos, a adaptação do procedimento ficou restrita à possibilidade do juiz "dilatar os prazos processuais e alterar a ordem de produção dos

192. Art. 357. [...]

§ 2º As partes podem apresentar ao juiz, para homologação, delimitação consensual das questões de fato e de direito a que se referem os incisos II e IV, a qual, se homologada, vincula as partes e o juiz.

193. Art. 357. [...]

§ 3º Se a causa apresentar complexidade em matéria de fato ou de direito, deverá o juiz designar audiência para que o saneamento seja feito em cooperação com as partes, oportunidade em que o juiz, se for o caso, convidará as partes a integrar ou esclarecer suas alegações.

meios de prova, adequando-os às necessidades do conflito de modo a conferir maior efetividade à tutela do direito" (art. 139, VI)[194].

Tais alterações atenderam ao receio de decisionismo judicial na condução do procedimento. No entanto, a flexibilização procedimental como cláusula geral deriva da própria exigência de razoável duração do processo e da concepção de acesso à justiça eficiente. Isso porque, além da necessidade de que a prestação jurisdicional seja oferecida em tempo aceitável – o que, por si só, poderia exigir a adaptação procedimental –, a técnica processual serve à tutela do direito material, de modo que é inerente ao poder de condução do procedimento pelo Estado-juiz o de adaptá-lo para gerar maior eficiência[195].

Óbvio, porém, que esse instrumento não pode constituir um "cheque em branco", a ser utilizado pelo magistrado a seu livre alvedrio. Daí se conclui que a flexibilização pode ser adotada pelo magistrado independentemente de previsão legal específica, desde que os deveres de cooperação, contraditório e fundamentação sejam observados, sem haver, ademais, o sufocamento de qualquer garantia fundamental processual.

Esse controle somente pode ser exercido casuisticamente, já que a tentativa de fechamento operativo do sistema não traz resultados adequados aos fins da prestação jurisdicional. No mundo de incertezas da sociedade contemporânea, o risco do arbítrio deve ser combatido com a construção de balizas para a atuação estatal. Essa

194. No Fórum Permanente de Processualistas Civis, ficou assentado que "quando a formação do litisconsórcio multitudinário for prejudicial à defesa, o juiz poderá substituir a sua limitação pela ampliação de prazos, sem prejuízo de poder desmembrar na fase de cumprimento de sentença." (Enunciado 116 do Fórum Permanente de Processualistas Civis). Por sua vez, o grupo de trabalho também concluiu que "a autorização legal para ampliação de prazos pelo juiz não se presta a afastar preclusão temporal já consumada." (Enunciado 129 do Fórum Permanente de Processualistas Civis).

195. Sem prejuízo dessas considerações, o já citado art. 190 previu uma cláusula geral de adaptação procedimental, desde que esta seja realizada a partir de iniciativa das partes.

tarefa fica a cargo de todos os afetados pelo sistema de justiça, num ambiente de extrema pluralidade e atuação democrática.

O ideal positivista de construção de um sistema fechado e autossuficiente, com vistas a se construir uma segurança jurídica ideal, não foi capaz de atender aos reclamos da sociedade. Sendo assim, melhor do que fecharmos os olhos para as exigências do mundo moderno, é reconhecermos que os sistemas normativos atuais devem ser construídos de maneira aberta. E esse sistema estará dirigido à regulação de hipóteses concretas de densidade mais rica que as previsões abstratas, sendo inevitável, pois, o esforço interpretativo daqueles a quem cabe aplicá-lo[196]. Em contrapartida, impõe-se a seus operadores um maior ônus argumentativo a fim de se conferir legitimidade ao uso do poder à luz das condições básicas impostas pelo texto constitucional, atividade que somente pode ser realizada adequadamente em cada caso concreto.

3.1.2.4. *A calendarização processual*

Outra ferramenta importante do gerenciamento é o calendário processual[197], que pode ser adotado em qualquer fase do processo, mas cuja maior relevância se dá ainda na fase postulatória, dadas as condições mais favoráveis de planejamento do curso processual.

Existente em diversos países, como é o caso da França e Itália, sua concepção parte da premissa anteriormente lançada de que cada

---

196. Em sentido semelhante, cf.: HABERMAS, Jürgen. ***Direito e democracia,*** p. 23.

197. Art. 191. De comum acordo, o juiz e as partes podem fixar calendário para a prática dos atos processuais, quando for o caso.
§ 1º O calendário vincula as partes e o juiz, e os prazos nele previstos somente serão modificados em casos excepcionais, devidamente justificados.
§ 2º Dispensa-se a intimação das partes para a prática de ato processual ou a realização de audiência cujas datas tiverem sido designadas no calendário.
Para uma visão mais ampla do tema, vide: COSTA, Eduardo José da Fonseca. Calendarização Processual. In: CABRAL, Antônio do Passo; NOGUEIRA, Pedro Henrique. ***Negócios processuais***. Salvador: Juspodivm, 2015. p. 353-371.

causa – ou conjunto de causas – deve ter tratamento individualizado no âmbito dos circuitos flexíveis previstos na legislação. Assim, o juiz deve regular os prazos para a prática dos atos processuais atendendo à natureza da lide, estabelecendo previamente as datas em que cada ato ocorrerá. Importante observar que não se trata de atividade arbitrária do magistrado, uma vez que ele deve levar em conta a realidade de cada processo. Ademais, nos sistemas que adotam o calendário processual, este geralmente é realizado em conjunto com as partes. No direito brasileiro, adotou-se exatamente essa diretriz, constituindo-se o calendário processual em nítido negócio jurídico plurilateral, já que se caracteriza como condição de existência o prévio assentimento das partes e do magistrado (art. 191, CPC/2015).

Segundo o dispositivo, "de comum acordo, o juiz e as partes podem estipular mudanças no procedimento para ajustá-lo às especificidades da causa, fixando calendário para a prática dos atos processuais, quando for o caso". Embora o código somente tenha previsto a possibilidade de fixação do calendário havendo participação das partes afetadas em sua elaboração, essa previsão não deve ser interpretada como obstáculo intransponível para o uso do calendário a partir de ato unilateral do magistrado, que pode tomar a iniciativa de sugerir a fixação prévia de datas para a prática dos atos processuais.

Com efeito, do mesmo modo como ocorre em relação à flexibilização procedimental, a calendarização é técnica de gerenciamento que se insere nas dobras do dever-poder de gestão do magistrado, obviamente que respeitados os direitos subjetivos das partes – a exemplo do que ocorre com os prazos especiais fixados para determinados atores do processo. Desse modo, entende-se que a recusa das partes ao calendário deve ser fundamentada. Essa parece ser a melhor interpretação a se extrair do processo compreendido em ambiente cooperativo, notadamente o dever de boa-fé processual, que exige de todos os atores a adoção de comportamentos voltados à entrega da prestação jurisdicional (o que, consoante já se ressaltou, não pode importar em uma colaboração obrigatória com os interesses da parte adversa).

Como dito anteriormente, trata-se de importante ferramenta capaz de auxiliar na eliminação das lacunas temporais entre os atos do processo, evitando-se um sem número de atos que retardam o andamento do feito (intimações, publicações, diligências etc.). Além disso, sua utilização na fase executiva do julgado pode trazer consideráveis ganhos para a efetividade da execução, permitindo a elaboração de um cronograma para efetivação do julgado, especialmente em questões complexas, como é o caso da implantação de políticas públicas[198].

A vantagem do calendário é que permite um prognóstico mais ou menos seguro do tempo de tramitação do processo, auxiliando, portanto, no planejamento das atividades de cada unidade jurisdicional. Além disso, eliminam-se diversos "tempos mortos" do processo, tais como as intimações e ida e vindas cartoriais, o que, por si só, conspira a favor da aceleração do processo.

Por óbvio, a utilização do calendário não se trata de técnica imune a dificuldades de aplicação. Ela exige maior engajamento do magistrado logo ao início da lide, o que pode se tornar difícil dependendo do volume de processos em cada unidade jurisdicional. Trata-se, porém, de uma nova forma de encarar o processo, que busca fugir do "produtivismo" imposto ao juiz na era contemporânea a partir da fixação de metas definidas sem reflexão amadurecida. Para a efetividade do calendário, há necessidade de reflexão detalhada e planejamento em cada feito, devendo-se evitar o impulsionamento

198. Exemplificativamente, em dezembro de 2013 o Tribunal de Justiça de São Paulo proferiu importante decisão em execução de políticas públicas. No caso, o objeto da ação dizia respeito à necessidade de criação de vagas em creches e pré-escolas. O TJ determinou que a própria prefeitura elaborasse um cronograma de implementação da decisão, sob a fiscalização de diversas entidades interessadas. Sobre o tema, recomenda-se a leitura do texto de Oscar Vilhena Vieira: VIEIRA, Oscar Vilhena. Experimentalismo Judicial. *Folha de S. Paulo*, 03 maio 2014. Disponível em: <http://www1.folha.uol.com.br/colunas/oscarvilhenavieira/ 2014/05/1448931-experimentalismo-judicial.shtml>. Acesso em: 10 out. 2015. Sobre o tema, vide ainda: COSTA, Eduardo José da Fonseca. A "execução negociada" de políticas públicas em juízo. *Revista de Processo: RePro*, v. 37, n. 212, p. 25-56, out. 2012.

meramente formal sem atenção às peculiaridades da relação processual concreta. Segue-se assim a lógica do sábio lenhador, cuja produtividade alcançava níveis de excelência não porque trabalhava ininterruptamente, mas, ao contrário, porque, de tempos em tempos, interrompia sua atividade para amolar o machado...

3.1.2.5. A cláusula geral de negócio processual

Também como vertente do gerenciamento tem-se a chamada "contratualização" do processo. Através dela, permite-se a realização de ajustes entre as partes e o juiz acerca de cada procedimento, amoldando-o à conveniência dos interessados e mantendo-se a higidez apenas das cláusulas irrenunciáveis por deliberação das partes – aquelas que dizem de perto com as garantias processuais fundamentais.

Essa técnica se insere na tendência de introdução da consensualidade no Direito Público[199], mitigando-se a noção de que este é regido

199. Exemplos dessa tendência no direito brasileiro: (i) termo de ajustamento de conduta celebrado com o Ministério Público, conforme previsão da Lei da Ação Civil Pública (Art. 5º, § 6º, da Lei nº 7.347/85: "Os órgãos públicos legitimados poderão tomar dos interessados compromisso de ajustamento de sua conduta às exigências legais, mediante cominações, que terá eficácia de título executivo extrajudicial"); (ii) autocomposição de conflitos através da mediação (Art. 32, da Lei nº 13.140/2015: "A União, os Estados, o Distrito Federal e os Municípios poderão criar câmaras de prevenção e resolução administrativa de conflitos, no âmbito dos respectivos órgãos da Advocacia Pública, onde houver, com competência para: I - dirimir conflitos entre órgãos e entidades da administração pública; II - avaliar a admissibilidade dos pedidos de resolução de conflitos, por meio de composição, no caso de controvérsia entre particular e pessoa jurídica de direito público; III - promover, quando couber, a celebração de termo de ajustamento de conduta"); III - acordos de leniência (Art. 16, da Lei nº 12.846/2013 (Lei Anticorrupção): "Art. 16. A autoridade máxima de cada órgão ou entidade pública poderá celebrar acordo de leniência com as pessoas jurídicas responsáveis pela prática dos atos previstos nesta Lei que colaborem efetivamente com as investigações e o processo administrativo, sendo que dessa colaboração resulte: I - a identificação dos demais envolvidos na infração, quando couber; II - a obtenção célere de informações e documentos que comprovem o ilícito sob apuração"; Art. 86, da Lei nº. 12.529/2011 (Sistema Brasileiro de Defesa da Concorrência): "O Cade, por intermédio da Superintendência-Geral, poderá

basicamente por atos de autoridade unilaterais. Trata-se de perspectiva que se amolda ao contexto atual das relações entre a sociedade e o Estado: reconhecendo os sinais dos tempos, tende-se a uma diminuição da capacidade de regulação estatal através de atos impositivos, passando-se à difusão de uma estrutura normativa cooperativa e consensual, como tentativa de se compensar a perda de poder oficial[200]. Com essa mudança de paradigma, propõe-se a participação da sociedade na confecção dos atos estatais, o que se refletirá nos pilares do Direito Processual também a partir da ideia de cooperação no processo[201].

Embora com alguma divergência doutrinária[202], os negócios processuais não são uma realidade recente, sendo certo que diversos ordenamentos, há muito tempo, preveem formas específicas de acordos processuais, como ocorre com a transação[203], acordo para suspensão do processo, foro de eleição, desistência etc. A novidade nos ordenamentos contemporâneos diz respeito, em verdade, à possibilidade de previsão de uma "cláusula geral" de contratualização do processo, tal como está previsto no CPC brasileiro de 2015 (art. 190)[204].

---

celebrar acordo de leniência, com a extinção da ação punitiva da administração pública ou a redução de 1 (um) a 2/3 (dois terços) da penalidade aplicável, nos termos deste artigo, com pessoas físicas e jurídicas que forem autoras de infração à ordem econômica, desde que colaborem efetivamente com as investigações e o processo administrativo e que dessa colaboração resulte: I- a identificação dos demais envolvidos na infração; e II- a obtenção de informações e documentos que comprovem a infração noticiada ou sob investigação").

200. Nesse sentido, cf.: CAPONI, Remo. Autonomia privata e processo civile: gli accordi processuali. *Civil Procedure Review*, v. 1, n. 2, p. 42-57, jul./set. 2010, p. 43.

201. Cf.: ANDRADE, Érico. As novas perspectivas do gerenciamento e da "contratualização" do processo. *Revista de Processo: RePro*, v. 36, n. 193, p. 167-200, mar. 2011, p. 187.

202. Para uma visão geral do tema, recomendamos a leitura de: NOGUEIRA, Pedro Henrique Pedrosa. A cláusula geral do acordo de procedimento no Projeto do Novo CPC (PL 8.046/2010). In: FREIRE, Alexandre et al. (Org.). *Novas tendências do Processo Civil.* Estudos sobre o Projeto do Novo Código de Processo Civil. Salvador: Juspodivm, 2013. p. 15-26.

203. Embora a transação guarde pertinência direta com o direito material e apenas por via reflexa com os atos processuais.

204. Art. 190. Versando o processo sobre direitos que admitam autocomposição, é lícito às partes plenamente capazes estipular mudanças no procedimento para

Através da "cláusula geral de negócio processual", fica permitida a celebração de acordos de procedimento entre as partes[205] . Na redação legislativa, o *caput* prevê que, "versando a causa sobre direitos que admitam autocomposição, é lícito às partes plenamente capazes convencionar sobre os seus ônus, poderes, faculdades e deveres processuais, antes ou durante o processo". O dispositivo como um todo, consoante se conclui facilmente, vai bem mais além da simples previsão do acordo de procedimento, de modo que exigirá hercúleo esforço da doutrina e jurisprudência para traçar os limites e possibilidades quanto às situações processuais que são suscetíveis de negociação.

Pela sua abrangência, trata-se provavelmente da maior mudança de paradigma no direito processual contemporâneo[206], uma vez que essa técnica rompe com a noção rígida de publicismo do processo, que passa a ser iluminado mais ainda por seus fins pragmáticos e recebe novos componentes de viés democrático, com a maior participação e cooperação dos afetados pelas decisões judiciais. Trata-se de verdadeiro rompimento com o paradigma que levou à publicização do processo, especialmente as causas que conduziram à passagem da autonomia privada para o monopólio da jurisdição estatal[207].

---

ajustá-lo às especificidades da causa e convencionar sobre os seus ônus, poderes, faculdades e deveres processuais, antes ou durante o processo.

Parágrafo único. De ofício ou a requerimento, o juiz controlará a validade das convenções previstas neste artigo, recusando-lhes aplicação somente nos casos de nulidade ou de inserção abusiva em contrato de adesão ou em que alguma parte se encontre em manifesta situação de vulnerabilidade.

205. No tocante à necessidade de participação do magistrado nos negócios processuais, entende-se que, "salvo nos casos expressamente previstos em lei, os negócios processuais do caput do art. 191 não dependem de homologação judicial." (Enunciado 133 do Fórum Permanente de Processualistas Civis). Por outro lado, "a indisponibilidade do direito material não impede, por si só, a celebração de negócio jurídico processual." (Enunciado 135 do Fórum Permanente de Processualistas Civis).

206. O que não se confunde com a efetiva utilização da técnica. Esse aspecto apenas o tempo poderá dizer.

207. Sobre o ponto, ver: CAPONI, Remo. Autonomia privata e processo civile: gli accordi processual, p. 44 e ss.

A contratualização do procedimento, entre outros benefícios, reduz significativamente discussões "laterais" no processo, concentrando o debate na questão de fundo e gerando um ambiente de maior aceitação das decisões, com clara redução do uso desmesurado da via recursal - atualmente, um dos maiores algozes da celeridade processual.

Como regra geral, pode-se dizer que o limite da negociação processual repousa no ponto em que não prejudique a eficiência da prestação jurisdicional (razoável duração do processo), na medida em que se trata de vetor constitucional indisponível[208].

O tema, por se tratar de novidade inserida no direito brasileiro e de extensão desconhecida, exigirá profunda análise dos operadores do direito para se chegar a algumas balizas para sua regular aplicação, notadamente porque se cuida de instituto previsto no sistema processual através de cláusula geral[209].

Por ora, é possível sustentar, em caráter exemplificativo, que são cabíveis os seguintes negócios jurídico-processuais: pacto de impenhorabilidade, acordo de ampliação de prazos das partes, acordo de rateio de despesas processuais, dispensa consensual de assistente técnico, acordo para retirar o efeito suspensivo da apelação, acordo para não promover execução provisória, acordo para realização e/ou ampliação do tempo de sustentação oral, julgamento antecipado da lide convencional, convenção sobre prova e redução de prazos processuais[210]. De todo modo, insere-se o instituto numa nova era do processo civil, em que as formas perdem importância para um valor e necessidade premente do Judiciário: a eficiência jurisdicional.

---

208. Veja-se que "o controle dos requisitos objetivos e subjetivos de validade da convenção de procedimento deve ser conjugado com a regra segundo a qual não há invalidade do ato sem prejuízo." (Enunciado 16 do Fórum Permanente de Processualistas Civis).

209. Sobre o tema, recomendamos a leitura dos textos inseridos na coletânea organizada por Cabral e Nogueira. (CABRAL, Antônio do Passo; NOGUEIRA, Pedro Henrique. *Negócios processuais*. Salvador: Juspodivm, 2015).

210. Conforme enunciados 19 e 21 do Fórum Permanente de Processualistas Civis.

3.1.2.6. A gestão judicial em matéria de admissão da prova

Ainda como etapa da fase de organização do processo, tem-se o procedimento de *admissão* da prova. A temática é de extrema relevância para a construção de um processo democrático. É que a atribuição de poderes oficiosos no tocante à definição do quadro fático que deverá ser provado pode gerar o sufocamento da pretensão de uma das partes, afetando decisivamente a *gestão para a decisão*, com a delimitação inadequada do caminho que o processo seguirá até o recebimento da sentença.

Um ponto importante nesse tema diz respeito à definição do destinatário da prova. A disposição do art. 369 do CPC/2015 é emblemática ao dizer que as partes têm o direito de empregar todos os meios "para provar a verdade dos fatos em que se funda o pedido ou a defesa e influir eficazmente na convicção do juiz." Significa dizer, noutros termos, que "os destinatários da prova são aqueles que dela poderão fazer uso, sejam juízes, partes ou demais interessados, não sendo a única função influir eficazmente na convicção do juiz."[211]

Essa diretriz colide frontalmente com a orientação pretoriana no sentido de que o juiz é o destinatário da prova[212], de modo que ele pode indeferir a produção de determinada prova porque já

---

211. Enunciado 50 do Fórum Permanente de Processualistas Civis.

212. AGRAVO INTERNO. PROCESSUAL CIVIL. PREVIDENCIÁRIO. APOSENTADORIA POR TEMPO DE CONTRIBUIÇÃO. CÔMPUTO DE PERÍODO TRABALHADO ATIVIDADES INSALUBRES. REEXAME DE FATOS E PROVAS. SÚMULA 7/STJ.
1. A Corte de origem interpretou a quaestio relativa ao tempo de serviço a partir de argumentos de natureza eminentemente fática, no sentido de que o período sem registro na CTPS não ficou comprovado.
Nesse toar, as alegações contidas no apelo especial de que ficou provado o trabalho no período pleiteado esbarram no óbice da Súmula 7/STJ, uma vez que a revisão do entendimento consignado no acórdão de origem exige o reexame de matéria probatória. Precedentes.
2. O princípio do livre convencimento do juiz, insculpido no art. 131 do CPC/73 (atual art. 371 do CPC de 2015), esclarece que o juiz é o destinatário da prova, no sentido de que esta é realizada com o intuito de influir ou auxiliá-lo em sua decisão.

se encontra convencido acerca da matéria[213]. A hipótese é muito comum nos casos de julgamento antecipado da lide (art. 355, CPC/2015), em que o juiz profere sentença de plano mesmo havendo requerimento de prova pelas partes. Mas é preciso ver que, quando se defende que o juiz – e não o processo em si mesmo – é o destinatário das provas, essa diretriz estimula a produção apenas das provas necessárias ao convencimento subjetivo de quem julga. Ademais, se o modelo constitucional de processo pressupõe que a decisão seja o resultado de uma comunhão de esforços argumentativos entre os diversos sujeitos processuais, soaria contraditório defender que a parte, salvo situações excepcionais, não tenha o direito de produzir a prova que deseja, na medida em que é o ingresso discursivo de todas as provas e argumentos deduzidos que dará ares de legitimidade à decisão final.

Nesse sentido, os julgados partem de uma premissa que não distingue *juízo de admissibilidade* da prova do *juízo de valoração* respectivo[214]. É dizer, quando o parágrafo único do art. 370 afirma

---

Agravo interno improvido. (AgInt no AREsp 926.157/SP, Rel. Ministro HUMBERTO MARTINS, SEGUNDA TURMA, julgado em 23/08/2016, DJe 31/08/2016)

213. PROCESSUAL CIVIL E ADMINISTRATIVO. AGRAVO INTERNO NO AGRAVO EM RECURSO ESPECIAL. ENUNCIADO ADMINISTRATIVO 3/STJ. RESPONSABILIDADE CIVIL DO ESTADO. INDEFERIMENTO DA PROVA ORAL. ANÁLISE DA IMPRESCINDIBILIDADE DA OITIVA. LIVRE CONVENCIMENTO MOTIVADO.
IMPOSSIBILIDADE. REEXAME DE MATÉRIA FÁTICO-PROBATÓRIA. SÚMULA 7/STJ.
1. A teor do art. 130 do CPC/1973, cumpre ao magistrado, destinatário da prova, valorar a necessidade ou não de complementação do material probatório. Assim, tendo em vista o princípio do livre convencimento motivado, cabe ao julgador determinar as provas que entende necessárias à instrução do processo, bem como o indeferimento daquelas que considerar inúteis ou protelatórias.
2. In casu, o Tribunal de origem consignou expressamente que a prova oral requerida era prescindível ao julgamento da lide, de modo que a reversão de tal entendimento demanda o revolvimento do conjunto fático-probatório dos autos, o que é vedado pela Súmula 7/STJ.
3. Agravo interno não provido.
(AgInt no AREsp 896.048/RJ, Rel. Ministro MAURO CAMPBELL MARQUES, SEGUNDA TURMA, julgado em 01/09/2016, DJe 14/09/2016)

214. MARINONI, Luiz Guilherme; ARENHART, Sérgio; MITIDIERO, Daniel. Novo Código de Processo Civil Comentado. São Paulo: Revista dos Tribunais, 2015, p. 389-392.

que "o juiz indeferirá, em decisão fundamentada, as diligências inúteis ou meramente protelatórias", ele não tem o sentido de enveredar pelo exame de fundo do conteúdo probatório, mas sim de verificar a pertinência da prova requerida com o objeto da lide.

A relação de pertinência deve ser aferida do ponto de vista abstrato, isto é, do cabimento em tese para fins de comprovação das alegações da parte, e não levando em conta os resultados concretos que essa prova pode ensejar. Uma vez que ela guarde relação, em tese, com os fatos sob exame, a prova é cabível porque seu destinatário é todo aquele sujeito processual que dela pode fazer uso, imediato ou futuro. O uso pode ser imediato porque a parte pode dele se valer para tentar influir no convencimento do julgador; e pode ser futuro porque, por intermédio da prova, permite-se um controle racional da decisão judicial, isto é, a compatibilidade lógica entre as razões de decidir e as provas produzidas em sua plenitude. Na medida em que o indeferimento eventualmente se funda apenas na consideração subjetiva da desnecessidade da prova – indefere-se porque já se está intimamente convencido, abstraindo-se, aqui, a possibilidade de que o órgão recursal tenha uma compreensão diferente do tema-, essa postura judicial pode gerar dois efeitos posteriores: primeiro, a impossibilidade de que o tribunal, por ocasião do controle *a posteriori* da decisão judicial, se debruce sobre todo o plexo probatório capaz de ensejar uma análise completa dos fatos probandos; dois, a nulidade da decisão judicial recorrida, caso se conclua que houve cerceamento de defesa porque, no caso concreto, a prova era pertinente e sua ausência prejudicou a cognição integral da matéria posta em juízo. Ao fim, uma compreensão difusa dos destinatários da prova serve tanto para assegurar o controle de adequação da decisão nas instâncias recursais como, em última instância, para garantir a legitimidade do ato perante a esfera pública.

Diferentemente é o que ocorre quando, por exemplo, a parte: (i) deseja provar por testemunhas fatos que dependem de prova documental; (ii) requer prova pericial relativa a questões que não dependem dessa prova especificamente; ou (iii) postula pela produção de provas sobre fatos considerados incontroversos no processo.

Qualquer condução do processo de maneira diversa atinge diretamente o alicerce democrático da relação processual, já que maltrata o direito de participação das partes.

Superada a fase de saneamento e organização do processo, ingressamos na fase probatória dita, que tem por função preparar o feito para receber a decisão.

3.1.2.7. *Distribuição dinâmica do ônus probatório*

Um aspecto deveras relevante nessa fase diz respeito à definição do ônus probatório, que deve ser realizado tão logo haja a delimitação das questões sobre as quais incidirá a prova. A distribuição do ônus da prova, nesse contexto, caracteriza-se tanto como regra de julgamento - na medida que ela interfere no julgamento do mérito diante do quadro probatório insuficiente –, como norma de instrução, no sentido de instar as partes a produzirem as provas que sejam de seu interesse no âmbito da lógica do processo cooperativo[215]. Aqui sobreleva o direito de informação das partes no tocante a essa delimitação, de maneira a se evitar, por ocasião do julgamento, surpresas que importem malferimento do dever de boa-fé processual, o qual também incide sobre o comportamento do juiz no processo.

Nesse tema, o CPC/2015 acolheu a proposta doutrinária da dinamização do ônus da prova[216], cuja premissa é a definição do

---

215. CARPES, Artur. ***Ônus dinâmico da prova.*** Porto Alegre: Livraria do Advogado, 2010, p. 51 e ss.

216. Art. 373. O ônus da prova incumbe:
I – ao autor, quanto ao fato constitutivo de seu direito;
II – ao réu, quanto à existência de fato impeditivo, modificativo ou extintivo do direito do autor.
§ 1º Nos casos previstos em lei ou diante de peculiaridades da causa relacionadas à impossibilidade ou à excessiva dificuldade de cumprir o encargo nos termos do ***caput*** ou à maior facilidade de obtenção da prova do fato contrário, poderá o juiz atribuir o ônus da prova de modo diverso, desde que o faça por decisão fundamentada, caso em que deverá dar à parte a oportunidade de se desincumbir do ônus que lhe foi atribuído.

encargo probatório à luz do caso concreto. Essa concepção dinâmica da distribuição do ônus da prova se insere na lógica do processo cooperativo, notadamente na sua vertente do dever de auxílio, que propugna pela preservação da igualdade das partes no processo (art. 7º, CPC/2015).

Diante do caso concreto, a distribuição estática do ônus da prova - cada um deve provar aquilo que alega - pode se revelar insuficiente com vistas à promoção de tutela jurisdicional adequada e efetiva. Nessas condições, atentando para a circunstância de que o direito fundamental de acesso à justiça inclui o direito à prova[217], poderá o juiz alterar as condições apriorísticas de produção desta, de maneira que o ônus de provar recaia sobre quem tem melhores condições de provar. Retira-se o peso da carga da prova de quem se encontra em evidente debilidade para suportá-lo, deslocando-o para quem possui viabilidade fática de produzir a prova essencial ao desfecho da lide. Trata-se de diretriz que se insere perfeitamente na tendência da flexibilização procedimental.

Mas essa dinamização pressupõe a demonstração de determinadas condicionantes. É essa atividade de fundamentação racional que, em ambiente democrático, dá legitimidade à mudança dos critérios legais de distribuição do ônus probatório. Por primeiro, há que se demonstrar, na dicção da primeira parte do § 1º do art. 373, que as regras do *caput* do dispositivo são inaplicáveis à espécie em razão da *impossibilidade* ou *excessiva dificuldade* da parte de se desincumbir do encargo - *probatio diabolica*. Por último, impõe-se verificar a maior facilidade de produção da prova pela parte adversa, dadas as contingências do caso concreto.

Veja-se que, embora o dispositivo se valha do conectivo "ou", uma interpretação conforme conduz à conclusão de que os requisitos

§ 2º A decisão prevista no § 1º deste artigo não pode gerar situação em que a desincumbência do encargo pela parte seja impossível ou excessivamente difícil.

217. CAMBI, Eduardo. *Direito Constitucional à Prova no Processo Civil.* São Paulo: Revista dos Tribunais, 2001, p. 112-113.

são cumulativos, e não alternativos. Não basta que a parte adversa tenha melhores condições de cumprir o encargo, faz-se necessário demonstrar a impossibilidade ou extrema dificuldade de produção da prova pela parte a quem originariamente cabia tal iniciativa. A presença desse binômio (impossibilidade ou excessiva dificuldade/ maior facilidade da parte contrária) é condição de possibilidade para o asseguramento efetivo da isonomia processual, sob pena de o ato judicial que flexibiliza os critérios apriorísticos de distribuição do ônus da prova incorrer em inconstitucionalidade. É por essa razão, também, que a dinamização não pode gerar o efeito de prova diabólica reversa, o que ocorre se a flexibilização "gerar situação em que a desincumbência do encargo pela parte seja impossível ou excessivamente difícil" (§ 2º). Tudo isso deve ser feito sob fundamentação exaustiva, ao que se agrega a imposição de que se assegure efetiva oportunidade de desincumbência do encargo, sob pena de grave violação ao contraditório.

O ideal é que essa reorganização da prova no processo se dê na fase de saneamento, especialmente na primeira audiência eventualmente realizada com fundamento no art. 357, § 3º, a fim de facilitar a produção probatória. Nada obsta, porém, que tal se dê em momento posterior, desde que o magistrado permaneça vigilante quanto à possibilidade concreta de provar, inclusive com eventual reabertura da fase instrutória[218].

Por fim, em tema de prova, os poderes de iniciativa do juiz nessa seara tocam um dos pontos altos do debate atual acerca da construção de um processo democrático. É o que se passa a examinar.

3.1.2.8. *Poderes instrutórios do juiz*

No sistema processual penal inquisitivo, há uma absoluta identificação entre as funções de investigar, acusar e julgar na figura

218. MITIDIERO, Daniel. *Colaboração no Processo Civil*, p. 139.

do Estado-juiz[219], parâmetro diametralmente oposto ao do modelo acusatório[220]. Naquele modelo, adotado nas legislações europeias dos séculos XVI a XVIII, notadamente no período canônico em função da Inquisição[221], havia um comprometimento da imparcialidade no julgamento, porque a convicção acerca do fato delituoso já estava firmada desde o impulso inicial da ação. Tratava-se, portanto, de sistema manifestamente violador das garantias constitucionais de expressa e obrigatória aceitação no âmbito dos Estados Democráticos de Direito. Daí por que Luigi Ferrajoli define o sistema acusatório "como todo sistema processual que tem o juiz como um sujeito passivo rigidamente separado das partes e o julgamento como um debate paritário, iniciado pela acusação, à qual compete o ônus da prova, desenvolvida com a defesa mediante um contraditório público e oral e solucionado pelo juiz"[222].

Esse sistema somente se viabiliza se o juiz não estiver psicologicamente afetado por uma das versões em debate. Desse modo, um sistema acusatório efetivo exige a imparcialidade do julgador, que depende não apenas de se negar ao juiz a possibilidade de acusar, mas também por pressupor que seu mister mais importante - a decisão final - é fruto de um exame racional e profundo das teses que lhe são apresentadas, em relação às quais cabe a ele se manter equidistante[223].

Na ótica do socialismo processual clássico, por outro lado, é papel do juiz realizar os fins da jurisdição (escopos político, social e jurídico), inclusive através da correção de desigualdades técnicas e econômicas das partes e de seus representantes. É nessa lógica que se insere a previsão do art. 130 do CPC/73, regra mantida no CPC

219. RANGEL, Paulo. ***Direito Processual Penal.*** 4. ed. Rio de Janeiro: Lumen Juris, 2001, p. 42.

220. Cf. GRINOVER, Ada Pellegrini. ***A Marcha do Processo.*** Rio de Janeiro: Forense Universitária, 2000, p. 77-78.

221. LOPES, José Reinaldo de Lima. ***O Direito na História.*** Lições Introdutórias. São Paulo: Max Limonad, 2000, p.105.

222. FERRAJOLI, Luigi. ***Direito e razão,*** p. 452.

223. PRADO, Geraldo. ***Sistema acusatório***: a conformidade constitucional das leis processuais penais. Rio de Janeiro: Lumen Juris, 1999, p. 116.

de 2015 (art. 370[224]). Está consagrado aí o ativismo probatório por parte do magistrado, cuja função seria a de permitir a prolação de sentença que equivalha - ou que muito se aproxime - da verdade real e de uma "decisão justa"[225]. Todavia, embora a condução ativa do processo pelo juiz seja um fenômeno hodierno incontestável, tem-se que o reconhecimento de poderes instrutórios não é um consectário lógico dessa tendência[226].

A iniciativa judicial probatória tem como pano de fundo a compreensão do processo como um instrumento comprometido com a busca - ou maior aproximação possível - da verdade real. O juiz não agiria aqui com vistas ao favorecimento de uma das partes, uma vez que a prova a ser produzida pode beneficiar ou prejudicar qualquer uma delas. Essa função, em verdade, voltar-se-ia à necessidade de que a prestação jurisdicional se aproxime da decisão mais justa para a realidade dos fatos. Há, aqui, uma certa imersão no que Luiz Alberto Warat denomina de *senso comum teórico dos juristas*, que designa as condições implícitas de produção e consumo das "verdades" no âmbito do Direito[227]. No caso, imagina-se a possibilidade de reprodução no processo da verdade dos fatos, tudo em vista da expectativa de apropriação pelo Direito do ideal de justiça.

Aferir a legitimidade dessa compreensão requer, inicialmente, uma reflexão acerca do papel da prova no processo contemporâneo. Para os sistemas inquisitivos, há uma relação umbilical entre prova e

224. Art. 370. Caberá ao juiz, de ofício ou a requerimento da parte, determinar as provas necessárias ao julgamento do mérito.
Parágrafo único. O juiz indeferirá, em decisão fundamentada, as diligências inúteis ou meramente protelatórias.

225. Para Michele Taruffo, processo justo é aquele orientado ao estabelecimento da verdade dos fatos que serão considerados na decisão (TARUFFO, Michele. *Uma simples verdade:* o juiz e a construção dos fatos. São Paulo: Marcial Pons, 2012, p. 201).

226. Ainda que existentes vozes em contrário. Por todos, conferir: MITIDIERO, Daniel. *Colaboração no Processo Civil*, p. 95.

227. Sobre o tema, recomenda-se a leitura de Warat (WARAT, Luiz Alberto. *Introdução geral ao direito.* Porto Alegre: Fabris, 1994).

verdade, o que legitimaria as iniciativas oficiosas, e assim se pronuncia a doutrina elaborada sobre o tema desde o século XIX.

Não se discute que a busca da verdade tenha um papel relevante no processo. Sucede que o processo está orientado por outros princípios tão importantes quanto a busca da verdade, como é o caso do juiz imparcial, do contraditório, da ampla defesa e da igualdade das partes[228] [229]. Essa assertiva, porém, não significa dizer que o processo não deva intencionar respostas que se aproximem, ao máximo possível, da realidade fática subjacente, embora sua apreensão efetiva seja impossível.

A chamada verdade *correspondencial* foi um paradigma da Antiguidade Clássica, superado a partir da visão kantiana de que a verdade nada mais é do que uma construção subjetiva do sujeito cognoscente. Assim é que todo ato comunicativo tem pretensão de validade a partir de justificativas que são apresentadas. O discurso surge nesse contexto, como ato de argumentar que poderá conduzir ao consenso, entendido este como a possibilidade de entendimento mútuo sobre dada proposição. A verdade, pois, nada mais será do que um acordo entre os sujeitos que se comunicam a partir de um trabalho argumentativo que se volte à demonstração da validade do discurso[230].

Com efeito, o "mundo da vida" não é, em si, acessível. Ao conhecer algo, o ser humano automaticamente transforma a coisa. O conhecimento é uma espécie de transformação do real. Para

---

228. AROCA, Juan Montero. Prova e verdade no processo civil, p. 133-142.

229. Daí a importância da seguinte previsão normativa, que objetiva preservar o agir estratégico da parte na proteção de seus interesses:
Art. 379. ***Preservado o direito de não produzir prova contra si própria***, incumbe à parte:
I – comparecer em juízo, respondendo ao que lhe for interrogado;
II – colaborar com o juízo na realização de inspeção judicial que for considerada necessária;
III – praticar o ato que lhe for determinado. (grifo nosso)

230. Sobre o tema, vide: MOREIRA, Luiz. *Com Habermas, contra Habermas*. São Paulo: Landy, 2004.

conhecer algo, eu devo iluminá-lo, mas a luz transforma o objeto de conhecimento, como diria Kant[231]. Assim é que o objeto não existe como evento naturalístico, na medida em que só adquire relevância a partir de sua conversão por meio da linguagem, no âmbito da qual, obviamente, inclui-se a percepção, os valores daquele que observa.

Por esse motivo, a relação entre conhecimento e linguagem é evidente, na medida em que é através desta que expressamos nossa percepção do mundo. A linguagem, porém, não pode ser compreendida como um fio condutor mecânico do mundo fenomênico, um meio de comunicação naturalístico dos eventos. Longe de uma mera imagem mental, a linguagem está associada à exteriorização de valores, crenças e experiências.

Desse modo, o conhecimento sempre importará em alguma modificação da realidade, consistindo na operação que conduz à construção do objeto a partir dos elementos apontados, que agregam aspectos objetivos e subjetivos. Consciente da impossibilidade de se reproduzir a verdade física e metafísica é que o legislador estabelece princípios e regras aplicáveis ao direito probatório, de modo a, ao final da lide, estabelecer-se uma espécie de certeza que se funda, de fato, em elementos reputados suficientes para que se considerem provadas as afirmações fáticas das partes[232]. Daí que, embora a prova, no processo, busque refletir a realidade posta, essa tarefa é sempre feita por aproximação, donde resulta a conclusão de que tudo se

231. "O que sucede neste domínio e não é recolhido pela linguagem social não ingressa no plano por nós chamado de 'realidade', e, ao mesmo tempo, tudo que dele faz parte encontra sua forma de expressão nas organizações linguísticas com que nos comunicamos; exatamente porque todo o conhecimento é redutor de dificuldades, reduzir as complexidades do objeto da experiência é uma necessidade inafastável para se obter o próprio conhecimento." (CARVALHO, Paulo de Barros. ***Direito Tributário, Linguagem e Método***. 5. ed. São Paulo: Noeses, 2011, p. 8).

232. Por esse motivo a previsão do art. 374 do CPC/2015:
Art. 374. Não dependem de prova os fatos:
I – notórios;
II – afirmados por uma parte e confessados pela parte contrária;
III – admitidos no processo como incontroversos;
IV – em cujo favor milita presunção legal de existência ou de veracidade.

resume, ao final, a um jogo de probabilidades. Por esse motivo, a verdade acaba sendo composta por diversas verdades. Cada um que presencia o fato comum tem uma perspectiva diferente do que é verdadeiro[233].

Há, portanto, sérios riscos para o processo democrático quando o juiz incorpora "uma cultura subjacente, de forte conotação de defesa social, incrementada pela ação persistente dos meios de comunicação, [...] derivada, por sua vez, de uma cultura geral política autoritária, como herdada nos países latino-americanos, que afeta o juiz (enquanto homem político e social), fazendo com que ele imponha uma concepção de processo menos dialética e igualitária para as partes"[234].

Nessa lógica, é importante lembrar que o Estado Democrático de Direito se notabiliza pela prevalência do jurídico sobre o político. É em razão dos conflitos de interesse e da impossibilidade do corpo social autorregular solução para esses problemas que surge o Estado e sua função jurisdicional. Sendo assim, privilegia-se o procedimento em relação ao resultado; privilegia-se quem decide e como se decide. Não há democracia fora disso. Os regimes não democráticos são aqueles que relativizam procedimentos em nome de critérios subjetivos de justiça social, busca da verdade e outros valores ínsitos a uma compreensão discricionária do papel do Direito e das instituições.

Mas não se está a defender que a função do processo se resume a solucionar conflitos entre particulares a partir de um relativismo que considere desimportante o conteúdo (político e jurídico) em si da sentença, isto é, que considere que esta se legitima tão somente a partir do caminho que se percorre para chegar ao resultado do processo. O lado outro da moeda seria a defesa de uma decisão judicial

---

233. Sobre o tema, vide: FOUCAULT, Michel. *A verdade e as formas jurídicas.* Rio de Janeiro: NAU Ed., 2003.

234. LOPES JR., Aury. *Direito processual penal e sua conformidade constitucional.* 3. ed. Rio de Janeiro: Ed. Lumen Juris, 2009, p. 116.

que se baseie na aplicação justa do Direito, buscando-se a verdade a qualquer custo, o que abriria ensanchas para os poderes instrutórios do juiz. Seguindo a lógica aristotélica, a virtude está no meio: como contraposição a posturas maniqueístas, o processo legítimo, de um lado, deve perseguir a tutela efetiva dos direitos das partes – de modo que é um valor relevante buscar ao máximo quem tem efetivamente razão – e, de outro, deve ser conduzido procedimentalmente como garantia de todos os direitos, inclusive de feição processual, como é o caso da imparcialidade e igualdade entre as partes.

A prova, nesse contexto, busca a fixação aproximada dos fatos, de modo que o resultado material do processo não deixa de ser um fator importante. Ocorre que, ao lado do resultado, importa também a maneira como se chega a ele. Para usarmos um jargão, os fins – ou o conteúdo da sentença – não justificam os meios – o *iter* perseguido para se chegar a eles. A verdade, pois, é uma meta válida, mas uma meta limitada pelo direito das partes a um processo legítimo, no que se inclui o direito de não ter eliminado seu agir estratégico a partir de iniciativas oficiosas do magistrado.

A partir dessa assertiva, pode-se dizer que a valoração da prova não se encontra condicionada a vínculos legais apriorísticos, sendo, nesse sentido, considerada "livre", o que não afasta a necessidade de uma construção racional de respostas a partir de argumentos válidos, nem significa afirmar que o juiz possa arbitrariamente estabelecer os resultados materiais da prova produzida[235]. A questão, pois, é mais conceitual – sobre o sentido do que é "livre convencimento" –, especificamente sobre a possibilidade de

235. Em sentido semelhante, cf.: GAJARDONI, Fernando da Fonseca. *O livre convencimento motivado não acabou no Novo CPC.* JOTA. 06 abr. 2015. Disponível em: <http://jota.uol.com.br/o-livre-convencimento-motivado-nao-acabou-no-novo-cpc>. Acesso em: 26 set. 2016. Em sentido contrário, cf.: DELFINO, Lúcio; LOPES, Ziel Ferreira. *A expulsão do livre convencimento motivado do Novo CPC e os motivos pelos quais a razão está com os hermeneutas.* Justificando. 13 abr. 2015. Disponível em: <http://justificando.com/2015/04/13/a-expulsao-do-livre-convencimento-motivado-do-novo-cpc-e-os-motivos-pelos-quais-a-razao-esta-com-os-hermeneutas/>. Acesso em: 26 set. 2016.

ressignificação democrática da expressão. Reconhece-se, porém, que a expressão "livre" não é exatamente feliz, porque, mal-interpretada, pode ensejar construções autoritárias quanto ao papel do juiz na atribuição de sentidos à prova produzida.

Sob um dado aspecto, é possível existir algum consenso: o novo sistema processual de 2015, em que pese não utilizar a expressão "livre convencimento motivado" (art. 131, CPC/73), não repeliu a necessidade de valoração e de decisão no tocante às diversas versões dos fatos no processo[236]. A contrapartida é que todo juízo de valor sobre a prova deve ser justificado (art. 371)[237]. Nesse ponto, a exclusão da expressão "livremente" é emblemática: o exame das provas não se insere em um tipo de atividade discricionária do magistrado.

Sobre essa questão, parte-se, neste trabalho, da premissa de que a produção probatória por iniciativa própria do juiz, embora encontre previsão de longa data no sistema processual brasileiro, malfere o dever de "impartialidade" que rege a conduta do magistrado na condução formal do processo[238]. Isto porque, ao determinar a produção de prova, obviamente que o magistrado poderá encontrar-se

---

236. MITIDIERO, Daniel. *Colaboração no Processo Civil*, p. 97.

237. Art. 371. O juiz apreciará a prova constante dos autos, independentemente do sujeito que a tiver promovido, e indicará na decisão as razões da formação de seu convencimento.

238. "[i]mparcialidade é atributo essencial de um juiz, não acidental. Trata-se de elemento integrado ao conceito mesmo de jurisdição. *Grosso modo*, o legislador cria o direito; o juiz aplica o direito como um terceiro revestido de garantias de imparcialidade; o administrador aplica-o como parte ou como um terceiro não revestido dessas garantias. Daí por que o juiz deliberadamente parcial não é juiz. É administrador travestido em juiz. É assistente social fantasiado com toga. É insurgente, que aprisiona o processo civil nos cárceres do direito administrativo. Como se não bastasse, 'parcialidade positiva em favor do autor' equivale logicamente a 'parcialidade negativa em desfavor do réu'. No entanto, inúmeros textos normativos nacionais e internacionais garantem ao réu um juiz imparcial [...]. Se assim é, o 'juiz positivamente parcial' não passa de fonte inexaurível de nulidades." (COSTA, Eduardo José da Fonseca. Algumas considerações sobre as iniciativas judiciais probatórias, p. 153-173).

comprometido psicologicamente com a tese de uma das partes[239]. Com efeito, quem procura está em busca de algo; logo, o juiz adepto do ativismo probatório, em regra, primeiramente decide (ainda que inconscientemente) e, depois, vai atrás da prova para justificar a decisão anteriormente tomada. É o "quadro mental paranóico" denunciado por Franco Cordero[240], que ocorre quando há o "primado da hipótese sobre os fatos", situação típica dos sistemas inquisitórios, nos quais são considerados apenas os significantes confirmadores de uma tese, desprezando-se os demais. Nessa lógica, a prova de ofício visa colmatar lacunas na iniciativa probatória das partes, de modo que, aprioristicamente, volta-se a suprir deficiências em favor de um dos sujeitos processuais, ainda que o resultado dessa produção de ofício não possa ser antevisto.

Com efeito, a iniciativa probatória do magistrado retira da parte prejudicada pela providência processual o direito a uma sentença favorável em razão da inércia ou incapacidade da parte adversa de provar sua pretensão. Portanto, os poderes instrutórios de ofício se inserem numa concepção autoritária de processo, no qual se elimina da parte a prerrogativa de se valer de todos os meios disponíveis no ordenamento jurídico para bem exercer a ampla defesa. As partes, assessoradas pelo juiz, passariam a atuar inclusive contrariamente a seus interesses em busca da realização do Direito posto, o que bem se insere na concepção de jurisdição como mecanismo de descoberta da verdade, fazendo valer a "vontade concreta da lei". Teríamos aqui, estranhamente, um advogado *imparcial* atuando ao

239. No ponto, não concordamos com a assertiva de Eduardo José da Fonseca Costa no sentido de que a prova produzida por iniciativa judicial sempre favorece o autor, uma vez que a determinação decorre de um estado de dúvida que invariavelmente conduziria à improcedência do pedido (Ibidem). Ora, é perfeitamente possível que o estado de dúvida incida sobre aspectos da defesa indireta do réu, de modo que, provados os fatos constitutivos do direito do autor, a produção probatória favorecerá a parte demandada, que tem interesse na comprovação dos fatos impeditivos, modificativos ou extintos da pretensão autoral. Isso não invalida, no entanto, o argumento de que a produção probatória poderá ensejar enviesamento cognitivo, rompendo as bases da imparcialidade do julgador.

240. CORDERO, Franco. ***Guida alla procedura penale.*** Torino: UTET, 1986. p. 51.

lado de um juiz *parcial*[241]. O processo deixaria de ser um ambiente de garantia da tutela de direitos subjetivos para se constituir em um meio de realização do Direito objetivo.

Certamente não é possível afirmar que a iniciativa probatória judicial sempre se encontra volitivamente viciada em virtude da intenção de favorecer uma das partes. Aliás, os defensores do modelo de produção de prova de ofício se valem exatamente do argumento de que o juiz é incapaz de antever as consequências da produção da prova, isto é, de saber quem ela favorecerá, razão pela qual não haveria quebra da imparcialidade[242]. Mas essa visão leva em conta apenas o aspecto subjetivo da imparcialidade, ou seja, a isenção de ânimo para o julgamento, circunstância de difícil controle posterior.

Assim, tendo em vista a impossibilidade de um controle objetivo do mundo intrapsíquico do julgador a fim de aferir o comprometimento da isenção de ânimo, o aspecto objetivo da imparcialidade, referente à impossibilidade do juiz de atuar como parte ("impartialidade"), torna-se a única possibilidade racional de exame da legitimidade da decisão do ponto de vista do necessário distanciamento psicológico do magistrado dos interesses das partes. Essa proposta, aliás, insere-se na tendência de criação de mecanismos de controle racional das decisões judiciais em ambiente democrático.

Por outro lado, ao determinar a produção da prova de ofício, o juiz supera a lógica simples da distribuição estática do ônus da prova, cujos resultados podem ser assim distribuídos: (i) se os fundamentos fáticos da ação (ou defesa) se encontram devidamente provados independentemente de nova produção probatória, haverá lugar para a procedência do pedido (ou improcedência, no tocante à prova da chamada defesa substancial indireta); (ii) se a prova de ofício produzida não contribuir para a alteração do quadro fático anteriormente

---

241. Em sentido semelhante, cf.: AROCA, Juan Montero. Prova e verdade no processo civil, p. 133-142.

242. BEDAQUE, José Roberto dos Santos. *Poderes instrutórios do juiz*. 5. ed. São Paulo: Revista dos Tribunais, 2009, p. 117.

delineado, a providência adotada foi de todo inútil, caracterizando desperdício de atividade processual que depõe contra a razoável duração do processo; (iii) a prova de ofício reforça os fatos provados pelo autor ou réu, de modo que a sua função é de mera ratificação do resultado natural do processo; e (iv) a prova de ofício favorece a parte que tinha o *onus probandi* de determinado fato mas que dele não se desincumbiu, de modo que a iniciativa judicial acaba por alterar o resultado previsível da demanda. Em (iv), observa-se que, embora o magistrado não pudesse prever o resultado concreto da iniciativa probatória, sua atividade interfere no equilíbrio processual entre as partes, favorecendo uma e prejudicando a outra. A imparcialidade, na sua vertente objetiva, restará invariavelmente afetada[243].

Essa visão não presume a má intenção dos juízes ativistas. Ao contrário, embora os juízes adotem iniciativas probatórias com o firme propósito de realizar aquilo que lhes parece mais justo, esse impulso pode constituir a porta de entrada para a implementação de diretrizes irracionais de cunho sociológico, humanitário, econômico etc. É dizer, a partir da condução probatória do feito, está aberta a possibilidade de uso do voluntarismo judicial.

Em um ambiente republicano, não se pode contar com os bons desígnios dos magistrados. O limite está na lei, que funciona como garantia de todo cidadão. Daí por que não pode haver espaço para "parcialidades positivas", que visam corrigir injustiças do mundo. O processo não é o foro adequado para tanto.

Resguardando-se a "impartialidade", impede-se que o juiz, ao praticar ato próprio de parte, favoreça uma delas ou, ao final da lide, tenha sua cognição comprometida[244]. Ser imparcial não é apenas

243. Em sentido semelhante, cf.: OAKLEY, Hogo Botto. O pressuposto do processo denominado ***imparcialidade***: requisito apenas jurídico ou também psicológico? In: CALDEIRA, Adriano Cesar Braz. ***Processo e ideologia***. São Paulo: LTr, 2015. p. 127-132.

244. Não por outra razão entendemos que regras como a do art. 772, III, do CPC/2015, que atribui ao juiz o poder de "determinar que sujeitos indicados pelo exequente forneçam informações em geral relacionadas ao objeto da execução, tais como documentos e dados que tenham em seu poder, assinando-lhes prazo razoável",

não decidir tendenciosamente; ser imparcial é também assumir-se como terceiro do ponto de vista da funcionalidade do processo, não podendo o juiz desvestir-se da condução de árbitro para atuar como *player* no duelo entre as partes. A prova, nesse contexto, adquire um matiz de atividade *verificadora* dos fatos alegados e demonstrados pelas partes, e não uma atividade *investigativa*, na qual a verdade deve prevalecer inclusive em detrimento de garantias processuais fundamentais, eliminando o sistema de preclusões inerente ao caminhar natural de um processo racional.

A neutralidade que decorre dessas premissas é a "neutralidade funcional", já que neutralidade pura é impossível de se exigir de qualquer ser humano. Com efeito, a imparcialidade não se confunde com "neutralidade", na medida em que o juiz está inserido no corpo social. Como tal, carrega um sem número de pré-compreensões capazes de influenciar suas decisões.

A imparcialidade, pois, é um alheamento, uma espécie de indiferença psicológica quanto aos resultados da prestação jurisdicional. Ela se relaciona também a uma posição de terceiro desinteressado na estrutura dialética do processo, que não pratica ato das partes e cuja função é apenas a de resguardar o devido processo legal. Nesse contexto, o juiz não deve substituir a atividade probatória das partes, sob pena de contaminação cognitiva. A postura ativa do magistrado gera a possibilidade de criar um "mundo-verdade" a partir da própria medida humana, revelando uma "vontade de potência" sobre o mundo real[245]. Ao final, quando o juiz se afasta da

---

somente podem ser lidas, numa perspectiva democrática e a partir de uma interpretação conforme a Constituição, se pressuporem prévio requerimento da parte interessada. Do contrário, em nome sempre da efetividade do processo, estaria o juiz a prestar auxílio a uma das partes, incompatível com seu papel de sujeito equidistante dos interesses em conflito.

245. Vontade de Poder ou de Potência (no alemão: *Der Wille zur Macht*) seria, segundo Nietzsche, a principal força impulsionadora de cada ser vivo. Nos seres humanos, ela pode ser empregada para o fim de alcançar anseios e mudanças da realidade. (NIETZSCHE, Friedrich. ***Vontade de potência:*** parte 2. Trad. Mário D. Ferreira Santos. São Paulo: Scala, 2006, p. 251-252).

sua condição de terceiro e providencia a prova de ofício, a dialética do processo resta desequilibrada, com nítido prejuízo à igualdade de oportunidades e ao postulado do juiz natural. Infelizmente, a complexidade dessas questões ainda tem sido ignorada por grande parte da doutrina e pelos tribunais, ficando mantida, inclusive no CPC de 2015, a estrutura inquisitória em tema de provas.

É no ativismo probatório que reside um dos maiores riscos para a elaboração legítima de decisões judiciais. O ativismo na produção das provas funciona como um ambiente incentivador da ausência ou deficiência de fundamentação (o juiz decide psicologicamente e depois procura fundamentos). Por outro lado, a produção de prova de ofício esmaece a conotação do processo como garantia das partes, notadamente no que toca ao tratamento igualitário e à necessidade de que a intervenção jurisdicional na vida privada se dê por um juiz imparcial. É que, no fundo, uma das verdadeiras razões da faculdade probatória de ofício reside no desejo de fazer justiça a uma das partes que, embora aparente ter razão, não logrou êxito em provar sua pretensão ou resistência. Todavia, essa diretriz olvida o aspecto de que a parte adversa tem o legítimo direito de ter suas expectativas julgadas por um juiz que se mantenha equidistante das pretensões deduzidas em juízo e, por essa razão, que não deve aderir a pré-julgamentos[246].

Não por outra razão, ao tecer comentários acerca do art. 156 do Código de Processo Penal brasileiro – que permite a iniciativa probatória do magistrado naquela seara –, Aury Lopes Junior assevera que o referido dispositivo "funda um sistema inquisitório, pois representa uma quebra da igualdade, do contraditório, da própria estrutura dialética do processo. Como decorrência, fulmina a principal garantia da jurisdição, que é a imparcialidade do julgador"[247].

É a partir dessa ótica garantista que se inseriu, na recente reforma processual penal introduzida pela Lei nº. 13.964, de 24 de

246. Em sentido semelhante, cf.: OAKLEY, Hogo Botto. O pressuposto do processo denominado *imparcialidade*: requisito apenas jurídico ou também psicológico?.

247. LOPES JR., Aury. *Direito processual penal e sua conformidade constitucional*, p. 124.

dezembro de 2019, a figura do "juiz das garantias"[248], separando-se as funções do magistrado que atua na fase de investigação e do

248. Art. 3º O Decreto-Lei nº 3.689, de 3 de outubro de 1941 (Código de Processo Penal), passa a vigorar com as seguintes alterações:
"Juiz das Garantias
'Art. 3º-A. O processo penal terá estrutura acusatória, vedadas a iniciativa do juiz na fase de investigação e a substituição da atuação probatória do órgão de acusação.'
'Art. 3º-B. O juiz das garantias é responsável pelo controle da legalidade da investigação criminal e pela salvaguarda dos direitos individuais cuja franquia tenha sido reservada à autorização prévia do Poder Judiciário, competindo-lhe especialmente:
I- receber a comunicação imediata da prisão, nos termos do inciso LXII do *caput* do art. 5º da Constituição Federal;
II- receber o auto da prisão em flagrante para o controle da legalidade da prisão, observado o disposto no art. 310 deste Código;
III- zelar pela observância dos direitos do preso, podendo determinar que este seja conduzido à sua presença, a qualquer tempo;
IV- ser informado sobre a instauração de qualquer investigação criminal;
V- decidir sobre o requerimento de prisão provisória ou outra medida cautelar, observado o disposto no § 1º deste artigo;
VI- prorrogar a prisão provisória ou outra medida cautelar, bem como substituí-las ou revogá-las, assegurado, no primeiro caso, o exercício do contraditório em audiência pública e oral, na forma do disposto neste Código ou em legislação especial pertinente;
VII- decidir sobre o requerimento de produção antecipada de provas consideradas urgentes e não repetíveis, assegurados o contraditório e a ampla defesa em audiência pública e oral;
VIII- prorrogar o prazo de duração do inquérito, estando o investigado preso, em vista das razões apresentadas pela autoridade policial e observado o disposto no § 2º deste artigo;
IX- determinar o trancamento do inquérito policial quando não houver fundamento razoável para sua instauração ou prosseguimento;
X- requisitar documentos, laudos e informações ao delegado de polícia sobre o andamento da investigação;
XI- decidir sobre os requerimentos de:
a) interceptação telefônica, do fluxo de comunicações em sistemas de informática e telemática ou de outras formas de comunicação;
b) afastamento dos sigilos fiscal, bancário, de dados e telefônico;
c) busca e apreensão domiciliar;
d) acesso a informações sigilosas;
e) outros meios de obtenção da prova que restrinjam direitos fundamentais do investigado;
XII- julgar o *habeas corpus* impetrado antes do oferecimento da denúncia;
XIII- determinar a instauração de incidente de insanidade mental;

magistrado que acompanha a instrução processual sob o crivo do

---

XIV - decidir sobre o recebimento da denúncia ou queixa, nos termos do art. 399 deste Código;
XV - assegurar prontamente, quando se fizer necessário, o direito outorgado ao investigado e ao seu defensor de acesso a todos os elementos informativos e provas produzidos no âmbito da investigação criminal, salvo no que concerne, estritamente, às diligências em andamento;
XVI - deferir pedido de admissão de assistente técnico para acompanhar a produção da perícia;
XVII - decidir sobre a homologação de acordo de não persecução penal ou os de colaboração premiada, quando formalizados durante a investigação;
XVIII - outras matérias inerentes às atribuições definidas no *caput* deste artigo.
§ 1º (VETADO).
§ 2º Se o investigado estiver preso, o juiz das garantias poderá, mediante representação da autoridade policial e ouvido o Ministério Público, prorrogar, uma única vez, a duração do inquérito por até 15 (quinze) dias, após o que, se ainda assim a investigação não for concluída, a prisão será imediatamente relaxada.'
'Art. 3º-C. A competência do juiz das garantias abrange todas as infrações penais, exceto as de menor potencial ofensivo, e cessa com o recebimento da denúncia ou queixa na forma do art. 399 deste Código.
§ 1º Recebida a denúncia ou queixa, as questões pendentes serão decididas pelo juiz da instrução e julgamento.
§ 2º As decisões proferidas pelo juiz das garantias não vinculam o juiz da instrução e julgamento, que, após o recebimento da denúncia ou queixa, deverá reexaminar a necessidade das medidas cautelares em curso, no prazo máximo de 10 (dez) dias.
§ 3º Os autos que compõem as matérias de competência do juiz das garantias ficarão acautelados na secretaria desse juízo, à disposição do Ministério Público e da defesa, e não serão apensados aos autos do processo enviados ao juiz da instrução e julgamento, ressalvados os documentos relativos às provas irrepetíveis, medidas de obtenção de provas ou de antecipação de provas, que deverão ser remetidos para apensamento em apartado.
§ 4º Fica assegurado às partes o amplo acesso aos autos acautelados na secretaria do juízo das garantias.'
'Art. 3º-D. O juiz que, na fase de investigação, praticar qualquer ato incluído nas competências dos arts. 4º e 5º deste Código ficará impedido de funcionar no processo.
Parágrafo único. Nas comarcas em que funcionar apenas um juiz, os tribunais criarão um sistema de rodízio de magistrados, a fim de atender às disposições deste Capítulo.'
'Art. 3º-E. O juiz das garantias será designado conforme as normas de organização judiciária da União, dos Estados e do Distrito Federal, observando critérios objetivos a serem periodicamente divulgados pelo respectivo tribunal.'
'Art. 3º-F. O juiz das garantias deverá assegurar o cumprimento das regras para o tratamento dos presos, impedindo o acordo ou ajuste de qualquer autoridade

contraditório e ampla defesa. Ao primeiro caberá a responsabilidade pelo controle da legalidade da investigação criminal, bem como o exame dos pedidos formulados pelos órgãos de acusação que impliquem em restrição a direitos fundamentais (liberdade, patrimônio, sigilo etc). Embora a implantação do instituto venha sendo objeto de controvérsia na doutrina e nos tribunais, na linha do que aqui vem sendo defendido entende-se que a medida contribuirá sobremaneira para um maior distanciamento do julgador em relação às partes e respectivas pretensões, já que se reduz o risco de enviesamento confirmatório, na fase processual propriamente dita, quanto às medidas adotadas na fase de inquérito policial[249].

A cooperação processual, desse modo, se mal interpretada, pode constituir um fio condutor de uma nova mentalidade autocrática. Aliás, seria possível imaginarmos vários outros exemplos de "cooperação processual" ilícita no tocante ao exercício dos poderes

---

com órgãos da imprensa para explorar a imagem da pessoa submetida à prisão, sob pena de responsabilidade civil, administrativa e penal.
Parágrafo único. Por meio de regulamento, as autoridades deverão disciplinar, em 180 (cento e oitenta) dias, o modo pelo qual as informações sobre a realização da prisão e a identidade do preso serão, de modo padronizado e respeitada a programação normativa aludida no *caput* deste artigo, transmitidas à imprensa, assegurados a efetividade da persecução penal, o direito à informação e a dignidade da pessoa submetida à prisão.'"

249. Contudo, no dia 22 de janeiro de 2020, por decisão monocrática do seu Vice-Presidente, Ministro Luiz Fux, o Supremo Tribunal Federal suspendeu a vigência dos dispositivos que ensejavam a implantação do juiz das garantias no ordenamento jurídico pátrio (ADI 6299 MC/DF). A decisão, em linhas gerais, fundamentou-se no impacto financeiro que a medida causará sem prévia previsão orçamentária, bem assim no argumento de que, embora estudos comportamentais demonstrem que os *"seres humanos desenvolverem vieses em seus processos decisórios, isso por si só não autoriza a aplicação automática dessa premissa ao sistema de justiça criminal brasileiro, criando-se uma presunção generalizada de que qualquer juiz criminal do país tem tendências que favoreçam a acusação, nem permite inferir, a partir dessa ideia geral, que a estratégia institucional mais eficiente para minimizar eventuais vieses cognitivos de juízes criminais seja repartir as funções entre o juiz das garantias e o juiz da instrução"*. Concluiu, pois, que a complexidade da matéria reclama melhores subsídios que indiquem os impactos do juízo de garantias para os diversos interesses tutelados na Constituição Federal.

instrutórios: (i) determinação judicial para que uma parte exiba documentos que se acham em seu poder, porém, não foram mencionados por quaisquer dos litigantes; (ii) determinação de juntada de documentos a pedido de uma das partes, porém, sem haver a demonstração de impossibilidade de produção da prova pelo interessado; (iii) quebra de sigilo sob alegação de necessidade de descoberta da verdade real; (iv) ordem judicial determinando que sejam feitos acréscimos nas alegações de fato das partes[250].

Curiosamente, a opção do legislador brasileiro vai de encontro à tendência em escala mundial, mesmo nos países adeptos da prova oficiosa, de restringir ao máximo a atividade probatória do juiz. Exemplificativamente, O CPC espanhol de 2000 (*Ley de Enjuiciamiento Civil*) alterou a dinâmica anterior das chamadas "medidas para melhor prover". Nesse sentido, seu art. 435 prevê que só por requerimento da parte poderá o tribunal determinar, como diligências finais, a prática de atos probatórios, neles não se incluindo provas que poderiam ter sido propostas a tempo oportuno pelas partes. Além disso, a iniciativa judicial probatória está condicionada à impossibilidade de a parte de produzir a referida prova ou se fizer referência a fatos novos.

Nesse ponto, vê-se que a previsão legal da distribuição dinâmica do ônus da prova (Art. 373, § 1º, CPC/2015)[251] já serve bem aos

---

250. "Dar ao juiz o direito de ordenar produção de testemunhas que as partes não ofereceram, ou mandar que se exibam documentos, que se acham em poder da parte, e não foram mencionados pela parte adversa, ou pela própria parte possuidora, como probatórios de algum fato do processo, ou deliberar que uma das partes preste depoimento pessoal, é quebrar toda a longa escadaria, que se subiu, através de cento e cinquenta anos de civilização liberal." (PONTES DE MIRANDA, PONTES DE MIRANDA, Francisco Cavalcanti. ***Comentários ao Código de Processo Civil.*** Tomo 2. 3. ed. Rio de Janeiro: Editora Forense, 1997, p. 514).

251. Art. 373. O ônus da prova incumbe:
I – ao autor, quanto ao fato constitutivo de seu direito;
II – ao réu, quanto à existência de fato impeditivo, modificativo ou extintivo do direito do autor.
§ 1º Nos casos previstos em lei ou diante de peculiaridades da causa relacionadas à impossibilidade ou à excessiva dificuldade de cumprir o encargo nos termos do ***caput*** ou à maior facilidade de obtenção da prova do fato contrário, poderá o juiz

propósitos de regular a paridade de armas, permitindo o reequilíbrio da relação processual.

Por essa razão é que se defende, no presente trabalho, que a disposição do art. 370 do CPC/2015, na parte em que autoriza a iniciativa probatória oficiosa por parte do magistrado, é inconstitucional, por violar a garantia constitucional do juiz natural (art. 5º, incisos XXXVII e LVIII, CF/88), em sua vertente objetiva ("imparcialidade" do julgador), ofendendo a isonomia processual e o contraditório efetivo. Com efeito, a atividade probatória de ofício somente tem lugar quando as partes não exercem adequadamente seu ônus de provar. Portanto, é necessário ter presente que a garantia do devido processo legal consiste em permitir que as partes, em igualdade de condições, possam alegar fatos e ter a oportunidade de prová-los, não cabendo ao juiz exercer um papel moralista de busca, a qualquer preço, da verdade em que acredita.

Aliás, ainda que se defendesse aqui a opção legislativa, seria oportuno lembrar que o legislador perdeu a oportunidade de dissipar dúvidas acerca das situações que efetivamente ensejariam a atividade probatória do magistrado, evitando-se, por exemplo, a falta de critério que estimula a disseminação de uma postura de auxílio estratégico a uma das partes, ao sabor da ideologia que anima a atividade processual daquele que conduz o feito (necessidade de proteger a parte hipossuficiente, tutela dos interesses da Fazenda Pública em juízo, em virtude da aparente indisponibilidade do interesse público etc.). Assim, a prova produzida pelo juiz não poderia ocorrer de maneira indiscriminada, mas apenas permanecendo um "estado de dúvida" no julgador após todas as providências de ordem probatória a cargo das partes. Nesse particular, por exemplo, o Superior Tribunal de Justiça já definiu que o *"que não se revela possível é o*

---

atribuir o ônus da prova de modo diverso, desde que o faça por decisão fundamentada, caso em que deverá dar à parte a oportunidade de se desincumbir do ônus que lhe foi atribuído.
2º A decisão prevista no § 1º deste artigo não pode gerar situação em que a desincumbência do encargo pela parte seja impossível ou excessivamente difícil.

julgador suprir a deficiência probatória da parte, violando o princípio da imparcialidade, mas, por óbvio, diante de dúvida surgida com a prova colhida nos autos, compete-lhe aclarar os pontos obscuros, de modo a formar adequadamente sua convicção, devendo, contudo, ser assegurada a garantia do contraditório."[252]

3.1.2.9. *As medidas executivas atípicas*

Das considerações acima feitas pode-se dizer que o CPC de 2015 alargou consideravelmente os poderes do juiz no tocante à atividade de condução do processo. Parte dos poderes elencados no art. 139 da novel legislação (incisos I, II, III, V e VIII), em verdade, já constava do sistema anterior (art. 125 e 342, CPC/73), enquanto que outra (inciso X) já encontrava previsão no art. 7º da Lei da Ação Civil Pública (Lei nº 7.347/85)[253].

No tocante às novidades de maior relevo, merece destaque o inciso IV, que autoriza o uso de qualquer medida voltada à efetivação da decisão judicial, inclusive em demandas de caráter pecuniário, o que reforça a ideia de mitigação da taxatividade das medidas executivas e flexibilização da regra da congruência entre pedido e sentença. É a chamada cláusula geral de efetivação ou de atipicidade de medidas executivas, que permite ao juiz "determinar todas as medidas

---

252. STJ, AgInt no AREsp 753.810/SP, Rel. Ministro LUIS FELIPE SALOMÃO, QUARTA TURMA, julgado em 16/08/2016, DJe 23/08/2016.

253. A atipicidade das técnicas executivas foi objeto do enunciado 48, editado pela Escola Nacional de Formação e Aperfeiçoamento de Magistrados (Enfam): "48) O art. 139, IV, do CPC/2015 traduz um poder geral de efetivação, permitindo a aplicação de medidas atípicas para garantir o cumprimento de qualquer ordem judicial, inclusive no âmbito do cumprimento de sentença e no processo de execução baseado em títulos extrajudiciais." Também o Fórum Permanente de Processualistas Civis se posicionou a respeito: "12. (arts. 139, IV, 523, 536 e 771) A aplicação das medidas atípicas sub-rogatórias e coercitivas é cabível em qualquer obrigação no cumprimento de sentença ou execução de título executivo extrajudicial. Essas medidas, contudo, serão aplicadas de forma subsidiária às medidas tipificadas, com observação do contraditório, ainda que diferido, e por meio de decisão à luz do art. 489, § 1º, I e II. (Grupo: Execução)."

indutivas, coercitivas, mandamentais ou sub-rogatórias necessárias para assegurar o cumprimento de ordem judicial, inclusive nas ações que tenham por objeto prestação pecuniária".

Trata-se de dispositivo que inaugura uma espécie de flexibilização das técnicas executivas, permitindo ao magistrado, de acordo com o caso concreto, modificar o modelo preestabelecido de execução, valendo-se de mecanismos que se apresentem como mais adequados para a satisfação da obrigação. Institui-se, em verdade, um "dever-poder geral executivo" que, ao lado da tipificação feita pelos arts. 513 a 538 do CPC/2015, disciplinadores do cumprimento de sentença, dirigem-se à efetivação da tutela jurisdicional. Nesse contexto, a partir da perspectiva de que às tutelas do direito devem corresponder técnicas processuais idôneas à sua concretização, o sistema brasileiro evoluiu da ideia de que a cada direito corresponde uma ação que o assegura (art. 76 do CC/16), numa lógica de técnicas típicas e rígidas, para um sistema em que toda e qualquer técnica processual idônea é permitida para a realização de todo e qualquer direito[254].

Mas é importante ressaltar que a *atipicidade dos meios executivos* não se consubstancia em uma regra aplicável *a priori*, isto é, uma primeira medida a ser invocada. Ao contrário, a regra do sistema continua a ser o da *tipicidade dos meios executivos*, embora mitigado pelo sistema atípico[255]. Noutras palavras, os meios atípicos consubstanciam-se na *ultima ratio*, só sendo aplicáveis quando frustrados todos os meios executivos típicos disponíveis.

O artigo 139 do CPC/2015, em seus incisos III e IV, define as *medidas processuais punitivas e medidas processuais executivas* aplicáveis ao processo civil brasileiro. Conquanto guardem os incisos relação de pertinência entre si, ali estão separadas duas modalidades de atuação distinta do magistrado. A partir deles, é possível aplicar medidas de coerção para viabilizar a execução das ordens judiciais (*coercitive*

254. MITIDIERO, Daniel. *Colaboração no processo civil*, p. 160.

255. MEDINA, José Miguel Garcia. *Novo código de processo civil comentado*. São Paulo: Revista dos Tribunais, 2015, p. 241.

power) ou impor sanções (*civil or criminal contempt*) pelos atos de improbidade processual, como manifestação do *contempt of court*.

A principal novidade aqui está na possibilidade de uso da coerção a fim de materializar a tutela ressarcitória. Assim, enquanto no sistema anterior (art. 461, § 5º, CPC/73, atualmente art. 536, *caput*, e § 1º, CPC/2015[256]) já se previa o poder do juízo de se valer de meios atípicos para assegurar o cumprimento da tutela específica (obrigação de fazer, não fazer ou entregar coisa), o novo sistema prevê a possibilidade de utilização de mecanismos variados para o fim de assegurar o cumprimento de obrigação pecuniária.

Sendo assim, além da multa de 10% (dez por cento) do art. 523, § 1º, do CPC/2015, o magistrado poderá se valer de meios indiretos (inscrição em cadastros negativos etc.) visando à satisfação do crédito. Por outro lado, dada a dimensão ampla do art. 139 do CPC/2015, é possível que a fixação de *astreintes* conviva perfeitamente com a multa de 10% (dez por cento) decorrente da ultrapassagem do prazo para pagamento voluntário. Com efeito, uma vez superado prazo razoável para pagamento – *e.g.*, 30 (trinta) dias –, nada obsta que o juiz fixe a multa diária visando estimular o pagamento, já que a simples multa automática não revelou, no caso concreto, capacidade de levar o devedor à satisfação da obrigação.

No tocante aos limites e possibilidades de uso das medidas constritivas, passou-se a defender a possibilidade de o mencionado artigo 139, IV, fundamentar a adoção de técnicas de execução indireta, tais como: (i) apreensão do passaporte e/ou de carteira nacional de habilitação do executado; (ii) proibição de viajar; (iii) suspensão

256. Art. 536. No cumprimento de sentença que reconheça a exigibilidade de obrigação de fazer ou de não fazer, o juiz poderá, de ofício ou a requerimento, para a efetivação da tutela específica ou a obtenção de tutela pelo resultado prático equivalente, determinar as medidas necessárias à satisfação do exequente.
§ 1º Para atender ao disposto no ***caput***, o juiz poderá determinar, entre outras medidas, a imposição de multa, a busca e apreensão, a remoção de pessoas e coisas, o desfazimento de obras e o impedimento de atividade nociva, podendo, caso necessário, requisitar o auxílio de força policial.

da autorização de dirigir; (iv) proibição de participar de concurso público ou de licitações públicas, entre outras[257].

Não obstante, há que se ter em conta que a expressão *para assegurar o cumprimento da ordem judicial* revela a natureza instrumental da medida processual, que servirá como meio ou ferramenta para se obter um resultado pretendido. Significa dizer que deve haver um liame necessário, lógico e razoável de *instrumento e fim*, meio e resultado, entre a medida coercitiva e o cumprimento da determinação judicial. Imposição de medidas que não obedecem a esse nexo etiológico mais se aproximam das medidas punitivas – que devem atingir fatos pretéritos e que obedecem à regra da tipicidade – do que de medidas coercitivas – que buscam a realização de um ato futuro e que não foram aprioristicamente elencadas pelo legislador[258]. Nessas condições, a adoção de medidas atípicas com cunho sancionatório não se coaduna com o modelo processual adotado, que reserva estas apenas à coibição da má-fé processual[259].

Não por outra razão o uso dos mecanismos de pressão deve estar associado à real possibilidade de adimplemento da obrigação.

---

257. Sobre o tema, vide, entre outros: NEVES, Daniel Amorim Assumpção. ***Novo Código de Processo Civil comentado artigo por artigo.*** Salvador: Editora Juspodivm, 2016, p. 230-231.

258. É por essa razão que consideramos ilegítimas medidas adotadas por magistrados nesse primeiro contato com o art. 139, IV, do CPC, e que foram noticiadas recentemente na imprensa nacional: corte de energia elétrica de órgãos públicos, suspensão de serviço de redes sociais, bloqueio de contas e cartões de crédito, proibição do uso da área de lazer pelo condômino inadimplente etc.

259. No mesmo sentido é a manifestação de Marcelo Abelha Rodrigues: "Não nos parece que seja lícito ao magistrado – ainda que esteja legitimamente bravo e irritado e indignado com os atos processuais do executado cafajeste – possa, incorretamente, denominar de 'medida coercitiva' uma 'medida sancionatória' e, com base na atipicidade de meios executivos, inventar uma ***medida processual punitiva atípica***, portanto, que esteja fora do rol de sanções desta estirpe previstas pelo legislador. Não pode haver uma sanção, seja ela processual ou não, sem prévia lei que a defina, e sem contraditório ou devido processo que permita alguém contra ela se defender; [...]". (RODRIGUES, Marcelo Abelha. ***O que fazer quando o devedor é um cafajeste. Apreensão de passaporte? Da carteira de motorista?*** Migalhas. 21 set. 2016. Disponível em: <http://m.migalhas.com.br/depeso/245946/o-que-fazer-quando-o-executado-e-um-cafajeste-apreensao-de-passaporte>. Acesso em: 21 set. 2016.

Quer dizer que, uma vez utilizados todos os meios típicos disponíveis visando à satisfação do direito do credor, o juiz somente estará autorizado a se valer dos meios atípicos se eles forem concretamente eficazes na tentativa de gerar o cumprimento, o que pressupõe a real capacidade de isso acontecer. Se não há elementos que demonstrem ocultação patrimonial, existindo indícios de que o descumprimento se deve a uma manifesta impossibilidade financeira do devedor, não se revela legítima qualquer tentativa de constrangimento incapaz de gerar resultados concretos para a prestação jurisdicional[260].

Pelo menos nesse ponto, a jurisprudência da 3ª Turma do Superior Tribunal de Justiça se coaduna com a posição ora defendida. Para aquele órgão julgador, "*a interpretação sistemática do ordenamento jurídico revela, todavia, que tal previsão legal não autoriza a adoção indiscriminada de qualquer medida executiva, independentemente de balizas ou meios de controle efetivos. De acordo com o entendimento do STJ, as modernas regras de processo, ainda respaldadas pela busca da efetividade jurisdicional, em nenhuma circunstância poderão se distanciar dos ditames constitucionais, apenas sendo possível a implementação de comandos não discricionários ou que restrinjam direitos individuais de forma razoável. (...) A adoção de meios executivos atípicos é cabível desde que, verificando-se a existência de indícios de que o devedor possua patrimônio expropriável, tais medidas sejam adotadas de modo subsidiário, por meio de decisão que contenha fundamentação adequada às especificidades da hipótese concreta, com observância do contraditório substancial e do postulado da proporcionalidade.*" No caso concreto, entendeu-se que a aplicação do art. 139, IV, era incabível porque "*o Tribunal a quo indeferiu o pedido do recorrente de adoção de medidas executivas atípicas sob o fundamento de que não há sinais de que o devedor esteja ocultando patrimônio, mas sim de que não possui, de fato, bens aptos a serem expropriados.*" (REsp 1788950/MT, Rel. Ministra NANCY ANDRIGHI, TERCEIRA TURMA, julgado em 23/04/2019, DJe 26/04/2019).

260. ARAUJO, Fabio Caldas de. *Curso de Processo Civil*. Tomo I- Parte Geral. São Paulo: Malheiros, 2016, p. 643 e ss.

Não se discute que o referido dispositivo ampliou o espectro de abrangência do art. 461, § 5º, do CPC/73 (correspondente ao art. 536, § 1º, do CPC/2015), uma vez que, através de cláusula geral, admite-se a adoção, por parte do magistrado, de medidas não tipificadas com vistas à entrega material da prestação jurisdicional. O processo executivo, como se sabe, sempre foi um dos maiores desafios em tema de eficácia dos atos jurisdicionais. Nessas condições, a decisão não pode visar exclusivamente a declaração do direito, sendo imprescindível o desenvolvimento de técnicas processuais adequadas voltadas à efetividade. Mas é preciso levar em conta que as medidas adotadas devem guardar proporcionalidade e relação de pertinência com a pretensão executiva, além de estar devidamente fundamentadas. Com efeito, a contrapartida do maior poder de efetivação é o aumento do ônus argumentativo para o magistrado, como, aliás, infere-se do art. 489, § 1º, II, do CPC/2015, que alude especificamente à aplicação de conceitos jurídicos indeterminados.

Aliás, em relação a esses conceitos vagos, é importante lembrar que sua interpretação parte de um processo de qualificação da realidade. Longe de ser uma questão de natureza meramente linguística ou semântica, o resultado de sua interpretação é um problema jurídico[261], de modo que esse resultado deve ser construído a partir de argumentos dessa natureza, observando os limites impostos à atuação estatal pela Constituição e pelas leis. Não cabe aqui, portanto, argumentos morais, éticos etc. que reduzam a aplicação do dispositivo a um fim pragmático de coibir a inadimplência deliberada ou a ocultação patrimonial, autorizando o uso de qualquer medida que, indiretamente, force o devedor ao pagamento, tudo com vistas a tornar o processo executivo efetivo.

O dispositivo, de todo modo, impõe um desafio interpretativo no tocante à definição dos limites de atuação do magistrado, que

261. Nesse sentido, cf.: MEDINA, José Miguel Garcia; WAMBIER, Luiz Rodrigues; WAMBIER, Teresa Arruda Alvim. Repercussão geral e súmula vinculante. Relevantes novidades trazidas pela EC n. 45/2004. In: WAMBIER, Teresa Arruda Alvim et al. (Coord.). *Reforma do Judiciário.* Primeiras reflexões sobre a Emenda Constitucional n. 45/2004. São Paulo: Revista dos Tribunais, 2005. p. 373-389.

obviamente não exerce competência discricionária[262]. No ponto, impõe-se aqui também o uso das técnicas de controle de constitucionalidade a fim de emprestar um sentido constitucionalmente válido à norma, especialmente a declaração de nulidade parcial sem redução de texto, de modo a excluir do espectro de sua abrangência situações que importem em malferimento de direitos fundamentais.

Um primeiro ponto importante é que as diretrizes democráticas do processo moderno impedem que se dê uma interpretação totalmente utilitarista ou pragmática ao dispositivo, de maneira a autorizar o juiz a adotar qualquer medida que, na prática, possa levar ao cumprimento da obrigação perseguida na demanda. É preciso ter cuidado, nesse contexto, com medidas que impeçam o exercício de direitos fundamentais assegurados na Constituição Federal, que previu o direito de locomoção, livre acesso a cargos públicos etc., cuja fruição não pode ser frustrada sem expressa previsão legal, notadamente quando o processo executivo se encontra informado pela diretriz da menor onerosidade possível (art. 805, CPC/2015)[263-264].

---

262. Sobre a questão da discricionariedade no contexto das decisões judiciais, remete-se o leitor ao item 3.2., em que é desenvolvida a temática dos limites e possibilidades da decisão judicial no paradigma democrático.

263. O tema foi objeto de recente debate no Tribunal de Justiça de São Paulo. Em sede de ***habeas corpus***, o desembargador Marcos Ramos concedeu uma liminar "para imediata devolução do passaporte e o afastamento da suspensão do direito de dirigir veículos automotores". O paciente teve a CNH suspensa e o passaporte apreendido em virtude de uma decisão num processo de execução de título extrajudicial pelo não pagamento de uma dívida. Segundo o desembargador, "em que pese a nova sistemática trazida pelo art. 139, IV, do CPC/2015, deve-se considerar que a base estrutural do ordenamento jurídico é a Constituição Federal, que em seu art. 5º, XV, consagra o direito de ir e vir. Ademais, o art. 8º, do CPC/2015, também preceitua que ao aplicar o ordenamento jurídico, o juiz não atentará apenas para a eficiência do processo, mas também aos fins sociais e às exigências do bem comum, devendo ainda resguardar e promover a dignidade da pessoa humana, observando a proporcionalidade, a razoabilidade e a legalidade". COURA, Kalleo. ***Desembargador concede HC para devedor que teve CNH suspensa e passaporte apreendido***. JOTA. 09 set. 2016. Disponível em: <http://jota.uol.com.br/desembargador-concede-hc-para-devedor-que-teve-cnh-suspensa-e-passaporte-apreendido>. Acesso em: 10 set. 2016.

264. Art. 805. Quando por vários meios o exequente puder promover a execução, o juiz mandará que se faça pelo modo menos gravoso para o executado.

Sendo assim, a latitude do dispositivo não comporta uma interpretação autoritária, que viabilize, acriticamente, o uso de qualquer meio para se compelir o réu ao pagamento. A lei, como é óbvio, deve ser interpretada à luz da Constituição, e não o contrário. No Direito contemporâneo, há uma pretensão imanente em favor do cidadão de não se ver limitado – a não ser na perspectiva patrimonial – em razão de dívida. Não se vislumbra possível que uma obrigação patrimonial possa ser satisfeita, ainda que indiretamente, por meio de medidas que recaiam sobre a pessoa do executado, especialmente quando se intenta estabelecer, a título de medida coercitiva, sanções que em processos penais ou ações de improbidade somente são cabíveis após juízo definitivo de cognição exauriente, assegurada a ampla defesa. Qualquer interpretação elastecida do dispositivo redundará em retrocesso social aos tempos do Direito medievo, em que o sujeito pagava sua dívida com a liberdade ou com a vida. No ponto, pois, é preciso resgatar o próprio valor civilizatório que anima o devido processo legal.

Além disso, a norma precisa ser interpretada em seu contexto sistêmico, de maneira que não se admite a adoção de medidas restritivas que importem, por via oblíqua, no aniquilamento de regras sobre impenhorabilidade de bens, por exemplo (art. 833, CPC/2015)[265]. Um balizamento importante, nessa ótica, pode ser

---

Parágrafo único. Ao executado que alegar ser a medida executiva mais gravosa incumbe indicar outros meios mais eficazes e menos onerosos, sob pena de manutenção dos atos executivos já determinados.

265. Art. 833. São impenhoráveis:

I- os bens inalienáveis e os declarados, por ato voluntário, não sujeitos à execução;

II- os móveis, os pertences e as utilidades domésticas que guarnecem a residência do executado, salvo os de elevado valor ou os que ultrapassem as necessidades comuns correspondentes a um médio padrão de vida;

III- os vestuários, bem como os pertences de uso pessoal do executado, salvo se de elevado valor;

IV - os vencimentos, os subsídios, os soldos, os salários, as remunerações, os proventos de aposentadoria, as pensões, os pecúlios e os montepios, bem como as quantias recebidas por liberalidade de terceiro e destinadas ao sustento do devedor e de sua família, os ganhos de trabalhador autônomo e os honorários de profissional liberal, ressalvado o § 2º;

feito a partir da pesquisa das fontes normativas que já preveem medidas específicas, tal como ocorre no próprio CPC ou mesmo no Código de Defesa do Consumidor (Lei nº 8.078/90), que passaria a ser aplicado a relações não consumeristas. Assim, estaria autorizada, por exemplo, a inscrição em cadastro de proteção ao crédito mesmo ausente previsão legal específica. Outras medidas heterodoxas, por sua vez, caem no nebuloso campo do arbítrio judicial.

Portanto, tais medidas, para serem legítimas, devem atender aos seguintes requisitos: (i) *adequação*, no sentido de que exista real possibilidade de que seu uso leve ao cumprimento específico da obrigação; (ii) *exigibilidade*, segundo a qual a medida eleita enseje o menor prejuízo possível ao devedor, consistindo no estritamente necessário para a efetividade do processo; e (iii) *proporcionalidade*, de maneira que o juiz, antes da escolha, sopese as vantagens e desvantagens de sua aplicação[266-267].

V- os livros, as máquinas, as ferramentas, os utensílios, os instrumentos ou outros bens móveis necessários ou úteis ao exercício da profissão do executado;

VI- o seguro de vida;

VII - os materiais necessários para obras em andamento, salvo se essas forem penhoradas;

VIII- a pequena propriedade rural, assim definida em lei, desde que trabalhada pela família;

IX- os recursos públicos recebidos por instituições privadas para aplicação compulsória em educação, saúde ou assistência social;

X- a quantia depositada em caderneta de poupança, até o limite de 40 (quarenta) salários-mínimos;

XI- os recursos públicos do fundo partidário recebidos por partido político, nos termos da lei;

XII- os créditos oriundos de alienação de unidades imobiliárias, sob regime de incorporação imobiliária, vinculados à execução da obra.

266. Em sentido semelhante caminha a doutrina de Roberto Sampaio Contreiras de Almeida: ALMEIDA, Roberto Sampaio Contreiras de. Art. 139-143. In: WAMBIER, Teresa Arruda Alvim et al. (Coords.). *Breves Comentários ao Novo Código de Processo Civil.* São Paulo: Revista dos Tribunais, 2015, p. 452.

267. O tema começa a bater às portas do Superior Tribunal de Justiça. Nos três primeiros ***habeas corpus*** ou recursos deles decorrentes que ali aportaram, a matéria de mérito não chegou a ser enfrentada sob o argumento de inadequação da via eleita (HC 428.553-SP, RHC 88.490-DF e HC 439.214-RJ). No dia 05 de junho de

Na 3ª Turma do STJ, contudo, tem prevalecido o entendimento no sentido de que *"tanto a medida de suspensão da Carteira Nacional de Habilitação quanto a de apreensão do passaporte do devedor recalcitrante não estão, em abstrato e de modo geral, obstadas de serem adotadas pelo juiz condutor do processo executivo, devendo, contudo, observar-se o preenchimento dos pressupostos ora assentados."* (REsp 1782418/RJ, Rel. Ministra NANCY ANDRIGHI, TERCEIRA TURMA, julgado em 23/04/2019, DJe 26/04/2019).

Do voto da eminente relatora extrai-se o entendimento de que *"não se pode confundir a natureza jurídica das medidas de coerção psicológica, que são apenas medidas executivas indiretas, com sanções civis de natureza material, essas sim capazes de ofender a garantia da patrimonialidade, por configurarem punições em face do não pagamento da dívida. A diferença mais notável entre os dois institutos acima enunciados é a de que, na execução de caráter pessoal e punitivo, as medidas executivas sobre o corpo ou a liberdade do executado tem como característica substituírem a dívida patrimonial inadimplida, nela sub-rogando-se, circunstância que não se verifica quando se trata da adoção de meios de execução indiretos."*

Em outro precedente, ao examinar a legitimidade da apreensão de passaporte, a referida turma invocou o princípio da cooperação como fator legitimante do uso das medidas executivas atípicas, consignando que *"o CPC/15 emprestou novas cores ao princípio da instrumentalidade, ao prever o direito das partes de obterem, em prazo razoável, a resolução integral do litígio, inclusive com a atividade satisfativa, o que foi instrumentalizado por meio dos princípios da boa-fé processual e da cooperação (arts. 4º, 5º e 6º do CPC), que também*

2018, porém, o RHC 97.876-SP, por decisão da lavra do Min. Luís Felipe Salomão, foi conhecido, pelo menos no tocante à apreensão de passaporte, com o deferimento da liminar requerida, dada a circunstância de que a restrição, segundo o julgado, limita a liberdade de ir e vir. Embora a divulgação nas redes sociais tenha sido no sentido de que o STJ "autorizou" a apreensão da CNH, o fato é que daquela decisão apenas se pode extrair que o remédio constitucional não seria o meio adequado para o enfrentamento do tema por ausência de restrição ao direito de locomoção.

atuam na tutela executiva. O princípio da cooperação é desdobramento do princípio da boa-fé processual, que consagrou a superação do modelo adversarial vigente no modelo do anterior CPC, impondo aos litigantes e ao juiz a busca da solução integral, harmônica, pacífica e que melhor atenda aos interesses dos litigantes."

A partir dessas premissas, considerou que "*uma das materializações expressas do dever de cooperação está no art. 805, parágrafo único, do CPC/15, a exigir do executado que alegue violação ao princípio da menor onerosidade a proposta de meio executivo menos gravoso e mais eficaz à satisfação do direito do exequente. (...) Na hipótese em exame, embora ausente o contraditório prévio e a fundamentação para a adoção da medida impugnada, nem o impetrante nem o paciente cumpriram com o dever que lhes cabia de indicar meios executivos menos onerosos e mais eficazes para a satisfação do direito executado, atraindo, assim, a consequência prevista no art. 805, parágrafo único, do CPC/15, de manutenção da medida questionada, ressalvada alteração posterior.*" (RHC 99.606/SP, Rel. Ministra NANCY ANDRIGHI, TERCEIRA TURMA, julgado em 13/11/2018, DJe 20/11/2018)

Já a 4ª Turma da mesma Corte Superior, na linha do aqui defendido, tem considerado que "*no tocante à ofensa ao artigo 139, inciso IV, do CPC, a jurisprudência desta Corte Superior firmou-se no sentido de que as medidas atípicas de satisfação do crédito não podem extrapolar os princípios da proporcionalidade e da razoabilidade, devendo-se observar, ainda, o princípio da menor onerosidade ao devedor, não sendo admitida a utilização do instituto como penalidade processual. No caso concreto, o Tribunal de origem consignou que a tutela atípica postulada, consistente na apreensão da Carteira Nacional de Habilitação (CNH), cartões de crédito/débito e Passaporte, extrapola os princípios da razoabilidade e da proporcionalidade, além de não representar certeza de efetividade à satisfação do crédito.*" (AgInt no AREsp 1495012/SP, Rel. Ministro MARCO BUZZI, QUARTA TURMA, julgado em 29/10/2019, DJe 12/11/2019; No mesmo sentido, RHC 97.876/SP, Rel. Ministro LUIS FELIPE SALOMÃO, QUARTA TURMA, julgado em 05/06/2018, DJe 09/08/2018).

Finalmente, ganha relevo no exame das medidas executivas o papel do diálogo, entre juiz e partes, próprio do modelo cooperativo de processo. É que, antes de medidas unilaterais adotadas pelo magistrado, é possível que a cláusula geral de negócio processual do novo estatuto processual (art. 190) gere resultados mais efetivos quanto ao cumprimento escalonado de dada obrigação. Nesse sentido, é possível construir-se um quadro programático de cumprimento de decisões judiciais em diversas questões sensíveis, como o fornecimento de medicamentos ou tratamento médico, reintegrações de posse, recuperação ambiental etc.[268] Essa perspectiva é capaz de gerar um processo de constante aprimoramento das decisões judiciais. A regulação por meio do experimentalismo é característica de uma administração governamental diversificada e multidisciplinar, tornando o processo decisório mais dinâmico com vistas a uma solução ajustada ao problema da efetivação de direitos[269]. Nessa tarefa, as chamadas medidas estruturantes podem contribuir decisivamente para o adequado enfrentamento da questão[270].

---

268. Sobre o tema, vide: FONSECA, Eduardo José da Costa. A "execução negociada" de políticas públicas em Juízo. ***Revista de Processo: RePro***, v. 37, n. 212, p. 25-56, out. 2012. THEODORO JR., Humberto; NUNES, Dierle; BAHIA, Alexandre. Litigância de interesse público e execução comparticipada de políticas públicas. ***Revista de Processo: RePro***, v. 38, n. 224, p. 121-152, out. 2013.

269. Nesse sentido, cf.: STRECK, Lenio Luiz. ***Como interpretar o artigo 139, IV, do CPC?*** Carta branca para o arbítrio? Consultor Jurídico. 25 ago. 2016. Disponível em: <http://www.conjur.com.br/2016-ago-25/senso-incomum-interpretar-art-139-iv--cpc-carta-branca-arbitrio#_ftnref2>. Acesso em: 25 ago. 2016.

270. As chamadas ***structural injunctions***, traduzidas para o português como medidas estruturantes, tem origem no direito norte-americano. Sua concepção deriva da necessidade de se dar efetividade às decisões judiciais, a partir da flexibilização de procedimentos voltados à adequação das decisões às peculiaridades dos casos concretos, tendo sido desenvolvida a partir de estudos apresentados pelo professor Owen Fiss, da Universidade de Yale (FISS, Owen M. ***The civil rights injunctions.*** Indiana: Indiana University Press, 1978. Disponível em: <http://www.law.yale.edu/documents/pdf/Faculty/injunction.pdf>. Acesso em: 26 ago. 2016). O juiz atua como verdadeiro gestor do cumprimento do comando judicial, podendo adotar medidas progressivas, a partir do diálogo com as partes, voltadas à materialização do julgado, sempre respeitado o devido processo legal. Sobre o tema, vide: JOBIM, Marco Felix. ***Medidas estruturantes***: Da Suprema Corte Estadunidense ao Supremo Tribunal Federal. Porto Alegre: Livraria do Advogado, 2013.

3.1.2.10. Poderes do relator nos tribunais

O Código de Processo Civil de 2015 apresenta também algumas inovações no tocante à estruturação da atividade do relator no âmbito dos tribunais. De fato, o CPC/15 delimitou o papel do relator com o objetivo de conciliar a efetividade e a celeridade na entrega da prestação jurisdicional, sem perder o foco nas garantias fundamentais das partes envolvidas no litígio.

Como se sabe, a atividade jurisdicional pode ser exercida tanto por juízo único – que no sistema brasileiro está representado pelo juízo de 1° grau -, como por um juízo composto por diversas pessoas *"que cooperam em forma tal, que suas atividades aparecem no processo como expressão de uma vontade unitária"*[271]. Nessas condições, o relator cumpre um papel relevante no processo, pois caberá a ele examinar em primeira mão o caso submetido ao tribunal, firmar seu entendimento para, então, elaborar o relatório e levar o caso a julgamento, a fim de expor os detalhes aos seus pares, emitindo seu voto. A partir daí colhem-se os demais votos, encerrando-se o julgamento, com a posterior lavratura do acórdão[272].

À semelhança do que ocorre no gerenciamento do processo na primeira instância, a atividade do relator pode ser dividida em quatro fases distintas e independentes entre si: ordinatória, preparatória, instrutória e decisória[273]. Na primeira, o relator põe em ordem o recurso, providenciando o seu regular andamento, o que ocorre, por exemplo, com a determinação de complemento do preparo, ordem para regularização de representação, vista ao Ministério Público e requisição de informações ao juiz da causa. Na fase preparatória o relator elabora o relatório e organiza o recurso para julgamento. A etapa instrutória recursal compreende a fase de esclarecimento

---

271. CARVALHO, Fabiano. *Poderes do relator nos recursos*: art. 557 do CPC. São Paulo: Saraiva, 2008, p. 3.

272. DIDIER JÚNIOR, Fredie; CUNHA, Leonardo José Carneiro da. *Curso de direito processual civil: meios de impugnação às decisões judiciais e processo nos tribunais*. 3. v. 7. ed. rev. atual. e amp. Salvador: Juspodivm, 2009, p. 50.

273. CARVALHO. Fabiano. *Op. cit.* p. 09

e elucidação, na qual o relator poderá converter o julgamento em diligência para que se proceda à produção de prova, inclusive no próprio tribunal. E, por fim, a fase decisória compreende a prática dos atos próprios de julgamento na fase recursal.

O CPC/1973 não fornecia um dispositivo próprio para a especificação minuciosa dos poderes do relator. No diploma mencionado, só havia o art. 557 que estabelecia alguns poderes que eram atribuídos ao relator para prolação de decisão monocrática ou unipessoal[274]. Além disso, a redação do dispositivo possuía falhas técnicas graves que criavam embaraços na prática forense. Diante disso, dentre as diversas inovações que advieram com o novo Código de Processo Civil, destaca-se discriminação dos poderes que são confiados ao relator, que, diferentemente do CPC/1973, agora estão expressamente previstos no art. 932, sem prejuízo de outros dispositivos.

A nova redação evitou o uso de expressões como "jurisprudência dominante", carregada de elevado grau de incerteza que ensejava certo subjetivismo na valoração das situações em que o dispositivo era aplicável. Tal hipótese fora adequadamente substituída pelos julgados que, de acordo com o art. 927, constituem precedentes vinculantes.

O art. 932, I, do CPC/15, trouxe, entre os atributos unipessoais do relator, a de dirigir e ordenar o processo no tribunal, inclusive em relação à produção de prova, bem como, quando for o caso,

274. Art. 557. O relator negará seguimento a recurso manifestamente inadmissível, improcedente, prejudicado ou em confronto com súmula ou com jurisprudência dominante do respectivo tribunal, do Supremo Tribunal Federal, ou de Tribunal Superior.
§ 1°-A Se a decisão recorrida estiver em manifesto confronto com súmula ou com jurisprudência dominante do Supremo Tribunal Federal, ou de Tribunal Superior, o relator poderá dar provimento ao recurso.
§ 1° Da decisão caberá agravo, no prazo de cinco dias, ao órgão competente para o julgamento do recurso, e, se não houver retratação, o relator apresentará o processo em mesa, proferindo voto; provido o agravo, o recurso terá seguimento.
§ 2° Quando manifestamente inadmissível ou infundado o agravo, o tribunal condenará o agravante a pagar ao agravado multa entre um e dez por cento do valor corrigido da causa, ficando a interposição de qualquer outro recurso condicionada ao depósito do respectivo valor.

homologar autocomposição das partes. Decerto, a grande novidade do dispositivo é o poder do relator de homologar monocraticamente a autocomposição das partes. Não era incomum membros de tribunal recusarem-se a homologar a autocomposição entre as partes, remetendo o processo à instancia de origem, sob a justificativa de que se tratava de competência do juízo de primeiro grau. Com a previsão expressa do comando normativo, resta incontroversa a competência do relator.

O mesmo dispositivo estabelece expressamente que caberá ao relator presidir a instrução do processo que tramita no tribunal. Embora a regra seja a instrução processual ocorrer em primeira instância, a importância da prova e sua valoração em âmbito recursal não deve ser negligenciada. O objetivo é evitar que o tribunal, diante de um conjunto probatório deficiente e inconclusivo produzido em primeiro grau, não possua meios para esclarecer os fatos essenciais ao deslinde do caso. Óbvio que, mantendo uma linha de coerência com a perspectiva deste trabalho, no sentido de que um processo democrático pressupõe a inércia do magistrado no tocante à instrução probatória, o relator somente estará autorizado a lançar mão do dispositivo a partir da provocação das partes quanto à necessidade de complementação probatória.

A previsão normativa, ademais, é reforçada por diversos dispositivos do CPC que autorizam a alegação de fatos novos em grau recursal, como ocorre como os arts. 342, 493 e 1.014, já que a possibilidade de alegação de fato novo está logicamente associada à possibilidade de prová-los. Além disso, o art. 435 do CPC permite a produção de prova documental a qualquer tempo, uma vez cumpridos os requisitos ali previstos[275].

Ainda sob a perspectiva dos poderes instrutórios, o art. 938, §§ 3° e 4°, do CPC/15, prevê que tanto o relator como o órgão colegiado competente para o julgamento do recurso, reconhecendo a

275. No mesmo sentido, DIDIER Jr., Fredie; CUNHA, Leonardo José Carneiro da. *Op. cit.* p. 46-48.

necessidade de produção de prova, converterão o julgamento em diligência, que se realizará no tribunal ou em primeiro grau de jurisdição (por delegação da instância *ad quem*), decidindo-se o recurso após a conclusão da instrução. Nesse caso, o que a lei deseja é evitar a anulação da sentença, de modo que, uma vez integrada a instrução, o recurso será decidido pelo mérito, evitando, dessa maneira, nova sentença e nova apelação[276]. Sob a ótica do processo como garantia das partes aqui defendida, é claro que a abertura da instrução probatória em sede recursal pressupõe impulso da parte prejudicada pela conclusão prematura da fase instrutória na primeira instância. Não havendo provocação do interessado, a solução será o julgamento do mérito segundo as regras de distribuição do ônus probatório.

Já o inciso II do art. 932, do CPC/15, determina que caberá ao relator apreciar o pedido de tutela provisória (antecipada, cautelar e de evidência) nos recursos e nos processos de competência originária do tribunal. Contudo, cumpre destacar que o relator pode optar por levar a questão ao colegiado, em vez de decidir monocraticamente o requerimento de tutela provisória[277].

Merecem destaque também os incisos IV e V do mesmo art. 932, que estabelecem verdadeiras hipóteses de delegação do julgamento colegiado ao relator, que, via decisão monocrática, "antecipa" o julgamento do próprio mérito recursal. O princípio da colegialidade traduz-se no imperativo de que as situações litigiosas submetidas aos tribunais serão analisadas, em regra, por um grupo de magistrados, de maneira a proporcionar, em tese, uma decisão substancialmente mais adequada[278]. Ocorre que essa visão ganhou

---

276. THEODORO JR. Humberto. ***Novo Código de Processo Civil anotado***. 20. ed. Rio de Janeiro: Forense, 2016, p. 1.024.

277. NEVES, Daniel Amorim Assumpção. ***Novo Código de Processo Civil Comentado Artigo por Artigo.*** Salvador: Juspodivm, 2016, p. 1.515.

278. Nas palavras de Frederico Marques, o princípio que domina e rege todo o Direito Processual pátrio, em matéria de recurso, é o princípio da colegialidade do *juízo ad* quem. Com isto, os julgamentos em grau de recurso infundem maior confiança e, de certo modo, são mais seguros que os de primeiro grau (MARQUES, Frede-

novos contornos a partir da evolução da atividade decisória do relator, que hodiernamente possui a atribuição de julgar, unipessoalmente, o mérito de recursos em situações já amplamente discutidas e decididas pelos tribunais. Do ponto de vista pragmático, esse mecanismo de gestão dos processos na fase recursal visa desobstruir a pauta dos tribunais, permitindo decisões mais céleres, sem perder de vista a garantia da segurança jurídica decorrente da uniformização de entendimentos quanto a temas já sedimentados, máxime a partir de decisões oriundas das cortes superiores[279].

O CPC/15 inovou bastante na questão dos julgamentos monocráticos nos tribunais, em especial porque, diferentemente do que fizera o CPC/73, o código atual estabeleceu hipóteses mais restritas e relacionadas, especificamente, ao sistema de precedentes obrigatórios (art. 927, CPC). Segundo o art. 932, IV, CPC/15, será julgado improcedente por decisão individual do relator (negativa de provimento) o recurso que contrarie (i) súmula do STF, súmula do STJ ou súmula do próprio tribunal; (ii) acórdão proferido pelo STF em julgamento de recurso extraordinário repetitivo ou acórdão proferido pelo STJ em julgamento de recurso especial repetitivo; e (iii) tese jurídica firmada em incidente de resolução de demandas repetitivas (IRDR) ou em incidente de assunção de incompetência. Se, diferentemente, é a decisão recorrida que contraria esses parâmetros, o relator dará provimento ao recurso (art. 932, V, CPC), não sem antes oportunizar o devido contraditório (apresentação de contrarrazões pela parte recorrida). Destarte, vislumbra-se que as situações jurídicas que possibilitam ao relator negar ou dar provimento ao recurso são pronunciamentos qualificados e estruturados

---

rico. *Instituições de direito processual civil*. 2. ed. v. 4, Rio de Janeiro: Forense, 1963, p. 7).

279. O fato é que o aumento expressivo no número de demandas, não só no Brasil, mas no mundo, somado à lentidão na prestação jurisdicional, fez com que nações, com contencioso judicial tradicionalmente colegiado, abrissem a possibilidade do julgamento ser efetuado por um único juiz, como ocorreu na Itália a partir de 1998 (CINTRA, Antônio Carlos de Araújo; GRINOVER, Ada Pellegrini; DINAMARCO, Cândido Rangel. *Teoria Geral do Processo*. São Paulo: Malheiros, 1997, p. 188).

em deliberações colegiadas no âmbito dos tribunais, prestando-se não apenas a abreviar o julgamento dos recursos, mas também a garantir a coerência, estabilidade e integridade na aplicação do Direito, como preconiza o art. 926 do mesmo diploma normativo[280].

Cumpre destacar que expressões como "manifesta inadmissibilidade", "manifesta improcedência" e "jurisprudência dominante" foram suprimidas com o objetivo de evitar incertezas e diminuir a margem de discricionariedade na fixação do alcance e sentido da norma[281]. O exemplo marcante era o debate acirrado que existia na doutrina quanto à fixação da extensão do termo "jurisprudência dominante", de modo que os critérios conceituais, oferecidos pelos processualistas, para alcançar uma definição precisa, oscilavam ora em torno de elementos qualitativos - como algo que representasse a visão majoritária da corte[282] –, ora sob o viés quantitativo - critério de porcentagem de decisões delimitadas em um determinado espaço de tempo[283].

---

280. "Esse dispositivo vai ao encontro de uma das tendências mais marcantes do NCPC, que é a de criar condições para que se concretize de modo mais pleno o princípio da isonomia, proporcionando condições e criando técnicas para uniformização e estabilização da jurisprudência" (WAMBIER, Teresa Arruda Alvim et al. *Primeiros Comentários ao novo código de processo civil: artigo por artigo*. São Paulo: Revista dos Tribunais, 2015, p. 1327).

281. "No CPC atual, as disposições do art. 932 dão poderes ao relator dos recursos em geral para julgar monocraticamente em diversas situações e é importante ressaltar que a sua técnica é superior à do antigo art. 557, cuja redação era confusa" (BONÍCIO, Marcelo José Magalhães. *Princípios do processo no novo código de processo civil*. São Paulo: Saraiva, 2016, p. 229.)

282. Sergio Arenhart sustentava que a ideia "de jurisprudência dominante, capaz de ensejar o julgamento monocrático do recurso, há de ser vista sob o mesmo prisma da súmula, como algo que representa a visão majoritária de uma corte, assim como esta. É nesse sentido que parece adequado entender que a jurisprudência dominante apta a autorizar a aplicação dos arts. 544, §3º, e 557 do CPC [de 1973], seja a decisão, objeto de incidente de uniformização de jurisprudência, onde não se logrou atingir o quórum especial, erigido para elaboração de uma súmula. (ARENHART, Sergio Cruz. A nova postura do relator no julgamento dos recursos. *Revista de Processo: RePro*, São Paulo, v. 103, p. 37-58, 2001).

283. Luiz Rodrigues Wambier defendia que "o entendimento da Corte Especial do STJ, a respeito da interpretação do direito federal, poderia considerar-se dominante se

A despeito das diretrizes legislativas do CPC/15, as emendas regimentais n. 22 e 24 de 2016 promoveram alterações nos arts. 255, §4º, incisos II e III, do Regimento Interno do STJ, de forma que fizeram ressurgir a possibilidade de julgamentos monocráticos a partir de "jurisprudência consolidada". Por último, o STJ editou a súmula 568, que permite ao relator naquele tribunal, monocraticamente, dar ou negar provimento ao recurso quando houver entendimento dominante acerca do tema. Na jurisprudência do STJ, já é possível identificar a aplicação dos referidos dispositivos do regimento e do enunciado da Súmula 568, ao arrepio das disposições previstas no Código de 2015. Tal diretriz nos parece inteiramente conflitante com a opção legislativa, embora se possa reconhecer o justificado receio que anima a deliberação pragmática daquele tribunal, já que a redução do espaço de utilização das decisões monocráticas poderia gerar o agigantamento das pautas dos órgãos colegiados, afetando o funcionamento da corte.

Assim, há um descompasso entre a lógica estabelecida pelo CPC/15 e os fins desejados pelos tribunais, com consequências diretas no modelo legislativo eleito para os julgamentos monocráticos. De fato, a mera possibilidade de a decisão monocrática ser objeto de controle pelo colegiado por meio de agravo interno, por si só, não é capaz evitar prejuízos ao jurisdicionado, uma vez que esse recurso restringe a possibilidade de defesa ampla, sobretudo em virtude da inviabilidade de sustentação oral, inerente aos recursos elencados no art. 937, do estatuto processual, ou à ação de competência originária do tribunal.

Além disso, não é raro que, em um dado tribunal, haja divergência entre órgãos fracionários acerca de um dado tema, embora exista uma "jurisprudência dominante" na turma ou seção, conforme fracionamento da competência nos respectivos

houvesse reiteração das decisões majoritárias daquela Corte, no mesmo sentido, na proporção de 70 a 30%, durante o período de 5 anos (ou 3, ou 2 anos, por exemplo, contados retroativamente)" (WAMBIER, Luiz Rodrigues. Uma proposta em torno do conceito de jurisprudência dominante. *Revista de Processo: RePro*. São Paulo, v. 100, p. 72-87, 2000.)

Regimentos Internos (artigo 96, inciso I, alínea "a", da Constituição Federal). É possível também que se forme maioria ocasional em algum daqueles órgãos fracionários, em virtude de substituições episódicas (*e.g*, participação de juízes convocados em razão de férias ou licença). O problema se agrava quando olhamos para os tribunais com competência territorial limitada (tribunais de justiça e tribunais regionais federais). Em um dado tribunal pode existir um entendimento consolidado que, todavia, conflita com o de outra corte em outra região do país. Tendo em vista que o juízo natural para julgamento dos recursos é o órgão colegiado, segundo o desenho constitucional, a hipótese excepcional dos julgamentos monocráticos não deve ficar submetida a um juízo subjetivo das situações em que seu uso revela-se cabível.

A bem da verdade, o legislador, ao elencar, de forma manifestamente objetiva, as exceções ao princípio da colegialidade, nos termos do art. 932 do CPC, buscou equilibrar as garantias do contraditório, ampla defesa e razoável duração do processo, na medida em que a exclusão do julgamento colegiado, nas hipóteses ali textualmente previstas, advém de precedentes formados a partir de intenso debate e da solidez do entendimento firmado acerca do tema. Assim, uma interpretação constitucional adequada exige uma aplicação restritiva da exceção normativa imposta à regra da colegialidade, de modo que somente se revela tecnicamente correta a aplicação do artigo 932 do CPC/15 nos limites do autorizado pelo próprio dispositivo, ainda que normas infralegais permitam interpretação em sentido diverso. Caso os tribunais desejem manter o mecanismo de gestão de processos a partir do filtro da "jurisprudência dominante" para além das diversas técnicas de julgamentos repetitivos previstas na ordem jurídico-processual (RE e REsp repetitivos, IRDR e IAC), a solução adequada é retomar-se o uso do modelo de edição de súmulas, que tem sido de certo modo abandonado após o desenvolvimento do microssistema de gestão de demandas repetitivas.

Finalmente, na linha do dever de prevenção assegurado pelo modelo cooperativo de processo do CPC/2015, o parágrafo único do art. 932 determina ao relator que, antes de considerar inadmissível o recurso, faculte ao recorrente a possibilidade de sanar vício ou complementar a documentação exigível.

3.2. PODERES FINALÍSTICOS: LIMITES E POSSIBILIDADES DA DECISÃO JUDICIAL À LUZ DO PARADIGMA DO ESTADO DEMOCRÁTICO DE DIREITO

3.2.1. *Os desafios atuais da construção da decisão judicial*

A superação da denominada Idade das Trevas – assim conhecido o período da Idade Média, em que houve sensível redução da atividade intelectual na Europa – levou os pensadores do período do Renascimento à descoberta de um novo humanismo, com o questionamento das ideias medievais ortodoxas acerca do universo e da sociedade.

O desenvolvimento intelectual e social então em curso obteve seu apogeu no século XVIII com o Iluminismo, concentrando o processo de conhecimento no uso da razão como forma de se reagir aos dogmas da filosofia católica então preponderante.

Assim, os resultados obtidos a partir da racionalidade iluminista criaram uma consciência solipsista do homem, que passa a se sentir capaz de tudo conhecer e explicar a partir de dados científicos[284]. Tudo poderia ser reduzido à razão humana, gerando-se um sentimento de segurança que, ao longo dos tempos, sucumbiria diante da complexidade dos fatos naturais e sociais. A razão, pois, substituiu a religião como um dogma, concentrando-se na ciência a esperança pela busca da verdade, que naquele momento, julgava-se ser apreensível pelo homem.

Por outro lado, com o advento do Estado Liberal, concebido como reação ao absolutismo até então existente, verdadeira

284. Sobre o tema, vide: SANTOS, Boaventura de Souza. *Um discurso sobre as ciências*. 7. ed. Porto: Afrontamento, 1995.

preponderância foi atribuída ao texto da lei, que, em sua condição sublime de manifestação da vontade popular, era considerado como o instrumento máximo de regência das condutas sociais e verdadeiro mecanismo de demarcação da esfera de intervenção estatal. Pregava-se aqui a autossuficiência do Direito positivo, que, em razão de sua completude, deveria ser aplicado sem recurso a juízos morais ou políticos.

Sob a perspectiva do liberalismo, destarte, entendia-se a lei como uma ferramenta de contenção da ideologia que norteou o Estado absolutista. As constituições liberais adquiriram um matiz de instrumento quase que exclusivamente regulatório da atividade do Estado, em vista da necessidade de organização das competências e de limitação do poder em face dos direitos fundamentais recentemente reconhecidos.

Em tal época, o juiz era visto como *la bouche de la loi*, um mero ventríloquo a quem cabia enunciar o conteúdo linguístico dos códigos, cuja literalidade supostamente seria capaz de dar solução aos mais variados litígios[285]. Nas palavras do próprio Montesquieu, nos estados despóticos não existia lei, sendo esta o próprio enunciado da decisão judicial; nos governos republicanos, o magistrado deveria ater-se ao conteúdo estrito da lei[286]. Trata-se, em verdade, de uma concepção iluminista da lei, atrelada a uma ideia mecanicista da função judicial, influenciada pela teoria mecânica de Newton[287].

Desnudava-se, assim, um sentimento de desconfiança em torno da atividade jurisdicional, em vista da experiência histórica que demonstrava sua manipulação como instrumento de imposição

---

285. Sobre o tema, vide: CARVALHO NETTO, Menelick de. Requisitos paradigmáticos da interpretação jurídica sob o paradigma do Estado democrático de direito. ***Revista de Direito Comparado***, Belo Horizonte, v. 3, p. 473-486, mai. 1999.

286. Cf. MONTESQUIEU, Charles Louis de Secondat. ***Do espírito das leis.*** Tradução Fernando Henrique Cardoso e Leôncio Martins Rodrigues. Brasília: UnB, 1982, p. 110.

287. TAVARES, André Ramos. ***Paradigmas do judicialismo constitucional***, p. 100.

do poder. A solução, pois, residia em certo amordaçamento da referida atividade através de sua constrição aos limites extremos de um legalismo acrítico[288]. Evitava-se o eventual abuso com a extirpação de qualquer viés criativo no exercício da arte de julgar.

Nessa tendência, calha bem a ideia de neutralidade proposta pelo positivismo jurídico, o qual, a partir de uma visão de completude do ordenamento jurídico, buscava dar solução a todos os problemas a serem enfrentados pelo Direito.

> O direito, como essa normatividade específica, diferenciada e decorrente de ideias abstratas consideradas verdadeiras por evidência, como analisa Marcuse, só poderia ser compreendido agora como um ordenamento de leis racionalmente elaboradas e impostas à observação de todos por um aparato de organização política laicizado.
>
> [...]
>
> Assim, o paradigma do Estado de Direito, ao limitar o Estado à legalidade, ou seja, ao requerer que a lei discutida e aprovada pelos representantes da 'melhor sociedade' autorize a atuação de um Estado mínimo, restrito ao policiamento para assegurar a manutenção do respeito às fronteiras anteriormente referidas e, assim, garantir o livre jogo da vontade dos atores sociais individualizados, vedada a organização corporativa-coletiva, configura, aos olhos dos homens de então, um ordenamento jurídico de regras gerais e abstratas, essencialmente negativas, que consagram os direitos individuais ou de primeira geração, uma ordem jurídica liberal clássica. É claro que sob esse primeiro paradigma constitucional, o do Estado de Direito, a questão da atividade hermenêutica do juiz só poderia ser vista como uma atividade mecânica, resultado de uma leitura direta dos textos que deveriam ser claros e distintos, e a interpretação algo a ser evitado até mesmo pela consulta

288. Como ressalta Ronald Dworkin, ao criticar o que ele chama de conservadores em questões de direito, para estes "o direito é o direito. Não é o que os juízes pensam ser, mas aquilo que realmente é. Sua tarefa é aplicá-lo, não modificá-lo para adequá-lo à sua própria ética ou política." (DWORKIN, Ronald. *O Império do Direito*, p. 141).

ao legislador na hipótese de dúvidas do juiz diante de textos obscuros e intricados[289].

O Direito, nessa perspectiva, passa a ser visto como uma simples questão de fato, de modo que os juízos de valor que circundam diversos debates decorrem de discussões sobre o que o Direito deveria ser – e não sobre o que efetivamente é –, preocupação que melhor se encaixa no discurso da Política e da Moral.

Para o positivismo, portanto, o papel do juiz é eminentemente descritivo[290], de modo que cabe a ele, como um observador imparcial, apenas declarar o que foi decidido pela autoridade legislativa, através do catálogo de regras, a partir de critérios semânticos[291]. Norma jurídica, nessa concepção, é apenas norma válida, para o que se deve abstrair qualquer noção de justiça e eficácia da norma[292].

Desse modo, verifica-se que a necessidade de se dar ao Direito um caráter científico levou o positivismo a identificá-lo com proposições descritivas moralmente neutras. O Direito era então visto como um catálogo de regras que permitia a enunciação de juízos de fato cuja

---

289. CARVALHO NETTO, Menelick de. Hermenêutica constitucional sob o paradigma do Estado Democrático de Direito. ***Notícia do Direito Brasileiro,*** Brasília, v. 6, p. 25-44, jul./dez. 1998, p. 241. Grifos do autor.

290. Daí afirmar Hans Kelsen que "a interpretação científica é pura determinação cognoscitiva do sentido das normas jurídicas" (KELSEN, Hans. *Teoria Pura do Direito*, p. 395).

291. Sobre o tema, vide também: HART, Herbert Lionel Adolphus. Positivism and the Separation of Law and Morals.

292. Essa perspectiva, entretanto, não afasta a indeterminação inerente ao Direito Positivo, que seria, pois, em parte determinado pelo texto e, em parte, aberto para o intérprete. Assim, reduzida a texto oficial, a tarefa da ciência do Direito está limitada à descrição do quadro de suas leituras possíveis, ao que se segue a escolha discricionária da autoridade competente no momento de sua aplicação. O papel do Direito, portanto, seria o de limitar o poder discricionário da autoridade que aplica a norma, reduzindo-o ao espectro das interpretações cabíveis a partir de uma moldura definida pelo texto legal (sobre este tema, vide: CARVALHO NETTO, Menelick de. A interpretação das leis: um problema metajurídico ou uma questão essencial do Direito. De Hans Kelsen a Ronald Dworkin. ***Cadernos da Escola do Legislativo.*** v. 03, n. 05, p. 27-30, jan./jun. 1997, p. 40).

veracidade poderia ser atestada pela verificação da equivalência entre o resultado dessa interpretação e a norma-objeto descrita. Tratava-se de um sistema fechado, segundo o qual as decisões jurídicas podiam ser inferidas por meios lógicos a partir das regras predeterminadas. Qualquer decisão fora desses parâmetros baseava-se em padrões extrajurídicos, oriundos da política ou moral[293].

O objeto da ciência jurídica, assim, foi isolado do objeto das demais ciências. Com isso buscou-se dar pureza científica ao Direito, que passaria a ter objeto próprio e independente, buscando-se, ademais, uma "precisão matemática" no processo interpretativo através de recurso a categorias semânticas. Imaginava-se que a garantia de uma jurisdição democrática repousava na crença de que os juízes apenas podiam declarar a vontade concreta da lei[294].

Nesse contexto, o positivismo rejeita a ideia de que direitos possam existir independentemente de qualquer forma legislativa. Noutras palavras, rejeita a ideia de que direitos possam ser reconhecidos judicialmente para além do conjunto de regras explícitas presentes

293. Como já asseverado alhures, essa descrição do positivismo baseia-se nos argumentos expostos na 1ª edição da Teoria Pura do Direito. Como se sabe, a partir da 2ª edição propôs-se uma teoria bifásica da interpretação. Primeiramente, haveria um ***ato de conhecimento***, através do qual o jurista descreve as possibilidades interpretativas do texto. Num segundo momento, haveria um ***ato de vontade***, segundo o qual o jurista faz opção por uma das interpretações cabíveis, ao sabor de suas preferências pessoais, de modo a não existir, nesse momento, qualquer mecanismo de controle do ato judicial, que, por isso mesmo, caracteriza-se como decisionismo. De forma semelhante, Hart defenderá a ideia da existência de uma discricionariedade judicial (HART, Herbert Lionel Adolphus. Positivism and the Separation of Law and Morals, p. 139).

294. DWORKIN, Ronald. ***Levando os direitos a sério***, p. 128. "Se a codificação napoleônica foi a racionalização do direito, racional concebia-se o ato de julgar para repetir, sem sabor, o esquema cansado e gasto [o silogismo entre a premissa maior e a menor, sendo esta o caso concreto] [...]. A vontade geral imputável à nação era a vontade majoritária da nova classe, que destruiu as estruturas aristocráticas. E o ato jurisdicional, por mais apertado que fosse o cerco legalista, movia-se numa margem de discricionariedade insusceptível de ser eliminada." (VILANOVA, Lourival. O Poder de Julgar e a Norma. In: ______. ***Escritos Jurídicos e Filosóficos***. São Paulo: Axis Mundi/IBET, 2003, p. 360).

em uma dada comunidade, o qual constituiria, assim, a totalidade dos direitos dessa mesma comunidade[295]. Diante da ausência de uma regra clara, estabelecida previamente pelo Estado, a possibilidade de reconhecimento de direitos preexistentes nada mais é do que uma ficção. Nesses casos, o juiz legisla novos direitos, a partir do uso de um suposto poder discricionário, aplicando-os retroativamente[296].

Subjacente a esse discurso estava a ideia de segurança jurídica que o positivismo jurídico poderia pretensamente garantir. Haveria segurança apenas quando o direito oferecesse certeza, o que seria possível através da positividade, consubstanciada em uma possível previsibilidade de resultados baseada na expectativa de comportamentos já definidos no ordenamento formal. O Direito deveria ser previamente fixado; as leis deveriam ser determinadas do modo mais exato possível.

Mas a busca por essa segurança no processo interpretativo sucumbirá historicamente diante do reconhecimento - no campo das ciências sociais e jurídicas - da impossibilidade de completa apreensão científica dos fatos. As incertezas e os riscos em relação ao futuro passam a ser a pedra de toque na evolução da ciência, especialmente em razão da impossibilidade de obtermos respostas universalizantes para os problemas humanos diante do pluralismo dos modos de vida. Atualmente, sabe-se que a ciência é um conhecimento precário e provisório, que necessita de fundamentação contínua.

> Ainda quando uma lei pretenda esgotar a situação de aplicação, não há situação de aplicação no mundo que não seja única, que não requeira do aplicador imenso trabalho para que uma injustiça não seja cometida. O ordenamento é necessariamente complexo porque se existe o princípio da publicidade há o da privacidade. E tenho de estar sempre muito preocupado com o oposto daquilo com que estou trabalhando, porque é assim que a situação poderá me dizer o que vou regulamentar, como vou

295. Cf. DWORKIN, Ronald. *Levando os direitos a sério*, p. XIV.

296. DWORKIN, Ronald. *Levando os direitos a sério*, p. 128.

> proceder. Princípios opostos, dada a sua abertura para a vida, não apenas se excluem mutuamente como concorrem entre si para a regência das situações concretas e, assim, são, na verdade, normativamente constitutivos um do outro, são intrinsecamente complementares no terreno da aplicação.
>
> A ideia central é precisamente não abrirmos mão do conhecimento que podemos ter agora em razão da nossa própria experiência prática e da vivência histórica acumulada. É óbvio que pode ser recomendável uma racionalização principiológica das leis, mas é preciso que abdiquemos do excesso de pretensão racional que marcou a experiência da codificação clássica. Nunca iremos esgotar a complexidade da vida mediante a elaboração de leis detalhadas e que busquem nos liberar da tarefa árdua de aplicá-las. [...] Nossa racionalidade é limitada e é profundamente contrária ao atual conceito de ciência a pretensão de um saber que se queira absoluto[297].

Daí afirmar-se que não podemos mais ser vítimas de uma pretensão da ciência como mecanismo de descoberta da verdade[298]. A lei geral e abstrata não integra um ordenamento harmônico, lógico, acabado e fechado, mas, ao contrário, pressupõe sempre uma densificação dos princípios da liberdade e igualdade, que, em tese, podem se encontrar em tensão com outras normas igualmente válidas. Tudo isso ocorre no âmbito de um ordenamento que exige complementaridade e não antagonismo, uma vez que tais normas estão dirigidas à regulação de hipóteses concretas, necessariamente mais intricadas que as previsões abstratas,

---

297. CARVALHO NETTO, Menelick. Racionalização do ordenamento jurídico e democracia. ***Revista Brasileira de Estudos Políticos,*** Belo Horizonte, MG, v. 88, p. 81-108, dez. 2003, p. 104-105.

298. Por essa razão, ao tratar do movimento denominado "giro linguístico", ressalta Paulo de Barros Carvalho que "a cada dia, com o cruzamento vertiginoso das comunicações, aquilo que fora tido como 'verdade' dissolve-se num abrir e fechar de olhos, como se nunca tivesse existido, e emerge nova teoria para proclamar, em alto e bom som, também em nome da 'verdade', o novo estado de coisas que o saber científico anuncia." (***CARVALHO, Paulo de Barros. Direito Tributário, Linguagem e Método***, p. 159).

não dispensando, pois, a atividade própria e específica daquele incumbido de aplicá-las[299].

Nesse cenário, a derrocada do Estado Liberal contribuiu decisivamente para uma mudança de perspectiva no conceito de Constituição. Utilizara-se o constituinte do Estado Social de cláusulas que pretendiam consagrar os compromissos e as diretrizes do Poder Público com a implementação de interesses sociais, enunciando-se, através de cláusulas gerais, direitos sociais relativos ao trabalho, à educação, entre outros. Expressão desse movimento foram as Constituições do México, de 1917, e de Weimar, de 1919.

O papel do Judiciário altera-se significativamente nesse ambiente de declínio do paradigma liberal, de modo especial, a partir da expansão do constitucionalismo na segunda metade do século XX[300].

As cláusulas compromissórias próprias do Estado de bem-estar social implicaram em atribuição de maior ênfase à função do Poder Executivo no campo da realização dos direitos fundamentais.

Mais adiante, a partir da constatação do déficit de efetividade das cartas constitucionais em virtude da postura omissiva do poder político, passou-se à construção de uma hermenêutica voltada ao incremento do papel do Judiciário nessa seara[301].

No período do pós-guerra, portanto, o processo inaugurado com a era das codificações – na qual a lei era exatamente a ferramenta de contenção de um Poder Judiciário que historicamente não inspirava confiança[302] – inverte-se, passando o magistrado a

---

299. HABERMAS, Jürgen. *Direito e democracia,* p. 23.

300. Em sentido semelhante, cf.: TAVARES, André Ramos. *Paradigmas do judicialismo constitucional*, p. 71 e ss.

301. Sobre o tema, indica-se a leitura da obra de Garapon. (GARAPON, Antoine. *O guardador de promessas:* justiça e democracia. Tradução Francisco Aragão. Lisboa: Instituto Piaget, 1996).

302. Pelo menos na Europa Continental, já que esse fenômeno não se repetiu nos Estados Unidos da América. Com efeito, a desconfiança em relação aos juízes, historicamente alinhados à nobreza, nasce na Revolução Francesa e perdura durante o período na-

construir direitos a partir das denominadas cláusulas programáticas, de nítido caráter aberto[303], numa tendência de "normativização" da Teoria da Constituição[304].

A atividade interpretativa dos tribunais, nesse contexto, incrementar-se-á a partir da necessidade de se proceder à leitura das cláusulas abertas e enfrentar-se a questão relativa à conversão dessas previsões abstratas em direitos efetivos, com a fuga de uma concepção meramente formal dos textos normativos.

Passa-se a engendrar, no plano da filosofia, uma teoria material do Direito a partir da constatação da insuficiência do positivismo – notadamente do normativismo kelseniano – como mecanismo

---

poleônico. Até hoje a Constituição Francesa denomina o Judiciário de "Autoridade" e não "Poder", diferentemente do que faz em relação ao Executivo e Legislativo. O fenômeno não se repetiu nos Estados Unidos em face do legado inglês na sua conformação, destituído de características antipopulares, como se dava na França.

303. "A indeterminação do Direito, por sua vez, repercutiria sobre a relação entre os Poderes, dado que a lei, por natureza originária do Poder Legislativo, exigiria o acabamento do Poder Judiciário, quando provocado pelas instituições e pela sociedade civil a estabelecer o sentido ou a completar o significado de uma legislação que nasce com motivações distintas às da 'certeza jurídica'. Assim, o Poder Judiciário seria investido, pelo próprio caráter do Estado Social, do papel de 'legislador implícito'." (VIANNA, Luiz Werneck et al. ***A judicialização da Política e das Relações Sociais no Brasil.*** Rio de Janeiro: Revan, 1999, p. 21). Na mesma linha, ressalta Mauro Capelletti que a consagração de direitos econômicos e sociais, notadamente a partir de cláusulas de conteúdo indeterminado, também é elemento que contribui decisivamente para o protagonismo judicial da era contemporânea (CAPPELLETTI, Mauro. ***Juízes legisladores?*** Tradução Carlos Alberto Alvaro de Oliveira. Porto Alegre: Sérgio Antônio Fabris, 1993, p. 68).

304. Para Gilberto Bercovici, uma das poucas teorias constitucionais que tentou escapar dessa "normativização" foi a teoria da "sociedade aberta dos intérpretes da Constituição", proposta por Peter Häberle. Nessa teoria, sustenta-se que todos os setores da sociedade estão vinculados ao processo de interpretação constitucional, de modo que não se pode limitar ou reduzir os intérpretes do texto constitucional aos atores jurídicos e participantes formais do processo constitucional (BERCOVICI, Gilberto. A Constituição Dirigente e a Crise da Teoria da Constituição. In: SOUZA NETO, Cláudio Pereira et al. (Org.). ***Teoria da Constituição***: Estudos sobre o Lugar da Política no Direito Constitucional. 1. ed. Rio de Janeiro: Lumen Juris, 2003, p. 109).

de fundamentação do fenômeno jurídico, fugindo-se, pois, de uma dicotomia que embalou o pensamento ao longo dos séculos: Direito Natural e Direito Positivo[305]. O Direito moderno, pois, é marcado como um sistema fruto de decisões contingentes adotadas em um determinado contexto histórico, apresentando-se como um fenômeno que reproduz a si próprio a partir de fatos sociais, sempre sujeito a mudanças alheias a qualquer compreensão metafísica das fontes normativas[306].

> Surgem, portanto, a partir da segunda metade do século XIX, manifestações de conflito e revolta por parte de setores atingidos pela crescente desigualdade material na distribuição de poder e riqueza. Esse processo é acelerado pela Revolução Industrial inglesa, que altera substancialmente o sistema econômico e explicita determinadas dificuldades de acesso – de enorme parcela da população – a bens de consumo e participação política. São bastante conhecidos os fatores de passagem que marcam a ruptura do paradigma liberal: a eclosão de movimentos revolucionários na Europa (a partir, principalmente, de 1848), o surgimento e crescimento de doutrinas de feição socialista ou anarquista (que tinham como ponto comum a forte rejeição ao Estado Liberal então vigente) e a organização de setores da sociedade em novos grupos de pressão (sujeitos coletivos de direito, como associações ou sindicatos profissionais). É desse período que datam as primeiras manifestações, já no campo da teoria da constituição, acerca do estrito formalismo em que vinha incorrendo o Estado Liberal. Recorde-se, quanto a esse ponto, o discurso de Lassalle em Berlim (1863), em que qualifica as constituições liberais como meras "folhas de papel"[307].

---

305. Nesse sentido, é a manifestação de Paulo Bonavides na apresentação da obra de Müller (MÜLLER, Friedrich. ***Métodos de trabalho de direito constitucional.*** 3. ed. Rio de Janeiro: Renovar, 2005).

306. Sobre o tema, vide, entre outros: LUHMANN, Niklas. ***El derecho de la sociedad.*** 2. ed. Tradução Javier Torres Nafarrate. México: Herder e Universidad Iberoamericana, 2005.

307. PINTO, Cristiano Paixão Araujo. Arqueologia de uma distinção: o público e o privado na experiência histórica do direito. In: PEREIRA, Claudia Fernanda Oliveira (Org.).

Nesse contexto de necessidade de materialização dos direitos, o Estado tem sua seara de atuação extraordinariamente ampliada para abranger tarefas vinculadas a essas novas finalidades econômicas e sociais, ganhando o próprio ordenamento maior grau de complexidade. O papel do juiz não poderia mais ser reduzido à aplicação silogística dos textos normativos, passando a constituir tarefa mais complexa diante da dinâmica dos programas e tarefas sociais, notadamente a partir de uma releitura do conceito de separação dos poderes em função das exigências da sociedade moderna[308].

Assim, com o reconhecimento da insuficiência do sistema de regras como mecanismo de enfrentamento das demandas sociais, passa-se à construção de uma base filosófica que reconhece os princípios enquanto elementos integrantes do ordenamento jurídico e, portanto, ferramentas utilizáveis no processo interpretativo voltado à resolução das controvérsias jurídicas.

A era dos princípios[309], portanto, tornou mais desafiadora a tarefa de definição do conteúdo da norma regente do caso concreto, especialmente à luz de uma necessária racionalidade argumentativa[310] e do reconhecimento de que o texto é a mera "ponta do *iceberg*", sendo a posição dos atores decisiva para a exata compreensão

---

O novo direito administrativo brasileiro. O Estado, as agências e o terceiro setor. v. 1, Belo Horizonte: Forum, 2003, p. 10.

308. Cf. CARVALHO NETTO, Menelick de. Hermenêutica constitucional sob o paradigma do Estado Democrático de Direito, p. 243-244.

309. Para um exame do constitucionalismo moderno à luz do pós-positivismo e da constitucionalização de direitos, vide, entre outros: CARBONELL. Miguel. *Neoconstitucionalismo(s)*. Madri: Ed. Trotta, 2003; SCHIER, Paulo Ricardo. *Filtragem constitucional*. Porto Alegre: Sergio Antonio Fabris, 1999; MAIA, Antônio Cavalcanti. Nos vinte anos da Carta Cidadã: do Pós-positivismo ao Neoconstitucionalismo. In: SOUZA NETO, Cláudio Pereira de; SARMENTO, Daniel; BINENBOJM, Gustavo (Org.). *Vinte anos da Constituição Federal de 1988*. 1. ed. Rio de Janeiro: Lumen Juris, 2009. p. 117-168.

310. Ao longo do trabalho, a racionalidade será compreendida nos termos propostos por Habermas, no sentido de uma ação comunicativa baseada em uma argumentação consistente que leve em conta os interesses dos destinatários da decisão. Esse ponto será melhor esclarecido mais adiante.

do preceito incidente na realidade social. A norma jurídica, pois, deixa de ser objeto para se constituir no resultado do processo interpretativo.

Concebido, pois, como súdito de um constitucionalismo reaproximador do Direito e da Justiça[311] e refratário de um legalismo acrítico, o sistema jurídico de princípios trouxe à tona concepções fluidas como a dignidade da pessoa humana, que estão a exigir do intérprete maior esforço na definição dos limites de aplicação da norma.

A partir daqui se evidencia o problema dos limites da atividade jurisdicional, já que as constituições contemporâneas favorecerão um ambiente de protagonismo do trabalho hermenêutico, que se enriquece e se torna mais complexo à medida que se exige um incremento na atividade de justificação do resultado decorrente da interpretação das normas e fatos a elas subjacentes.

Por outro lado, essa larga aplicabilidade dos princípios na solução das mais variadas demandas jurídicas gerou uma espécie de "euforia constitucional" [312]. Com efeito, atualmente todas as relações jurídicas podem ser discutidas sob o prisma da Constituição na medida em que se reconhece a sua abertura para o processo interpretativo – que a transforma em "filtro" para a análise do conteúdo dos direitos previstos no ordenamento como um todo – e a necessidade de sua constante materialização nas relações sociais.

Esse fenômeno, por um lado, tem grandes aspectos positivos, já que permite o reconhecimento e a efetivação de direitos

311. No sentido de se reconhecer o vínculo necessário entre Direito e concepções de Justiça, mas não no sentido de se reduzir um ao outro como no jusnaturalismo.

312. Fenômeno que circunstancialmente se identifica com uma espécie de "principiologismo", na medida em que se busca dar solução a todos os problemas sociais pela invocação não fundamentada de cláusulas constitucionais abstratas (razoabilidade, dignidade da pessoa humana etc.), perseguindo-se, muitas vezes, o afastamento indevido de normas infraconstitucionais válidas, inclusive pela simples discordância do intérprete com as opções políticas adotadas na seara legislativa.

que contribuem sobremaneira para a emancipação social e para a realização do compromisso constitucional de construção de uma sociedade justa e igualitária. Por outro, todavia, vem demonstrando o apequenamento dos demais poderes diante do "*terceiro gigante*"[313], o que revela uma potencial crise no equilíbrio das funções estatais. Daí dizer-se que o populismo judicial corrói a estrutura do Estado Democrático e Constitucional de Direito, revelando-se como uma empresa lesiva aos direitos fundamentais[314]. É dizer, uma certa desconfiança do legislador tem fundamento na própria Constituição Federal - tanto é assim que ela estruturou um complexo sistema de controle de constitucionalidade. Mas essa desconfiança precisa encontrar limites, sob pena de se converter em tirania judicial[315].

Assim, se houve um passo decisivo na busca de critérios mais precisos para o exercício da interpretação constitucional, é chegado o momento de se refletir seriamente sobre os limites do juiz no Estado Democrático de Direito, a fim de evitar que passemos de um modelo de jurisdição excessivamente contido para outro politicamente invasivo, que não respeite a autonomia do cidadão e de seus órgãos de representação popular.

É dizer, no contexto da crise do Estado Social, e notadamente diante de uma demanda por novos direitos fundamentais[316], a jurisdição é alçada, muitas vezes, ao patamar de um legislador concorrente ou subsidiário, no dizer de Habermas[317], em sua forma negativa e

---

313. CAPPELLETTI, Mauro. *Juízes legisladores?*, p. 47.

314. TAVARES, André Ramos. *Paradigmas do judicialismo constitucional*, p. 23.

315. Ibidem, p. 31.

316. Sobre a demanda por novos direitos fundamentais, a exemplo dos coletivos e difusos, vide: PINTO, Cristiano Paixão Araujo. Arqueologia de uma distinção: o público e o privado na experiência histórica do direito, p. 7-367.

317. HABERMAS, Jürgen. ***Facticidad y validez.*** Sobre el derecho y el Estado democrático de derecho em términos de teoria del discurso. Tradução Manuel Jiménez Redondo. Madrid: Trotta, 2005, p. 326 e ss. A citação serve para ilustrar a tendência hodierna de atuação dos tribunais. Todavia, o equilíbrio entre a autonomia pública (soberania

positiva, no sentido da realização da ordem constitucional a partir de uma pauta axiológica de convicções tidas como majoritárias na sociedade[318]. A complexidade da vida passa a ser resolvida sob a perspectiva de um "instrumentalismo constitucional" - basta a solução estar prevista na Constituição - e a crença no Poder Judiciário como "Salvador da República"[319].

Transitamos, assim, da desconfiança no Judiciário para o descrédito do Legislativo, numa espécie de "demonização" do processo político deliberativo[320]. Diante da paralisia histórica das instâncias políticas e de sua incapacidade de realizar propósitos tão audaciosos de uma Constituição extremamente compromissória - fenômeno, por si só, capaz de oportunizar um sentimento de fracasso constitucional -, o Judiciário passou a ocupar os espaços vazios, funcionando, atualmente, como a imagem paternal de uma sociedade órfã e sua mais alta instância moral, na feliz expressão de Ingeborg Maus[321].

---

popular) e privada (direitos humanos), especialmente em países periféricos como o Brasil, exige algumas vezes uma postura ativa do Judiciário até como forma de se assegurar a liberdade do indivíduo, historicamente privado de direitos sociais básicos. Ou seja, não é a intervenção jurisdicional em si que é indevida, mas a ausência de critérios democráticos para se fazê-lo. Assim, a presente reflexão centra-se mais no *como* agir (limites de atuação) o Judiciário do que no *por que* agir (legitimidade).

318. Sobre a Constituição como ordem concreta de valores, vide: ALEXY, Robert. *Teoria de los Derechos Fundamentales*. Tradução Ernesto Garzón Valdés. Madrid: Centro de Estudios Constitucionales, 1993, p. 81 e ss.

319. BERCOVICI, Gilberto. *A Constituição Dirigente e a Crise da Teoria da Constituição*, p. 77.

320. BARROSO, Luís Roberto. *O controle de constitucionalidade no direito brasileiro*. 3. ed. São Paulo: Saraiva, 2008, p. 103. Há quem afirme, inclusive, que o constitucionalismo dirigente, ao pretender conter todos os princípios e possibilidade de conformação do ordenamento, favoreceria o crescimento do papel político do tribunal constitucional, que se autoconverteria em "senhor da Constituição" (BÖCKENFÖRDE, Ernest-Wolfgang. *Escritos sobre derechos fundamentales*. Baden-Baden: Nomos, 1993, p. 197-198).

321. MAUS, Ingeborg. Judiciário como superego da sociedade: o papel da atividade jurisprudencial na "sociedade órfã", p. 185.

De um lado, essa perspectiva atual da jurisdição permitiu o reconhecimento de que, a partir de uma leitura axiológica do Direito, cabia ao Judiciário realizar as promessas consagradas no texto constitucional, tornando-as realidade vívida. De outro, ensejou a inclusão de argumentos políticos no discurso judicial, a partir de ferramentas argumentativas como a ponderação de interesses e o princípio da proporcionalidade[322], cuja utilização acrítica pode nos conduzir a um retorno às tradições do positivismo, em que se reconhecia a existência de uma discricionariedade judicial a ser utilizada sempre em busca da solução que pareça mais justa[323].

---

322. Uma tendência de "subjetivação" da interpretação constitucional na prática dos tribunais é patente. Exemplificativamente, no julgamento acerca da legislação que proíbe a importação de pneus usados (ADPF 101, rel. Min. Cármen Lúcia, julgada em 24/06/09), o Min. Eros Grau, em seu voto-vista, fez considerações sobre a ponderação de princípios, ressaltando que esta se dá "*pelo subjetivismo de quem a opera.*" Disse, ademais, que "princípios de direito não podem ser ponderados entre si, apenas valores podem submetidos a esta operação. Os princípios são normas, mas quando estão em conflitos com eles mesmos são valores", de modo que pode haver grave incerteza jurídica em razão da técnica da ponderação entre princípios relativos aos conflitos entre direitos fundamentais, pois a opção por um e não por outro é perigosa e ocorre de acordo com o intérprete.

323. Na mesma linha, ressalta José Adércio Leite Sampaio que, por meio da razoabilidade, a Constituição escrita se esvaziou de conteúdo, abrindo-se janelas de incertezas nos discursos de aplicação constitucional. Com efeito, assevera o autor que "a 'Constituição judicial da razoabilidade' é, portanto, uma 'Constituição *ad hoc*' e relativa [...]. A 'Constituição do caso' e 'do juiz' acaba por desnortear a própria teoria constitucional, pois em que bases se permite falar consistentemente em um poder constituinte originário, se a sua obra for uma simples referência vaga entre os espectros de uma razoabilidade sem fim à disposição dos poderes constituídos?" (SAMPAIO, José Adércio Leite. O retorno às tradições: a razoabilidade como parâmetro constitucional. In: ______ (Coord.). ***Jurisdição constitucional e direitos fundamentais.*** Belo Horizonte: Del Rey, 2003, p. 94-95). Por sua vez, lembra Virgílio Afonso da Silva, sem firmar posição contrária à utilidade do referido princípio como ferramenta argumentativa no contexto da decisão judicial, que "a invocação da proporcionalidade é, não raramente, um mero recurso a um tópos, com caráter retórico, e não sistemático. Em inúmeras decisões, sempre que se queira afastar alguma conduta considerada abusiva, recorre-se à fórmula 'à luz do princípio da proporcionalidade ou razoabilidade, o ato deve ser considerado inconstitucional.'" (SILVA, Virgílio Afonso da. O proporcional e o razoável. ***Revista dos Tribunais***, São Paulo, ano 91, n. 798, p. 23-50, abr. 2002, p. 31).

Assim, a simples ausência de uma regra clara não impede o reconhecimento de direitos. Mesmo nos denominados casos difíceis, o magistrado continua a possuir o ônus de descobrir os direitos das partes. Porém, sob o prisma do pós-positivismo, o Direito deve ser reconhecido como uma prática construtiva, calcada em argumentos racionais e, por consequência, controláveis.

Nesse contexto, o reconhecimento do Direito como um sistema de princípios deve ser capaz de ensejar uma nítida separação entre escolhas jurídicas e escolhas propriamente políticas. Na verdade, os princípios não se encontram dados no sistema, sendo controversos e modificáveis ao longo da história da humanidade, dependendo sua afirmação de interpretações da prática jurídica cotidiana.

Os princípios não se constituem, ademais, em padrões metajurídicos, como queria o positivismo. Sua aplicação torna-se obrigatória no âmbito do sistema jurídico, de modo que os juízes estão jungidos à elaboração da melhor interpretação do caso, devendo aferir a existência dos direitos mesmo diante das lacunas que as regras estabelecidas possam impor. O Direito, assim, revela-se como uma teia inconsútil[324], um sistema capaz de dar resposta a todos os casos a partir de sua interpretação coerente.

Em uma comunidade de princípios, por outro lado, afasta-se a rígida separação entre Direito e Moral, já que o sistema jurídico extrapola o âmbito das regras para buscar solução em cláusulas amplas que impõem ao intérprete um maior esforço hermenêutico[325]. Nesta comunidade, os indivíduos atuam como agentes morais, sempre sensíveis aos princípios compartilhados e não apenas às regras previamente fixadas em uma dada carta política.

---

324. DWORKIN, Ronald. *Levando os direitos a sério*, p. 180.

325. Por isso Lourival Vilanova já advertia, há certo tempo, que "no final de tudo, na lei, no ato administrativo, na sentença (ato culminante do julgamento), é um só protagonista que se exprime numa só linguagem, a diferença provindo nos atos unicamente do modo de relacionamento desse personagem com o seu mundo, que é o mundo social e o mundo físico entrando pelas perspectivas do social." (VILANOVA, Lourival. *O Poder de Julgar e a Norma*, p. 356).

A ideia de integridade do Direito atribui ao sistema o caráter de um todo harmônico e coerente[326]. Essa perspectiva assume um papel decisivo no controle do arbítrio judicial, especialmente pela importância que se deve atribuir aos precedentes, os quais exercem força gravitacional em relação a decisões futuras que envolvam os denominados *hard cases*[327].

---

326. Como ressalta Menelick de Carvalho Netto, "essas reflexões de Dworkin marcam o emergir de um novo paradigma que vem, enquanto tal, de forma cada vez mais difundida e internalizada se afirmando através da constituição de um novo senso comum social, de um novo pano-de-fundo para a comunicação social, no qual são gestadas pretensões e expectativas muito mais complexas, profundas e rigorosas no que respeita ao Direito, seja como ordenamento ou esfera própria da ação comunicativa, do reconhecimento e do entendimento mútuo dos cidadãos para o estabelecimento e a implementação da normativa que deve reger sua vida em comum, seja como simples âmbito específico de conhecimento e exercício profissionais. E esse novo paradigma que tem sido denominado pela Doutrina 'Estado Democrático de Direito' e que, no Brasil, foi inclusive constitucionalmente consagrado." (CARVALHO NETTO, Menelick de. A interpretação das leis: um problema metajurídico ou uma questão essencial do Direito, p. 55).

327. Essa diretriz está consagrada no Código de Processo Civil de 2015, que reservou um capítulo inteiro ao tema. Em linhas gerais, dispõe que:
"Art. 926. Os tribunais devem uniformizar sua jurisprudência e mantê-la estável, íntegra e coerente.
§ 1º Na forma estabelecida e segundo os pressupostos fixados no regimento interno, os tribunais editarão enunciados de súmula correspondentes a sua jurisprudência dominante.
§ 2º Ao editar enunciados de súmula, os tribunais devem ater-se às circunstâncias fáticas dos precedentes que motivaram sua criação.
Art. 927. Os juízes e os tribunais observarão:
I – as decisões do Supremo Tribunal Federal em controle concentrado de constitucionalidade;
II – os enunciados de súmula vinculante;
III – os acórdãos em incidente de assunção de competência ou de resolução de demandas repetitivas e em julgamento de recursos extraordinário e especial repetitivos;
IV – os enunciados das súmulas do Supremo Tribunal Federal em matéria constitucional e do Superior Tribunal de Justiça em matéria infraconstitucional;
V – a orientação do plenário ou do órgão especial aos quais estiverem vinculados."
[...].
Também entendendo que o Novo CPC filia-se ao pensamento dworkiniano: BAHIA, Alexandre; NUNES, Dierle; PEDRON, Flávio. ***Precedentes no Novo CPC***: é possível uma decisão correta? Justificando. 08 jul. 2015. Disponível em: <http://justificando.

Ao afirmar a existência de um direito fundamental, deve o juiz demonstrar a coerência dessa afirmação com precedentes anteriores e com os princípios constitucionais, que funcionam como "barreiras de fogo". Devem revelar os direitos das partes, e não os inventar, como num passe de mágica, com efeitos retroativos a um fato passado[328]. Aliás, a adoção de um princípio em um dado caso impõe a atribuição de importância idêntica a ele em situações análogas[329].

Afasta-se, portanto, a busca incessante do positivismo por uma solução segura capaz de eliminar os problemas de interpretação. Em vez de eliminá-los, o pós-positivismo assume o fato de que esses problemas são inerentes à vida em sociedade e busca apenas formas de lidar com eles. Assim, parte-se da premissa de que não existem procedimentos mecânicos capazes de demonstrar os direitos das pessoas. Ao contrário, os casos difíceis são inerentes ao mundo em que vivemos, tanto no âmbito da política quanto do Direito, sendo certo que juristas criteriosos divergirão acerca desses direitos.

Nesse contexto, afigura-se possível que inclusive uma regra deva ceder passo para um princípio. Nessa hipótese, todavia, nem todo princípio pode ser invocado para justificar a mudança. É preciso que existam princípios com maior importância e cuja definição não pode ficar a cargo dos juízes, sob pena de todas as regras perderem sua obrigatoriedade. A modificação da perspectiva jurídica acerca de dado tema deve, assim, levar os magistrados a considerarem padrões jurídicos relevantes, como uma deferência limitada ao Poder Legislativo e à própria observância dos precedentes, que, em dados casos, poderá conduzir a uma inclinação em favor do *status quo*[330].

Essa opção, por óbvio, não impede que diferentes magistrados cheguem a conclusões distintas sobre as mesmas questões

---

com/2015/07/08/precedentes-no-novo-cpc-e-possivel-uma-decisao-correta-/>. Acesso em: 28 jul. 2015.

328. DWORKIN, Ronald. *Levando os direitos a sério*, p. 127.

329. DWORKIN, Ronald. *Domínio da vida*: aborto, eutanásia e liberdades individuais. São Paulo: Martins Fontes, 2003, p. 204.

330. DWORKIN, Ronald. *Levando os direitos a sério*, p. 60.

morais ou políticas, a partir de suas próprias visões de mundo, mas torna reprovável a tomada de decisões que, embora pareçam certas isoladamente, não se inserem em uma teoria abrangente de princípios compatível com outras decisões igualmente consideradas corretas[331]. Noutras palavras, não há fórmulas aptas a assegurar que todos os juízes cheguem aos mesmos resultados, mas não se pode defender um relativismo que considere legítima toda decisão dotada de algum "bom senso", sob pena de restar fracassado nosso projeto constitucional-democrático[332].

A solução para os problemas jurídicos nos casos em que ausente uma regra clara não está na adoção de procedimentos mecânicos de interpretação, os quais seriam capazes de, supostamente, levar a uma resposta quase automática. Em verdade, os juízes divergirão sobre quais os direitos que efetivamente existem e qual a extensão de cada um deles, do mesmo modo que os cidadãos divergem sobre política, moral ou religião.

Destarte, é preciso fugir de uma visão clássica segundo a qual a compreensão do Direito é serva dos textos normativos estabelecidos, funcionando sempre à sombra da legislação, de forma que os juízes devem se limitar a aplicar a norma evidente criada por outras instituições.

Em verdade, essa pretensão, embora ideal, revela-se utópica na prática. Diversas questões impedem sua implementação no mundo fenomênico, entre as quais está a vagueza dos textos normativos, que impõe um esforço de interpretação para viabilizar sua aplicação a casos concretos, bem como a existência de problemas novos na sociedade, os quais não eram previsíveis ao tempo da edição dos textos que se pretendem aplicáveis a estes casos.

Se assim ocorre, é forçoso reconhecer que, dadas certas circunstâncias, os juízes devem sim criar direitos novos, seja essa criação

331. DWORKIN, Ronald. *Levando os direitos a sério*, p. 137.

332. ABBOUD, Georges. *Op. cit.*, p. 43.

dissimulada ou explícita[333]. Essa assertiva, todavia, não prejudica a ideia de que os juízes devem uma deferência limitada às instituições legislativas, já que o processo de interpretação tem seu início - embora não tenha o seu fim - no labor daqueles eleitos pela população para dirigir seu destino e editar as leis a que ela subordinar-se-á.

Por outro lado, mesmo partindo dessas premissas, não é possível imaginar-se uma imunidade judicial ao erro. Por óbvio, os tribunais podem extrair conclusões equivocadas sobre os direitos que reconhecem. Mas essa possibilidade está longe de ser um defeito exclusivo de uma atividade tida por original dos tribunais. Ao contrário, a possibilidade de erro é imanente à tarefa interpretativa, mesmo para aqueles que se consideram tolhidos de qualquer competência inovadora[334].

Mas qual o limite dessa função judicial, preocupação esta essencial para que a atividade dos magistrados não se confunda com a dos legisladores? Para fugirem à pretensão de atuar como legisladores, os juízes devem evitar a argumentação própria da seara política, como a promoção de bem-estar social em geral, debate este próprio da arena parlamentar[335]. Ao contrário, diante de um caso concreto a solucionar devem os juízes investigar se existem direitos a ser tutelados exclusivamente à luz dos princípios inseridos explícita ou implicitamente no ordenamento jurídico[336].

---

333. DWORKIN, Ronald. *Levando os direitos a sério*, p. 128.

334. No mesmo sentido, cf.: DWORKIN, Ronald. *Levando os direitos a sério*, p. 135.

335. Sobre a inclusão de questões políticas no discurso judicial, ressalta Dworkin também que a corte deve tomar decisões acerca de princípios e não de políticas, decisões sobre quais direitos as pessoas possuem no âmbito do sistema constitucional ao invés de decisões acerca de como o bem-estar geral é promovido (sobre o tema, vide o texto: DWORKIN, Ronald. Forum of Principle. *New York University Law Review*, v. 56, n. 2, p. 469-518, 1981.).

336. "Os argumentos de política justificam uma decisão política, mostrando que a decisão fomenta ou protege algum objetivo coletivo da comunidade como um todo. [...] Os argumentos de princípio justificam uma decisão política, mostrando que a decisão respeita ou garante um direito de um indivíduo ou de um grupo." (*Levando os direitos a sério*, p. 129).

Relevante, aqui, recordarmos a dicotomia elaborada por Klaus Günther, que distingue os discursos de justificação dos discursos de aplicação a partir da separação entre questões referentes à validade da norma (*dimensão da validade*) e questões referentes ao seu âmbito de aplicação (*dimensão da adequabilidade*)[337].

Parte-se da premissa de que nenhuma norma é perfeita, no sentido de ser capaz de aprioristicamente regular suas condições de aplicação[338]. Dessa forma, por ocasião da materialização do ato normativo, há de se considerar os sinais característicos da hipótese concreta.

Num primeiro momento, cuida-se de examinar se determinada norma é válida, partindo-se da premissa de que se trata de norma construída num ambiente de decisão em que todos os possíveis destinatários do regramento possam a ele assentir na qualidade de participantes de discursos racionais, segundo a lógica habermasiana[339]. É dizer, a validade da norma estará condicionada ao fato de serem levados em consideração, nos debates que precedem a elaboração do regramento abstrato, os interesses de todos os envolvidos. É nessa seara que se fala em discurso de justificação, no qual cabe definir, a partir de uma ação comunicativa com a participação dos possíveis afetados, quais os interesses que devem ser protegidos na via estatal por ação do Poder Legislativo. Nesse âmbito, aliás, cabem argumentos pragmáticos, éticos, políticos e morais que possam influenciar a decisão tomada.

Num segundo momento, é possível falar-se no discurso de aplicação, no âmbito do qual cabe definir qual a norma adequada que deve ser aplicada a uma dada hipótese concreta – única e

---

337. Sobre o tema, vide: GÜNTHER, Klaus. ***The sense of appropriateness***: application discourses in morality and law. Tradução Jonh Farrell. New York: State University of New York, 1993, p. 11 e ss.

338. GÜNTHER, Klaus; PESSOA, Leonel Cesarino. Uma concepção normativa de coerência para uma teoria discursiva da argumentação jurídica. ***Cadernos de Filosofia Alemã***: Crítica e Modernidade, n. 6, p. 85-102, 2000, p. 87.

339. GÜNTHER, Klaus. ***Teoria da argumentação no Direito e na Moral:*** justificação e aplicação. Tradução Cláudio Molz. São Paulo: Landy Editora, 2004, p. 67.

irrepetível – dentre as diversas normas válidas elaboradas a partir dos discursos de justificação[340].

Aqui cabe lembrar que, diante de um caso concreto, diversas normas apresentam-se como aplicáveis *a priori*. No momento da aplicação efetiva, porém, é preciso considerar todas as circunstâncias que individualizam o caso concreto, de modo a encontrar a fundamentação que melhor justifique a resposta apresentada. A validade de uma norma abstrata não significa sua aplicação generalizada, porque no plano da justificação e fundamentação, as normas concorrem com outras normas igualmente válidas. Nessa atividade de materialização, devem-se considerar todas as variáveis que, a partir de uma argumentação consistente, justifiquem determinada solução concreta.

Não se trata, pois, de discutir no plano abstrato a validade de normas aparentemente conflitantes – o que deve ser feito no âmbito do discurso de justificação. Em verdade, o conflito entre normas *prima facie* aplicáveis é apenas aparente porque a incidência de uma norma válida em dado caso concreto dotado de singularidade afasta a aplicação de outras normas também válidas.

Por essa razão, pode-se afirmar que a mensagem jurídica emanada da norma é construída pela aplicação do texto, seu substrato linguístico, em um determinado contexto. Esse contexto é formado por todos os enunciados com os quais um texto se relaciona. Nenhum texto pode ser interpretado isoladamente, na medida em que está inserido em um processo comunicacional. Assim, para apreendermos seu sentido, é preciso perceber as relações que ele mantém com outros textos. Esse processo é chamado de "dialogismo", que é o princípio construtivo dos textos[341].

---

340. Referimo-nos aqui à norma em seu sentido abstrato, que coincide com a ideia de texto normativo. A norma final, como já se asseverou anteriormente, somente resulta da aplicação em um contexto concreto.

341. CARVALHO. Aurora Tomazini. *Curso de Teoria Geral do Direito* (o Constructivismo Lógico-Semântico). São Paulo: Noeses, 2012, p. 167.

Desse modo, embora reconhecendo que o Direito não se esgota nas regras claramente estabelecidas, essa visão pretende apresentar-se como uma ferramenta capaz de evitar um subjetivismo que deságue no próprio autoritarismo.

3.2.2. O problema do contraditório efetivo e da fundamentação das decisões judiciais

Embora a obediência moderada das formas seja um valor importante para a construção de um modelo constitucional de processo, não é possível mais examinar a atividade de direção do processo a partir de uma ótica meramente formal. Isto é, o gerenciamento realizado pelo juiz não é um fim em si mesmo, uma vez que toda a atividade de direção formal se volta a um único fim: a entrega da prestação jurisdicional. Sendo assim, o tema da gestão encontra-se completamente imbricado com os critérios de construção dos atos jurisdicionais, de modo que a escolha de circuitos procedimentais deve ter como norte o núcleo atomístico da tarefa jurisdicional: a decisão final.

Portanto, parte-se aqui da premissa de que os aspectos da gestão do processo não podem se resumir a um mero "processualismo", desvestido de preocupação quanto ao resultado final propriamente dito da atividade jurisdicional. Todo o encadeamento de atos e a preocupação com a condução formal do procedimento têm como meta final a construção de uma decisão democrática, capaz de legitimar a atividade jurisdicional perante a comunidade de afetados. E essa legitimidade passa tanto pela eficiência na relação tempo/resposta jurisdicional, como pelo "modo de ser" da construção dessa resposta, isto é, a maneira como se produziu essa decisão, tanto do ponto de vista procedimental, quanto do ponto de vista substancial. Daí ter-se dito anteriormente que cabe ao juiz contemporâneo buscar sobretudo a eficiência qualitativa na produção dos atos jurisdicionais.

Nesse contexto, a decisão judicial é um fenômeno individualizado, constituindo-se em um ato cognitivo que se edifica a partir de opções obtidas em um cenário de diversas alternativas possíveis, pelo menos no plano abstrato. Trata-se de atividade que exige estruturação lógica, devendo ser desenvolvida a partir de argumentação racional, que se debruce sobre a valoração da prova, e de fundamentação jurídica que se apresente aplicável à espécie. Em um ambiente democrático, ademais, exige-se que a construção da decisão seja examinada à luz também dos procedimentos preparatórios à sua produção, como o asseguramento do direito de participação e influência das partes e o procedimento de recolhimento da prova – que exige equidistância do magistrado. Assim é que a decisão deve informar aos destinatários, de maneira compreensível, seus fundamentos reais, permitindo o controle externo das razões de decidir.

Uma pré-compreensão que constitui premissa desse capítulo é a ideia de que, com as radicais mudanças na sociedade e no papel do Estado, a prestação jurisdicional atualmente possui uma função muito mais impactante no mundo fenomênico. Com efeito, é através da jurisdição que se realizam diversos direitos e garantias assegurados sob um prisma generalizante no texto constitucional.

Por outro lado, o caráter aberto do ordenamento[342] torna mais relevante ainda o estudo do processo e sua função no Estado Democrático, uma vez que é através dele que se materializam as decisões garantidoras de direitos, razão pela qual fica a seu encargo preservar a participação efetiva dos afetados a fim de garantir a

342. No campo do processo, essa abertura para a atividade do julgador pode ser ilustrada, dentre outras, pela regra do art. 497 do CPC/2015 ("Na ação que tenha por objeto a prestação de fazer ou de não fazer, o juiz, se procedente o pedido, concederá a tutela específica ou determinará providências que assegurem a obtenção de tutela pelo resultado prático equivalente"), que faculta ao magistrado a adoção de providências voltadas ao alcance de resultado prático equivalente ao adimplemento de obrigação específica, inclusive através de medidas executivas atípicas. Além de mitigar consideravelmente a concepção clássica de congruência entre o pedido e a decisão judicial, como reconhece abalizada doutrina, trata-se de norma que prestigia a atividade jurisdicional voltada à materialização efetiva de direitos. Sobre o tema vide, entre outros: DIDIER JR, Fredie et al. *Curso de Direito Processual Civil*, p. 455.

legitimidade decisória[343]. É que a legitimidade do direito, na era contemporânea, não mais decorre de sua submissão a uma moral superior ou a fundamentos éticos[344], mas sim da circunstância de que todos os sujeitos se reconhecem como coautores no processo de produção dessas normas[345].

É dizer: na medida em que o sistema jurídico passa a atuar de maneira mais incisiva por meio de cláusulas gerais e conceitos jurídicos indeterminados, maior se torna a importância da construção de uma legitimidade procedimental da decisão judicial. Assim, sua aceitação racional decorrerá tanto dos resultados substanciais alcançados quanto do *iter* observado para sua construção, no qual sobreleva o contraditório efetivo (art. 9º e 10 do CPC/2015)[346] e a fundamentação

---

343. Sobre o tema, vide, entre outros: LEAL, Rosemiro Pereira. Processo e democracia: a ação jurídica como exercício da cidadania. ***Revista de Processo: RePro***, v. 33, n. 160, p. 324-338, jun. 2008. Ademais, o reconhecimento desse nexo etiológico entre pretensões materiais e tutela jurisdicional impõe a necessidade da existência de uma dimensão processual adequada para garantir a eficácia dos direitos, o que só é possível através da concepção de técnicas afinadas com a complexidade do fato social. No ponto, recomendamos a leitura dessa obra já considerada um clássico da literatura jurídica nacional: BEDAQUE, José Roberto dos Santos. ***Direito e Processo.*** Influência do direito material sobre o processo. 6. ed. São Paulo: Malheiros, 2011.

344. A não submissão do Direito à Moral ou à Ética significa que ele não se esgota nesses valores, o que não importa na ausência de relação entre tais fenômenos sociais. A justificação do Direito está, em parte, na Ética e na Moral, mas ganha autonomia em relação a essas categorias valorativas. Com isso se intenta dizer que o juiz não pode se valer de argumentos morais e/ou éticos como fundamentos de sua decisão, afastando-se muitas vezes do próprio ordenamento jurídico, o que constituiria uma porta aberta para o ativismo judicial.

345. MIRANDA, Maressa da Silva. O mundo da vida e o Direito na obra de Jürgen Habermas. ***Prisma Jurídico***, São Paulo, v. 8, n. 1, p. 97-119, jan./jun. 2009.

346. Art. 9º Não se proferirá decisão contra uma das partes sem que ela seja previamente ouvida.
Parágrafo único. O disposto no ***caput*** não se aplica:
I – à tutela provisória de urgência;
II – às hipóteses de tutela da evidência previstas no art. 311, incisos II e III;
III – à decisão prevista no art. 701.
Art. 10. O juiz não pode decidir, em grau algum de jurisdição, com base em fundamento a respeito do qual não se tenha dado às partes oportunidade de se manifestar, ainda que se trate de matéria sobre a qual deva decidir de ofício.

do ato jurisdicional. É que a modernidade, ainda que não em caráter exclusivo[347], impôs o procedimentalismo como ferramenta essencial de legitimidade das decisões jurídicas (inclusive legislativas e administrativas). Um processo equitativo, participado e heterocontrolado é que constrói o discurso argumentativo que há de contribuir para uma decisão juridicamente racional e aceitável pela comunidade de afetados.

Nessa ótica, no atual modelo de Estado "as tarefas dos magistrados e dos aparelhos administrativos se multiplicaram. Mas a ampliação destes aparelhos determinou, para além e contra as intenções, um incremento dos poderes do juiz"[348]. A contraface desse poder é uma maior responsabilidade política, pois no Estado Democrático de Direito, formado a partir de elementos normativos deveras complexos, a atividade de fundamentação legitimadora do ato estatal de conteúdo jurisdicional sensivelmente recrudesce.

Estabelecidas essas premissas, o grande desafio da hermenêutica contemporânea é o engendramento de formas a partir das quais, sem transigir-se com a busca pela efetividade do sistema jurídico, o Direito pode tornar-se uma experiência viva na realidade social a partir de parâmetros realmente democráticos.

O Código de Processo Civil de 2015 (Lei nº 13.105) avança muito nesse aspecto, ao cuidar de maneira enfática da construção de um contraditório capaz de efetivamente assegurar a participação dos interessados no processo de construção da decisão judicial (direito de influência) e estabelecer, de maneira estruturada, hipóteses

347. A ressalva tem por motivo o fato de que o presente trabalho parte da premissa de que a legitimidade da decisão judicial pressupõe o cumprimento tanto de requisitos procedimentais (devido processo legal) quanto finalísticos (resposta correta). Nessa ótica, procedimentalismo e substancialismo acabam por serem elementos complementares na construção dos atos jurisdicionais. O procedimentalismo, visto isoladamente, conduz ao risco de aceitação de um relativismo valorativo, que recairia no problema do decisionismo kelseniano. Em sentido semelhante, cf.: OLIVEIRA, Rafael Thomaz de. ***Decisão judicial e conceito de princípio***, p. 171; SCHMITZ, Leonard Ziesemer. ***Fundamentação das decisões judiciais.*** A crise na construção de respostas no processo civil. São Paulo: Revista dos Tribunais, 2015, p. 219.

348. CAPPELLETTI, Mauro. *Juízes legisladores?*, p. 25.

em que se considera a decisão não fundamentada. Isso parece pertinente na medida em que referido diploma, no quadro atual do desenvolvimento da ciência jurídica brasileira, tende a ser erigido à condição de verdadeiro "código da decisão judicial", em virtude dos princípios que incorpora e das diretrizes que estabelece em busca da legitimidade democrática dos atos emanados do Poder Judiciário.

Por outro lado, dado o caráter de sistema vertido em várias normas de viés principiológico, é preciso cuidado para o que CPC de 2015 não se converta em ferramenta de arbítrio, confundindo-se os poderes do magistrado com discricionariedade judicial, notadamente a partir de uma vertente socializadora voltada à realização de um sentimento subjetivo de justiça[349]. Seus limites estão exatamente no modelo de processo democrático que o legislador visa instituir.

Nesse ponto, importa considerar que a construção da norma concreta a partir da textura aberta não prescinde da necessidade de ampla participação das partes na condução do processo e na formação do convencimento judicial[350]. Não basta influenciar no momento da promulgação do texto, na medida em que a legitimidade democrática da norma construída para o caso particular depende da observância, na maior extensão do possível, do direito fundamental ao contraditório[351] [352]. A fundamentação da sentença,

349. No mesmo sentido, cf.: THEODORO JR., Humberto et al. Novo Código de Processo Civil, p. 52-53.

350. Uma das diretrizes que inspira o princípio da cooperação no CPC/2015 é exatamente essa: "Art. 6º. Todos os sujeitos do processo devem cooperar entre si para que se obtenha, em tempo razoável, decisão de mérito justa e efetiva."

351. Em sentido semelhante, cf.: MARINONI, Luiz Guilherme; MITIDIERO, Daniel. *O projeto do CPC*. Críticas e proposta. São Paulo: Revista dos Tribunais, 2010, p. 19.

352. O CPC/2015, aliás, amplia extraordinariamente a possibilidade de utilização da figura do *amicus curiae*, exatamente com a pretensão de dotar o processo de maior dialética: "Art. 138. O juiz ou o relator, considerando a relevância da matéria, a especificidade do tema objeto da demanda ou a repercussão social da controvérsia, poderá, por decisão irrecorrível, de ofício ou a requerimento das partes ou de quem pretenda manifestar-se, solicitar ou admitir a participação de pessoa natural ou jurídica, órgão ou entidade especializada, com representatividade adequada, no prazo de 15 (quinze) dias de sua intimação."

pois, pressupõe o atendimento a dois critérios: o interno, através do qual o juiz demonstra o caminho lógico-jurídico que o faz chegar a dada conclusão; e o externo, através do qual examina a atividade processual das partes[353].

O contraditório, nesse contexto, exigirá a formalização de um novo modelo de organização do processo, no qual há uma distribuição mais equilibrada de papéis na relação processual, havendo a contribuição de todos os sujeitos, a partir do diálogo, para o resultado da interpretação e aplicação do Direito. Por outro lado, ele revela um dever de debate entre as partes e o juiz a respeito do material colhido no curso do processo[354]. Esse prévio diálogo cria uma expectativa legítima, para as partes, de que a interpretação e aplicação do Direito dar-se-á dentro da moldura argumentativa delineada pelo debate processual, efetivando a participação cidadã nos comandos do Estado em sua vertente jurisdicional.

Essa perspectiva, de outro giro, afasta a noção de segurança jurídica já aqui apontada para ser compreendida, atualmente, como uma garantia do direito de participação nos processos decisórios do Estado[355] e – por que não dizer – de soluções judiciais alcançadas por uma argumentação exaustiva, que leve em consideração os diversos interesses em jogo.

Não há margem, portanto, para a discricionariedade judicial[356], que conduziria o magistrado – aqui sim – a atuar como

---

353. MITIDIERO, Daniel. *Colaboração no Processo Civil*, p. 139.

354. Ibidem, p. 144.

355. HABERMAS, Jürgen. *Facticidad y validez*, p. 291.

356. Cabe diferenciar a discricionariedade judicial em seus sentidos forte e fraco. Na primeira hipótese, refere-se à possibilidade de que os juízes não estejam vinculados a padrões de nenhuma autoridade para decidir casos difíceis, possuindo a liberdade de escolha a partir de critérios políticos, morais etc. Na segunda hipótese, refere-se à capacidade do sujeito de interpretar o direito segundo suas próprias convicções. Embora se deva rechaçar a primeira situação, já que não há uma discricionariedade nesse sentido à vista da completude do sistema jurídico, compreendido como um conjunto de regras e princípios, a segunda abrange tão somente a noção de que o ato de decidir depende do próprio discernimento daquele que julga, definição

legislador, ferindo a separação de poderes e a autonomia pública. Isso porque a criação de regras casuísticas usurpa a função legislativa do próprio cidadão, a ser exercida direta ou indiretamente por seus representantes eleitos. Não há a liberdade para o magistrado tão temida pelos positivistas, já que estão eles limitados pelos próprios elementos estruturantes do sistema jurídico, que não se confundem com seus próprios valores[357]. Numa perspectiva que admite a leitura moral da Constituição e que tenciona afastar estratégias de interpretação pretensamente neutras, exige-se que os juízes exponham seus juízos de moralidade política e estimula-se a efetiva demonstração dessas bases decisórias. Tudo isso se dá à luz da expectativa de que as decisões sejam construídas a partir de argumentos sinceros, fundamentados em princípios, permitindo-se à comunidade política participar de modo mais eficaz do debate[358].

Nesse contexto, a segurança que uma ordem jurídica detalhada traria nada mais é do que uma falsa segurança, já que não sugere mais do que a ilusão de um controle absoluto sobre as decisões judiciais. É óbvio que deve haver controle sobre as ações dos juízes, mas esse controle se encontra muito mais na exigência de justificativa das decisões adotadas a partir de argumentos de princípio e integridade, expondo essas decisões à crítica da opinião pública, do que numa concepção analítica do texto normativo[359]. Do ponto de vista finalístico (*legitimidade substancial*), assim, a legitimidade da decisão decorre de sua coerência, que, acaso existente, conduz à consistência dos argumentos invocados.

---

que é inerente a essa atividade intelectiva. Assim, nessa última concepção, a discricionariedade nada mais é do que a capacidade de julgar, já que a aplicação dos padrões estabelecidos nem sempre se dá mecanicamente, especialmente quando o contexto não é por si só esclarecedor (DWORKIN, Ronald. ***Levando os direitos a sério***, p. 51-55.)

357. VIEIRA, Oscar Vilhena. ***A Constituição e sua reserva de justiça***: ensaio sobre os limites materiais ao poder de reforma. São Paulo: Malheiros, 1999, p. 198.

358. Cf. DWORKIN, Ronald. ***O direito da liberdade.*** A leitura moral da Constituição norte-americana. São Paulo: Martins Fontes, 2006, p. 57.

359. Cf. Ibidem, p. 173.

Por outro lado, na medida em que se reconhece que a decisão judicial constrói sentidos à luz do texto abstrato, daí se extraindo uma norma individual a partir da atribuição de significados concretos ao Direito, nada mais compreensível do que a conclusão no sentido de que essa construção deve ser plural. Desse trabalho, por outro lado, devem participar os interessados através da exposição prévia de seus argumentos e do respectivo enfrentamento pelo órgão jurisdicional, única forma de se materializar o direito de influência na perspectiva moderna do contraditório (*legitimidade procedimental*)[360]. O contraditório, pois, "ao mesmo tempo em que afasta o argumento de ausência de legitimidade, possibilita ao Judiciário assumir-se como o mais democrático dos órgãos de poder."[361].

Assim, a legitimidade do ato jurisdicional decorre em boa parte do caminho percorrido quando de sua elaboração, notadamente em se tratando de um poder contramajoritário. Isto é, se os juízes não são eleitos, apenas a participação dos afetados no processo de (re)construção da norma é capaz de conduzir à produção de resultados legítimos a partir da sua aceitação racional decorrente das condições adequadas de comunicação e debate[362].

Essa perspectiva intenta evitar o *solipsismo judicial*, que se encontra presente nas decisões dotadas de um grau de subjetividade

---

360. Colide com essa perspectiva, a nosso ver, o Enunciado nº 1, produzido por ocasião de seminário realizado pela Escola Nacional de Formação e Aperfeiçoamento de Magistrados – Enfam no período de 26 a 28 de agosto de 2015: "Entende-se por 'fundamento' referido no art. 10 do CPC/2015 o substrato fático que orienta o pedido, e não o enquadramento jurídico atribuído pelas partes." É que a regra do artigo 10 impõe exatamente uma releitura do vetusto brocardo do *iura novit curia*, diretriz oposta à do verbete anteriormente mencionado. Impede-se que o referido brocardo se converta em fonte de uma atitude autoritária por ocasião do julgamento.

361. DELFINO, Lucio; ROSSI, Fernando F. Juiz contraditor?.

362. Nesse sentido, cf. HABERMAS, Jürgen. Apêndice a facticidade e validação: réplica às comunicações em um simpósio da Cardozo Law School. In: ______. *A inclusão do outro:* estudos de teoria política. São Paulo: Loyola, 2002. p. 299-384. Lembrando mais uma vez as normas fundamentais do CPC/2015: "Art. 7º. É assegurada às partes paridade de tratamento em relação ao exercício de direitos e faculdades processuais, aos meios de defesa, aos ônus, aos deveres e à aplicação de sanções processuais, competindo ao juiz zelar pelo efetivo contraditório."

que inviabilizam o exercício do contraditório efetivo. O *juiz solipsista* é aquele que não se submete ao debate processual, decidindo a partir de sua compreensão isolada dos fatos. Esse comportamento processual se revela nas práticas processuais mais cotidianas, tais como: (i) a condenação à multa por litigância de má-fé, sem possibilitar aos litigantes o debate sobre a questão; (ii) a condenação em honorários sucumbenciais, ausente discussão sobre os critérios previstos em lei para sua fixação; (iii) a aplicação automática da desconsideração da personalidade jurídica, sobretudo na Justiça do Trabalho, sob o argumento pragmático de que o contraditório prévio inviabiliza o recolhimento de bens e/ou ativos; e (iv) aplicação *ex officio* da prescrição, gerando a interposição de recursos com base na existência de causa suspensiva etc.[363] Subjacente a esse panorama processual está a consolidação da máxima medieval do *iura novit curia* e *da mihi factum, dabo tibi jus*, sugerindo o sentido de que a interpretação jurídica é atividade privativa do juiz[364], o que acaba por se converter em um poder oracular e autocrático, reservando ao juiz o poder de investigar e aplicar oficiosamente o Direito na solução do caso[365].

No particular, o aforismo *da mihi factum, dabo tibi ius* remete à ideia de que as partes têm o domínio dos fatos, enquanto o órgão jurisdicional o domínio do Direito. Por sua vez, o *iura novit curia* reforça essa diretriz ao atribuir ao magistrado, isoladamente, o papel de valorar juridicamente os fatos alegados pelas partes, numa espécie de autonomia absoluta na definição do Direito aplicável à espécie. Além de ambas as propostas atentarem contra o processo forjado em bases democráticas – e, portanto, plural e participativo –, há

363. Os exemplos são de: NUNES, Dierle; DELFINO, Lúcio. ***Juiz deve ser visto como garantidor de direitos fundamentais, nada mais.*** Consultor Jurídico. 03 set. 2014. Disponível em: <http://www.conjur.com.br/2014-set-03/juiz-visto-garantidor-direitos-fundamentais-nada>. Acesso em: 06 jul. 2016.

364. Não à toa forjou-se a doutrina segundo a qual o papel da jurisdição é o de apenas declarar a vontade concreta da lei. Sobre o tema, vide: CHIOVENDA, Giuseppe. ***Instituições de Direito Processual Civil.*** 3. ed. v. II, São Paulo: Saraiva, 1969, p. 3.

365. NUNES, Dierle. DELFINO, Lúcio, ***Op. cit.***

que se ver que os aforismos pressupõem uma rígida separação entre questões de fato e de direito, o que se revela incompatível com a ideia de que a norma aplicável à espécie é o resultado da interpretação do texto dentro de um dado contexto, tornando indissociável, pois, essas duas dimensões do caso, para o que se torna imprescindível os aportes argumentativos trazidos pelas partes para o processo.

Por outro lado, partindo-se da premissa de que o contraditório é direito de participação e influência (sob o prisma das partes) e dever de debate (sob o prisma do juiz), há uma formação nítida de um direito de pronunciamento prévio quanto à valoração jurídica que se fará dos fatos sob exame. Com isso, evita-se duplamente (i) a prolação de decisões que apanhem as partes de surpresa e (ii) se protege, nesse ambiente cooperativo, a confiança das partes na prolação de decisões dentro de um quadro de expectativas gerado pelo diálogo previamente realizado – isto é, prestigia-se a boa-fé objetiva no processo, cujo conteúdo abrange também os atos do juiz[366].

Nesse cenário, em um quadro eminentemente democrático, converte-se o contraditório em um direito à informação – no sentido de que as partes devem ser advertidas acerca de pontos relevantes da causa – e um direito de participação, que funciona como um desdobramento do primeiro, permitindo às partes o exercício do direito de influência na construção do futuro julgado (vide arts. 7º, 9º, 10, 489, § 1º, e 927, § 1º, do CPC/2015). O contraditório, assim, também é manifestação do dever de consulta, que impõe ao juiz a tarefa de fomentar o debate prévio e a submissão dos fundamentos (*ratio decidendi*) da futura decisão à dialética[367]. Essa perspectiva deve ser encarada com naturalidade quando se percebe que a decisão judicial é norma individual a regular a vida das pessoas, de modo que sua legitimidade estará circunstanciada pela possibilidade de participação desses afetados em sua construção, transformando-se

366. Em sentido semelhante, cf.: MITIDIERO, Daniel. ***Colaboração no processo civil,*** p. 88-89.

367. THEODORO JR., Humberto et al. Novo Código de Processo Civil, p. 97.

em um "autor-destinatário" da norma individual. Isto é, decisão judicial legítima não é apenas aquela que *observa* formalmente o contraditório, mas aquela que dele *decorre*.

Questão importante aqui diz respeito à compatibilização do art. 332[368] do CPC/2015 com o art. 10 do mesmo estatuto[369], que veda a prolação de decisão com o uso de fundamento a respeito do qual a parte não teve oportunidade de se manifestar. Há quem defenda, com bons argumentos, que o juiz, antes de sentenciar, deve intimar a parte demandante para se manifestar sobre o precedente a ser utilizado como base para a decisão de improcedência liminar, "exceto se aquele precedente for contemplado na inicial, com iguais argumentos utilizados no contraditório do processo de formação do precedente a ser aplicado."[370]. Sustenta-se, ainda, que o mesmo raciocínio deve ser aplicado ao julgamento de improcedência liminar com

368. Art. 332. Nas causas que dispensem a fase instrutória, o juiz, independentemente da citação do réu, julgará liminarmente improcedente o pedido que contrariar:
I – enunciado de súmula do Supremo Tribunal Federal ou do Superior Tribunal de Justiça;
II – acórdão proferido pelo Supremo Tribunal Federal ou pelo Superior Tribunal de Justiça em julgamento de recursos repetitivos;
III – entendimento firmado em incidente de resolução de demandas repetitivas ou de assunção de competência;
IV – enunciado de súmula de tribunal de justiça sobre direito local.
§ 1º O juiz também poderá julgar liminarmente improcedente o pedido se verificar, desde logo, a ocorrência de decadência ou de prescrição.
§ 2º Não interposta a apelação, o réu será intimado do trânsito em julgado da sentença, nos termos do art. 241.
§ 3º Interposta a apelação, o juiz poderá retratar-se em 5 (cinco) dias.
§ 4º Se houver retratação, o juiz determinará o prosseguimento do processo, com a citação do réu, e, se não houver retratação, determinará a citação do réu para apresentar contrarrazões, no prazo de 15 (quinze) dias.

369. Art. 10. O juiz não pode decidir, em grau algum de jurisdição, com base em fundamento a respeito do qual não se tenha dado às partes oportunidade de se manifestar, ainda que se trate de matéria sobre a qual deva decidir de ofício.

370. SILVA, Ticiano Alves e. ***Improcedência liminar do pedido e contraditório no Novo Código de Processo Civil.*** Portal Processual. [2015]. Disponível em: <http://portalprocessual.com/improcedencia-liminar-do-pedido-e-contraditorio-no-novo-codigo-de-processo-civil/>. Acesso em: 31 mar. 2015.

base na decadência ou prescrição, embora a redação do parágrafo único do art. 487 do NCPC[371] sugira o contrário.

Com a vênia devida, a questão pode ser encarada de maneira diferente. Embora seja verdadeira a premissa de que o novo sistema processual consagrou o contraditório efetivo, que se traduz nesse direito de influência sobre a decisão judicial, não está vedado a este mesmo sistema, dadas certas condições fundamentadas em sua própria racionalidade, excepcionar suas regras estabelecendo mecanismos de contraditório diferido. Aliás, o próprio código previu diversas hipóteses em que o contraditório ocorrerá em instante posterior, como se vê do parágrafo único do art. 9º do mesmo estatuto. No caso, não há violação ao devido processo legal porque a parte autora poderá manifestar-se sobre o fundamento invocado no julgamento de improcedência liminar em sede de apelação, que, inclusive, é dotada de efeito regressivo. Daí essas hipóteses serem chamadas de contraditório diferido, uma vez que o direito de influência permanece preservado, embora seja exercido em instante ulterior. Entendimento em contrário esvaziaria o sentido do parágrafo único do art. 487 - norma estabelecida pelo mesmo legislador. A opção pode até ser criticável, mas não pode ser taxada de inconstitucional, já que é legítimo que o legislador, sopesando os valores em conflito no plano da confecção da norma abstrata, priorize a celeridade, notadamente quando há mecanismos de controle que asseguram o efeito regressivo a partir da impugnação da parte interessada.

Porém, afora essas situações excepcionais, a "decisão surpresa" caracteriza-se como nula[372]. E por essa razão, o contraditório efetivo se apresenta como uma garantia: (i) do direito à cientificação prévia

---

371. Art. 487. Haverá resolução de mérito quando o juiz:

    [...]

    Parágrafo único. Ressalvada a hipótese do § 1º do art. 332, a prescrição e a decadência não serão reconhecidas sem que antes seja dada às partes oportunidade de manifestar-se.

372. Embora o tema não comporte desenvolvimento aqui, a grande discussão deverá girar em torno do grau de nulidade da decisão surpresa após a sistemática do Novo CPC: se há nulidade pela simples inobservância formal do contraditório prévio ou se a parte

dos atos que serão praticados no curso do procedimento; (ii) direito à produção probatória sobre os fatos que as partes consideravam relevantes; (iii) direito de acompanhar a realização da prova cuja produção tenha sido determinada e de contraditá-la; (iv) direito de se submeter tão somente a uma decisão que se baseie nos elementos probatórios produzidos nos autos, com uma concepção restritiva dos fatos que não admitem prova a fim de evitar juízos formados a partir de "ciência privada" do magistrado; e (v) direito a uma decisão fundamentada, que esteja calcada em argumentos racionais e que examine as questões trazidas aos autos pelas partes.

Cumpre o contraditório, assim, uma função de gerar uma interdependência entre todos os sujeitos do processo, mitigando a tradicional assimetria que coloca o magistrado em posição de destaque no processo. As partes contribuem para a atividade decisória. Desse modo, o juiz, "no momento de decidir, como se fosse um último ato de uma peça teatral, deve demonstrar que as alegações das partes, somadas às provas produzidas, efetivamente interferiram no seu convencimento. A certeza de que terá havido esta influência decorre da análise da motivação da sentença ou acórdão"[373].

Passa o contraditório, portanto, a ser compreendido numa dimensão dinâmica, não se constituindo apenas como *garantia* de informação acerca dos atos estatais, oferecendo eventual resistência através dos meios processuais legítimos. Além disso, o contraditório dinâmico deve ser encarado como *direito de influir* nos resultados da relação processual, de modo que as partes têm expectativas legítimas não apenas de participarem formalmente do processo, mas também de nortearem, a partir de suas provas e alegações, a decisão final. Por outro lado, se o diálogo travado ao longo da instrução processual é considerado na formulação dos provimentos jurisdicionais,

terá que demonstrar efetivo prejuízo, em especial decorrente da impossibilidade de exercer seus poderes processuais que seriam capazes de alterar o conteúdo decisório.

373. WAMBIER, Teresa Arruda Alvim. A influência do contraditório na convicção do juiz: fundamentação de sentença e de acórdão. *Revista de Processo: RePro*, v. 34, n. 168, p. 53-66, fev. 2009.

o contraditório presta-se, ao fim, ao controle do poder estatal, legitimando-o sob o pálio do devido processo legal[374].

Mas isto não significa que esse modelo de contraditório converta o juiz em contraditor. Nesse ponto, concordamos com a crítica dirigida à assertiva de que o juiz "mostra-se paritário na condução do processo, no diálogo processual, sendo, contudo, assimétrico no quando da decisão da causa"[375]. Em verdade, embora caiba ao magistrado assegurar um contraditório efetivo entre as partes, sua posição no processo não se mostra aqui paritária simplesmente porque ele não será destinatário do ato decisório[376-377]. Contraditório é direito que se liga invariavelmente à *produção de provas e alegações*, de modo que, entendido o juiz como sujeito processual dele integrante, estar-se-ia a autorizar posturas ativistas que representam sério risco à sua posição de terceiro imparcial. Aliás, para o juiz, o contraditório funciona como um dever, e não como direito, no sentido de que cabe a ele, imperativamente, como agente estatal, garantir as condições para o efetivo diálogo entre as partes[378].

---

374. DELFINO, Lucio; ROSSI, Fernando F. Juiz contraditor?.

375. MITIDIERO, Daniel. ***Colaboração no processo civil,*** p. 102.

376. DELFINO, Lucio; ROSSI, Fernando F. Juiz contraditor?.

377. Por essa razão, não concordamos com a proposta de uma "perspectiva isonômica" entre partes e juiz. Nesse sentido, cf.: NUNES, Dierle. ***Processo jurisdicional democrático***, p. 239.

378. No mesmo sentido é a advertência de Aroldo Plinio Goncalves, para quem o juiz colabora, enquanto sujeito do processo, no diálogo, mas isso "não o transforma em contraditor, ele não participa 'em contraditório com as partes', entre ele e as partes não há interesses em disputa, ele não é 'interessado', ou um 'contra-interessado' no provimento. O contraditório se passa entre as partes porque importa no jogo de seus interesses em direções contrárias, em divergência de pretensões sobre o futuro provimento que o *iter* procedimental prepara, em oposição [...]. O contraditório realizado entre as partes não exclui que o juiz participe atentamente do processo, mas, ao contrário, o exige, porquanto, sendo o contraditório um princípio jurídico, e necessário que o juiz a ele atenha, adote as providências necessárias para garanti-lo, determine as medidas adequadas para assegurá-lo, para fazê-lo observar, para observá-lo, ele mesmo" (GONÇALVES, Aroldo Plínio. ***Técnica processual e teoria do processo***. Rio de Janeiro: Aide, 1992, p. 121-123).

Contraditório e fundamentação, pois, complementam-se como fatores estruturantes de um modelo de decisão comprometido com o chamado Estado Democrático de Direito. Um é a contraface do outro: sem contraditório adequado não se viabiliza a participação plural dos interessados na formação do provimento jurisdicional; sem fundamentação legítima, não há controle nem aceitação racional a partir da avaliação dos argumentos deduzidos (aspecto interno da legitimidade substancial), nem se permite o debate na esfera pública, em um ambiente de verdadeira democracia participativa (aspecto externo). Isto tudo se torna mais relevante quando se pretende a vinculação de terceiros ao conteúdo da decisão judicial no âmbito de um sistema de provimentos vinculantes.

A fundamentação da decisão, por sua vez, cumpre importante função dúplice: pela função endoprocessual, serve para permitir o controle lógico da decisão, especialmente a partir dos mecanismos previstos no ordenamento para tanto, em particular, os recursos (garantia de defesa e heterocontrole); pela função extraprocessual, visa garantir a transparência do processo decisional, legitimando o ato estatal perante a sociedade.

Ao lado do caráter democrático do processo – que terá o contraditório efetivo como uma de suas ferramentas fundamentais – e da imparcialidade e independência dos juízes, a fundamentação terá o condão de se constituir em fator decisivo da legitimidade da intervenção estatal nas relações humanas através das decisões judiciais.

Nesse contexto, a regra da fundamentação está sujeita a cinco características[379], quais sejam:

(i) Generalidade: qualquer ato jurisdicional de conteúdo decisório – o próprio legislador só afasta da regra os chamados despachos de mero expediente, exatamente porque destituídos de conteúdo decisório – está sujeito à regra da fundamentação. Daí a razão por

379. MATOS, José Igreja; LOPES, José Mouraz; MENDES, Luís Azevedo; COELHO, Nuno. *Manual de gestão judicial*, p. 287.

que mesmo as decisões proferidas em última instância precisam ser fundamentadas. Isto é, ainda que não sujeitas a controle recursal, elas estão sujeitas a controle popular via debate público (função extraprocessual).

(ii) Indisponibilidade: a ausência de fundamentação gera nulidade absoluta do ato, uma vez que sua presença como fator legitimante do ato jurisdicional não se encontra na esfera de disponibilidade das partes. Assim, não há possibilidade de que elas, por exemplo, celebrem negócio jurídico processual (art. 190, CPC/2105) retirando da decisão final a obrigatoriedade da fundamentação. Do mesmo modo, ainda que não haja a interposição de recurso pela parte prejudicada, nada impede o uso posterior da ação rescisória (art. 966, V, CPC/2015).

(iii) Completude: cabe ao juiz enfrentar todas as questões debatidas pelas partes. Essa diretriz foi expressamente reconhecida no CPC/2015 (art. 489, § 1º) e será enfrentada alhures.

(iv) Publicidade: o conhecimento da *ratio decidendi* deve ser amplamente divulgado e acessível a qualquer cidadão. Aliás, em um sistema de precedentes, a publicidade ganha ainda mais relevo, na medida em que a decisão judicial vinculante, como norma individual do caso concreto e parâmetro de conduta para situações futuras, deve servir como pauta comportamental de toda a sociedade, além de balizar a atuação dos tribunais (a determinação do art. 979 do CPC/2015 se presta exatamente a essa finalidade[380]). Ademais, ao

---

380. Art. 979. A instauração e o julgamento do incidente serão sucedidos da mais ampla e específica divulgação e publicidade, por meio de registro eletrônico no Conselho Nacional de Justiça.
§ 1º Os tribunais manterão banco eletrônico de dados atualizados com informações específicas sobre questões de direito submetidas ao incidente, comunicando-o imediatamente ao Conselho Nacional de Justiça para inclusão no cadastro.
§ 2º Para possibilitar a identificação dos processos abrangidos pela decisão do incidente, o registro eletrônico das teses jurídicas constantes do cadastro conterá, no mínimo, os fundamentos determinantes da decisão e os dispositivos normativos a ela relacionados.
§ 3º Aplica-se o disposto neste artigo ao julgamento de recursos repetitivos e da repercussão geral em recurso extraordinário.

lado da fundamentação racional, é a publicidade que permite o controle na esfera pública da decisão judicial.

(v) Duplo grau de jurisdição: em um sistema processual democrático não se admite a prolação de atos estatais que não estejam submetidos a controle. Daí que a recorribilidade das decisões judiciais assume papel relevantíssimo como mecanismo legitimador da intervenção estatal. É o duplo grau que permite a confirmação da decisão por órgão distinto ou a sua reforma, contribuindo para a aceitabilidade do ato jurisdicional perante a comunidade de afetados[381].

Por outro lado, a racionalidade da decisão funda-se numa estrutura tripartite. Primeiro, exige-se *suficiência*, no sentido de completude, de abordagem dos aspectos essenciais do litígio, de modo que a justificação do ato possa ser compreendida por seus destinatários diretos e indiretos. Segundo, a fundamentação adequada pede *coerência*, de maneira que haja concatenação lógica entre os vários argumentos utilizados, evitando-se contradições fáticas e normativas, ao ponto de gerar harmonia capaz de tornar o ato racionalmente aceitável. Terceiro, exige-se *consistência*, de modo que haja equilíbrio entre complexidade e clareza na decisão. Aqui assume grande importância a abordagem que se faz da prova produzida, porque é nesse ambiente que se impõe a demonstração do processo de formação da convicção no ato de julgar.

---

381. Entre nós, porém, ainda sobrevivem resquícios de um modelo autocrático de processo, no qual não há, a princípio, controle das decisões judiciais por órgão distinto do prolator (vide os embargos infringentes da Lei de Execução Fiscal – art. 34 da Lei 6.830/80). Nesse contexto, a Lei dos Juizados Especiais Federais (Lei nº 10.259/2001) somente admite, em regra, recurso de sentença de mérito ("Art. 4º O Juiz poderá, de ofício ou a requerimento das partes, deferir medidas cautelares no curso do processo, para evitar dano de difícil reparação. Art. 5º Exceto nos casos do art. 4º, somente será admitido recurso de sentença definitiva."). Interessante que, ao invés de contribuir para a celeridade processual, essa opção legislativa conspira contra a eficiência do processo. Isso porque, dada a necessidade invariável de controle dos atos estatais (inclusive jurisdicionais) em um ambiente democrático, o uso do mandado de segurança acaba sendo a única via possível para se impedir a prática de atos imunes à revisão. Daí a crítica que se faz ao novo regime do agravo de instrumento (Art. 1.015, CPC/2015), cujo cabimento passa a estar sujeito a um rol específico.

Pode-se concluir, portanto, que no modelo constitucional de processo a fundamentação analítica cumpre o papel de: (i) conter o arbítrio judicial, já que ela ensejará o exame dos motivos que conduziram ao resultado do processo, possuindo um efeito limitador da ação judicial; (ii) permitir uma compreensão adequada das razões de decidir; (iii) permitir o controle da decisão nas vias superiores; (iv) substituir a imposição da vontade estatal por uma persuasão racional dos afetados pela decisão e da sociedade em geral; (v) permitir a compreensão adequada do Direito por toda a sociedade, devendo gerar previsibilidade no tocante aos comportamentos futuros; (vi) promover maior aceitação pelas partes do conteúdo da decisão, dada a maior transparência do caminho interpretativo percorrido; e (vii) incrementar o grau de acerto das decisões judiciais, seja em virtude do exame exaustivo dos argumentos das partes, seja em virtude da maior reflexão sobre os fatos e fundamentos do processo.

3.2.3. A essência do art. 489, § 1º, do CPC de 2015: por um "novo" modelo de decisão judicial.

A decisão judicial não é um ato de escolha. É uma manifestação do poder estatal e, como tal, caracteriza-se como um ato de responsabilidade política, razão pela qual se exige do agente estatal um comprometimento com a moralidade da comunidade política[382]. A fundamentação é inserida aqui como um direito essencial do cidadão, o que inclui o dever de levar a sério os argumentos das partes, cabendo ao juiz controlar sua subjetividade por intermédio da intersubjetividade proveniente da linguagem normativa (leis e precedentes[383]) e das perspectivas interpretativas trazidas aos autos pelos demais sujeitos processuais.

---

382. Nesse sentido são os comentários de Lenio Streck ao artigo 489 do CPC/2015 (STRECK; Lenio Luiz; NUNES, Dierle; CUNHA, Leonardo Carneiro da; FREIRE, Alexandre (Org.). *Comentários ao Código de Processo Civil*. São Paulo: Saraiva, 2016, p. 682).

383. Cf. Ibidem, p. 683.

Inspirado nesse novo olhar da jurisdição, o CPC/2015 enfatiza sobremodo a necessidade de fundamentação adequada das decisões judiciais. Daí o art. 489, em seu § 1º, dizer que

> § 1º Não se considera fundamentada qualquer decisão judicial, seja ela interlocutória, sentença ou acórdão, que:
>
> I – se limitar à indicação, à reprodução ou à paráfrase de ato normativo, sem explicar sua relação com a causa ou a questão decidida;
>
> II – empregar conceitos jurídicos indeterminados, sem explicar o motivo concreto de sua incidência no caso;
>
> III – invocar motivos que se prestariam a justificar qualquer outra decisão;
>
> IV – não enfrentar todos os argumentos deduzidos no processo capazes de, em tese, infirmar a conclusão adotada pelo julgador;
>
> V – se limitar a invocar precedente ou enunciado de súmula, sem identificar seus fundamentos determinantes nem demonstrar que o caso sob julgamento se ajusta àqueles fundamentos;
>
> VI – deixar de seguir enunciado de súmula, jurisprudência ou precedente invocado pela parte, sem demonstrar a existência de distinção no caso em julgamento ou a superação do entendimento.

Diz, ainda, em seu § 2º, que, "No caso de colisão entre normas, o juiz deve justificar o objeto e os critérios gerais da ponderação efetuada, enunciando as razões que autorizam a interferência na norma afastada e as premissas fáticas que fundamentam a conclusão".

Em sua essência, o dispositivo reconhece o caráter lógico-argumentativo do Direito[384], exigindo a produção de decisões com o maior grau analítico possível. Desse modo, ligando a fundamentação ao contraditório como mecanismos de legitimação no processo de construção de decisões judiciais, exige-se, no geral: (i) a

384. MITIDIERO, Daniel. *Cortes Superiores e Cortes Supremas*: do controle à interpretação, da jurisprudência. 2. ed. São Paulo: Revista dos Tribunais, 2014.

individualização das normas aplicáveis ao caso; (ii) a verificação das alegações de fato realizadas pelas partes; (iii) a qualificação jurídica desses mesmos fatos e respectivas consequências; e (iv) a justificação da resposta judicial a partir de argumentos que revelem ser a decisão racionalmente adequada.

Algumas considerações, no entanto, fazem-se pertinentes, haja vista a perplexidade que o dispositivo causou em parcela da comunidade jurídica, especialmente no âmbito do Judiciário brasileiro[385].

Inicialmente, quanto ao § 2º do dispositivo, que cuida do *iter* a ser percorrido quando do uso da ponderação como solução para o conflito entre normas, é fato que se transferirá para o campo do direito positivo um método de decisão judicial que, a par de sua larga utilização, não é universalmente aceito[386]. Na doutrina nacional e internacional, aliás, há importantes autores que consideram a ponderação a própria causa do decisionismo judicial, uma reedição da

---

385. Sobre a polêmica, vide: VASCONCELLOS, Marcos de; ROVER, Tadeu. ***Juízes pedem veto a artigo que traz regras para fundamentação de decisões***. Consultor Jurídico. 04 mar. 2015. Disponível em: <http://www.conjur.com.br/2015-mar-04/juizes-pedem-veto-artigo-cpc-exige-fundamentacao>. Acesso em: 22 set. 2016.

386. Robert Alexy, ao considerar os princípios como mandados de otimização, na ótica da Constituição como "ordem objetiva de valores", não distingue princípios e políticas, exsurgindo a possibilidade de inclusão de argumentos políticos no discurso judicial. Para isso, contribui também a ideia do autor de que os princípios, como mandados de otimização, devem ser realizados da melhor maneira fática e juridicamente possível, com concessões mútuas no juízo de ponderação (vide, entre outros: ***Teoría de los derechos fundamentales***. Trad. Ernesto Garzón Valdés. Madrid: Centro de Estudios Políticos y Constitucionales, 2002). Mais racional para muitos, portanto, é a definição de Dworkin que separa argumentos de política e de princípio, como antes se viu. Isto porque não há, no plano concreto, colisão de princípios, sendo eles autoexcludentes quando da obtenção da resposta correta. Assim, impõe-se reconhecer a dimensão deontológica dos direitos, no sentido de que eles expressam ordens imperativas e obrigações incondicionais extensivas a todos os cidadãos. Daí a crítica de Habermas à jurisprudência de valores do Tribunal Constitucional alemão, que veio a encontrar sofisticação teórica na obra de Alexy, na medida em que os direitos devem ter uma pretensão de validade binária, como já asseverado (Cf. HABERMAS, Jürgen. ***Direito e democracia***, p. 314-323).

discricionariedade remanescente do positivismo jurídico[387]. Mas o fato é que os juízes brasileiros ponderam e, muitas vezes, o fazem sem observar os postulados da própria teoria alexyana. Sendo assim, optou-se por olhar para a realidade e admoestá-los a não utilizarem a ponderação como um mero clichê, uma invocação abstrata de princípios capaz de justificar qualquer decisão fundada em argumentos que, na verdade, permanecem ocultos, fazendo valer o subjetivismo do julgador.

No tocante ao § 1º, durante a tramitação do projeto sustentou-se que o dispositivo, ao estabelecer extenso rol de situações em que a decisão judicial não se considera fundamentada, abrindo ensancha para a declaração de nulidade, malfere a independência funcional dos juízes, além de repercutir negativamente na razoável duração do processo.

Primeiramente, cabe ponderar que fundamentação não se confunde com motivação[388]. Fundamentar é externalizar as razões

---

387. A ponderação liga-se umbilicalmente, entre nós, à razoabilidade e proporcionalidade. A utilização acrítica dessas "balizas interpretativas", por assim dizer, pode nos conduzir a um retorno às tradições do positivismo, em que se reconhecia a existência de uma discricionariedade judicial a ser utilizada sempre em busca da solução que pareça mais justa. No particular, José Adércio Leite Sampaio ressalta que, por meio da razoabilidade, a Constituição escrita se esvaziou de conteúdo, abrindo-se janelas de incertezas nos discursos de aplicação constitucional. Com efeito, assevera o autor que "a 'Constituição judicial da razoabilidade' é, portanto, uma 'Constituição *ad hoc*' e relativa [...]. A 'Constituição do caso' e 'do juiz' acaba por desnortear a própria teoria constitucional, pois em que bases se permite falar consistentemente em um poder constituinte originário, se a sua obra for uma simples referência vaga entre os espectros de uma razoabilidade sem fim à disposição dos poderes constituídos?" (SAMPAIO, José Adércio Leite. O retorno às tradições: a razoabilidade como parâmetro constitucional, p. 94-95). Por sua vez, lembra Virgílio Afonso da Silva, sem firmar posição contrária à utilidade do referido princípio como ferramenta argumentativa no contexto da decisão judicial, que "a invocação da proporcionalidade é, não raramente, um mero recurso a um tópos, com caráter retórico, e não sistemático. Em inúmeras decisões, sempre que se queira afastar alguma conduta considerada abusiva, recorre-se à fórmula 'à luz do princípio da proporcionalidade ou razoabilidade, o ato deve ser considerado inconstitucional.'" (SILVA, Virgílio Afonso da. O proporcional e o razoável, p. 31).

388. Nesse sentido, cf.: STRECK, Lenio Luiz. ***Jurisdição, fundamentação e dever de coerência e integridade no novo CPC***. Consultor Jurídico. 23 abr. 2016. Disponível

de uma determinada diretriz interpretativa. E razão pressupõe valoração prévia, uma espécie de requisito ou condição para que se adote determinado ato, que se chegue a dado resultado. Motivar, por sua vez, é apresentar motivos para uma escolha, motivos estes que podem ser prévios ou posteriores àquela valoração. Assim, quando se põe na mesma compreensão ontológica os vocábulos fundamentação e motivação admite-se, implicitamente, que o juiz primeiramente faça suas escolhas para, depois, motivar o que já escolheu, situação que descambaria para a discricionariedade e subjetivismo que o desenho constitucional deseja evitar[389].

Por outro lado, é importante observar que, de certo modo, o art. 489, § 1º, não inseriu grande novidade no sistema normativo[390]. Trata-se muito mais de uma tentativa de traçar balizas relativamente objetivas para o dever de fundamentar encartado no art. 93, X, da Constituição Federal, que se constitui, em verdade, em uma condição de possibilidade de uma decisão válida. Ou alguém em sã consciência defenderia que se reputa fundamentada uma decisão judicial que se limita a invocar dispositivo de lei, conceito jurídico indeterminado ou precedente judicial, os dois últimos sem estabelecer uma correlação mínima com o caso concreto – o chamado "princípio ou senso de adequabilidade"?

Na essência, esse dever de fundamentar nos moldes apontados no artigo já decorria da Constituição Federal e da opção pelo Estado Democrático de Direito, no qual as partes têm direito a participar ativamente do processo e exercer influência sobre a decisão do Estado-juiz, como já dito anteriormente. Nesse contexto, por razões

---

em: <http://www.conjur.com.br/2016-abr-23/observatorio-constitucional-jurisdicao-fundamentacao-dever-coerencia-integridade-cpc>. Acesso em: 22 ago. 2016.

389. É emblemática dessa conclusão a mudança redacional do art. 131 do CPC/73 para o art. 371 do CPC/2015.

390. Cabendo ressaltar que, por razões óbvias, ele não se aplica apenas às sentenças, mas a qualquer decisão judicial. No mesmo sentido, cf.: WAMBIER, Teresa Arruda Alvim et al. (Coords.). *Breves Comentários ao Novo Código de Processo Civil.* São Paulo: Revista dos Tribunais, 2015, p. 1232.

óbvias, é função do magistrado argumentar exaustivamente de maneira que a decisão encontre legitimidade em um procedimento decisional que conduza, da melhor maneira possível, à aceitação do resultado em virtude do uso de argumentos racionais. Assim, já é antiga a lição no sentido de que as partes, em relação ao juiz, não são antagonistas, mas colaboradoras necessárias, pois somente pela soma de suas parcialidades (tese e antítese) o juiz pode corporificar a síntese em um processo dialético[391].

A perplexidade em torno do dispositivo talvez decorra do fato de que a pressão da demanda levou o Judiciário brasileiro a se notabilizar pelas estatísticas, em um processo de verdadeira desumanização da lide capaz de afetar, inclusive, a independência funcional no tocante à condução dos processos. A judicialização da vida no Brasil chegou às raias do absurdo. Mas em nome do pragmatismo não se concebe a transigência com direitos individuais, entre os quais se encontra o contraditório efetivo.

Há uma preocupação legítima com a possível utilização abusiva da via recursal, notadamente dos embargos declaratórios[392]. Para tanto, todavia, há mecanismos processuais em vigor de longa data capazes de coibir o mau uso do direito de postular em juízo (*contempt of court*) e que, historicamente, nunca encontraram a devida aplicação prática. Em tempos de gestão do processo (*judicial case management*), é chegada a hora de se refletir sobre a necessidade de utilização concreta dessas ferramentas a fim de garantir o processo justo (*rectius*, legítimo) e efetivo.

Por outro lado, trata-se de rol exemplificativo de hipóteses de decisões *não* fundamentadas. Daqui se extraem duas conclusões:

391. CINTRA, Antônio Carlos de Araújo; GRINOVER, Ada Pellegrini; DINAMARCO, Cândido Rangel. *Teoria Geral do Processo.* São Paulo: Malheiros, 1997, p. 55.

392. Art. 1.022. Cabem embargos de declaração contra qualquer decisão judicial para:
[...]
Parágrafo único. Considera-se omissa a decisão que:
[...]
II – incorra em qualquer das condutas descritas no art. 489, § 1º.

primeiramente, o dispositivo não esgota as possibilidades a partir das quais uma decisão pode ser considerada nula por ausência de fundamentação, até porque, como se sabe, não há como o legislador aprioristicamente abarcar a riqueza da vida; por fim, embora venha se chamando a previsão normativa de fundamentação estruturada[393], o conteúdo semântico dessa expressão pode conduzir a equívocos, no sentido de se entender que o legislador estabeleceu balizas que devem ser seguidas pelo julgador quando da prolação da decisão.

Na verdade, o caminho argumentativo a se seguir não pode ser objeto de apropriação legislativa. O dispositivo, portanto, deve ser interpretado no sentido inverso, isto é, de não afastar a ausência de forma prescrita relativa ao dever de fundamentar. Este, no âmbito do juízo de adequabilidade[394], deve seguir uma linha própria de acordo com as singularidades de cada caso. É dizer, a estruturação da fundamentação diz respeito ao fato de que incumbe ao magistrado demonstrar o nexo existente entre razões fáticas e jurídicas, a partir de argumentação exaustiva, expondo o procedimento cognitivo utilizado para justificar objetivamente a decisão. O que se faz ali no § 1º, pois, é ilustrar situações em que a decisão não é fundamentada, especialmente por não traçar adequadamente a relação de pertinência entre o caso concreto e as razões de decidir.

Um ponto que parece relevante diz respeito à definição se, diante da novel ordem jurídica, subsiste a diretriz jurisprudencial que se assenta na legitimidade da chamada fundamentação *per relationem*. Esta ocorre "quando, sobre um ponto decidido, o juiz não elabora uma motivação autônoma *ad hoc*, mas se serve do reenvio

---

393. Sobre o tema, conferir, entre outros, a obra de Dierle Nunes, que de há muito, seguindo a tradição da escola mineira, empunha a bandeira da fundamentação adequada das decisões judiciais no âmbito de um processo democrático. A título de exemplo, conferir: NUNES, Dierle. ***Novo CPC: Fundamentar decisões judiciais com amplitude e profundidade é cada vez mais necessário.*** Academia.edu [2014]. Disponível em: <https://www.academia.edu/8928205/Dierle_Nunes_-_Novo_CPC_Fundamentar_decis%C3%B5es_judiciais_com_amplitude_e_profundidade_%C3%A9_cada_vez_mais_necess%C3%A1rio_>. Acesso em: 28 jul. 2015.

394. GÜNTHER, Klaus. ***The sense of appropriateness***, p. 11 e ss.

à motivação contida em outra decisão"[395], sobressaindo-se sua utilidade prática, em tempos hodiernos, principalmente na gestão dos litígios de massa.

Como técnica voltada à redução do ônus argumentativo, não raras vezes, tal modelo de fundamentação é utilizado como artifício retórico, importando, no plano prático, em um esvaziamento do debate inerente ao processo de cariz democrático[396]. Daí surgem severas críticas à possibilidade de sua utilização, embora a jurisprudência pátria amplamente a admita[397]. A validade da fundamentação *per relationem*, porém, pressupõe que não haja questões fáticas ou jurídicas não enfrentadas na decisão paradigma de que se vale o julgador no segundo pronunciamento, sob pena de se configurar a omissão que o dever de motivar visa combater.

No ponto, consideramos que o estabelecimento de balizamento mínimo para o ato de fundamentar não exclui, *per si*, esta técnica de fundamentação antes admitida pela jurisprudência pátria, inclusive no âmbito do Supremo Tribunal Federal, desde que devidamente demonstrada, na decisão, o vínculo fático-jurídico entre o caso sob análise e a diretriz adotada na motivação-referência. Essencial que o caminho percorrido pelo magistrado na construção da decisão judicial seja perfeitamente identificável pelas partes, de maneira que estas possam refazê-lo e, a partir daí, exercer o controle de validade e pertinência entre os pontos controversos da lide e o resultado da atividade jurisdicional. Pode-se dizer, ao fim, que esse dever de correlação fica incrementado a partir do fortalecimento de um sistema de precedentes, como o CPC de 2015 quer implantar, na medida em que estes se constituem em razões generalizáveis que

395. TARUFFO, Michelle. *La motivazione della sentenza civile*. Barletta: CEDAM, 1975, p. 422.

396. No mesmo sentido, cf.: GOMES FILHO, Antônio Magalhães. *A motivação das decisões penais*. São Paulo: Revista dos Tribunais, 2011, p. 196-197.

397. Exemplificativamente, STF, ARE 844849 AgR, Relator(a): Min. CELSO DE MELLO, Segunda Turma, julgado em 18/08/2015, PROCESSO ELETRÔNICO DJe-172 DIVULG 01-09-2015 PUBLIC 02-09-2015.

podem ser identificadas a partir das decisões judiciais[398], de forma que a fundamentação e sua relação com o caso particular tornam-se muito mais evidentes.

Veja-se que a técnica *per relationem* precisa ser usada com muita parcimônia. Na medida em que existam pontos concretos de impugnação da decisão questionada, faz-se necessário o enfrentamento desses aspectos novos pelo órgão de controle. A manutenção de uma decisão recorrida sem maiores esforços argumentativos significa que o tribunal não se debruçou efetivamente sobre as razões aduzidas no recurso[399]. Diferentemente é o que ocorre em relação a peças recursais que se limitam a reproduzir argumentos deduzidos na petição inicial ou na contestação, sem examinar os fundamentos do ato impugnado. Além da circunstância de que recursos nesses moldes não deveriam sequer ser admitidos em razão da insuficiência de exposição da causa de pedir[400], em hipóteses que tais não há uma exigência indeclinável de renovação das razões de decidir, exatamente porque não houve mudança no quadro argumentativo a partir do uso da via recursal.

Sendo assim, embora não excluída de plano, a motivação *per relationem* passa a exigir uma demonstração concreta de que seu uso não importou em sacrifício do dever de fundamentar previsto no art. 93, X, da CF, nem implicou, no plano prático, em uma das hipóteses vedadas no art. 489, § 1º, do CPC/2015.

Fazendo-se agora breve exame das situações ventiladas no dispositivo sob comentário, as hipóteses dos incisos I, II, III e V podem ser analisadas conjuntamente em virtude de seu manifesto grau de complementaridade. Trata-se de situações em que a padronização

---

398. MITIDIERO, Daniel. Fundamentação e precedente: dois discursos a partir da decisão judicial. ***Revista de Processo: RePro***, v. 37, n. 206, p. 61-78, abr. 2012.

399. Nesse sentido, cf.: SCHMITZ, Leonard Ziesemer. *Fundamentação das decisões judiciais*, p. 243.

400. MANZI, José Ernesto. *A fundamentação das decisões judiciais civis e trabalhistas*. São Paulo: LTr, 2009, p. 199-200.

decisória se afasta da realidade concreta, subvertendo a individualidade do ato de decidir a partir, quase sempre, de pretensões estatísticas. A elaboração correta do juízo de adequação exige um silogismo entre os fatos subjacentes à lide e os fundamentos jurídicos que conduzem à conclusão judicial[401]. Portanto, a mera indicação de dispositivo ou de precedente[402], notadamente no contexto de decisões genéricas, não pode ser qualificada como fundamentação suficiente em um ambiente que busca construir uma verdadeira cultura argumentativa. Ademais, a padronização decisória que não faz referência às peculiaridades do caso concreto demonstra indiferença pela demanda real proposta pelas partes, equivalendo a não ouvir a parte quanto aos aspectos por ela alegados. Ela importa, finalmente, em um afastamento entre teoria e prática, com a desconsideração do valor do caso concreto.

Essa necessidade de individualização das normas aplicáveis serve para impedir a simples reelaboração do conteúdo normativo incidente na espécie, sendo imprescindível justificar por quais razões o caso é por ele abrangido. O mesmo se sucede em relação aos conceitos jurídicos indeterminados e cláusulas gerais, de modo que se faz necessária a atribuição de sentido ao termo vago de acordo com as circunstâncias do caso concreto. Trata-se, pois, de providência necessária no processo de individualização da norma.

---

401. Entre diversas hipóteses que poderiam ser ventiladas, é o que não ocorre quando há a invocação abstrata da dignidade da pessoa humana, direito à saúde, ponderação de interesses etc., "fundamentos" estes utilizados para, de maneira aparente, legitimar decisões adotadas a partir de parâmetros subjetivos de justiça, ocultando, pois, as reais razões de decidir. Para fazer uma irônica comparação, é possível dizer que tais situações estão para o Direito como a virose está para a Medicina: nesta, quando não se tem um diagnóstico preciso, costuma-se "tirar da manga" o velho curinga.

402. Importante considerar a advertência de Beclaute Oliveira Silva: "Tal prescrição deve ser analisada sempre no caso concreto, já que haverá situações em que a mera menção ao texto legal será suficiente para satisfazer o comando constitucional [...]. Assim, malgrado a estipulação legal, deve-se atentar que às vezes não se faz necessário, ou melhor, não é possível ir além do sentido estatuído de forma objetiva no preceito legislado" SILVA, Beclaute Oliveira. Decisão judicial não fundamentada no projeto do novo CPC: nas sendas da linguagem. In: FREIRE, Alexandre et al. (Org.). *Novas tendências do Processo Civil*. Salvador: Juspodivm, 2013. v. 1, p. 187-202.

Interessante notar que o dispositivo alerta para a necessidade do uso adequado da teoria dos precedentes, exigindo a identificação da *ratio decidendi* do paradigma decisional, uma vez que são esses fundamentos determinantes que constituem a norma geral extraída do *leading case*. Noutras palavras, afasta-se o legislador de uma visão positivista do precedente, que deveria se firmar pela sua simples autoridade, para reforçar a ideia de uma vinculação norteada pelos aspectos fáticos e jurídicos que conduziram a decisão em um contexto de estímulo à construção de um Direito igualitário e imparcial, isto é, que valha da mesma forma para todas as pessoas[403]. Por outro lado, embora precedente e súmula sejam institutos ontologicamente distintos[404], o legislador adota a mesma diretriz para ambos, em harmonia com o sistema de provimentos vinculantes que o CPC de 2015 visa instituir, o que não afasta a necessidade de se ter cuidado quando da aplicação prática dos dois, como teremos oportunidade de examinar mais à frente (item 3.2.4).

Daí se conclui que a aplicação do precedente ao julgamento de um novo caso dependerá de um confronto entre ambos, a fim de verificar se: (i) os fatos relevantes são idênticos, (ii) se ambos colocam a mesma questão de direito e, portanto, (iii) se a razão de decidir o primeiro se presta a decidir adequadamente o segundo[405].

Em relação ao inciso III, há uma colocação que consideramos de extrema relevância, a saber: a literalidade do dispositivo poderia conduzir à compreensão de que ao juiz fica vedado o uso da padronização decisória, mesmo no caso de demandas repetitivas que se limitam a reproduzir idênticos fundamentos. Porém, sua leitura adequada, sob o prisma da razoabilidade, deve ser no sentido de

---

403. Nesse sentido, cf.: MACCORMICK, Neil. ***Retórica e o Estado de Direito***: Uma teoria da argumentação jurídica. Tradução Conrado Hubner Mendes e Marcos Paulo Veríssimo. Rio de Janeiro: Elsevier, 2008, p. 191.

404. Sobre o tema, vide: STRECK, Lenio; ABBOUD, Georges. ***O que é isto*** – o precedente judicial e a súmula vinculante. 2. ed. Porto Alegre: Livraria do Advogado, 2013.

405. MELLO, Patrícia Perrone Campos. ***Precedentes vinculantes nos estados unidos da américa e no direito brasileiro***: um estudo comparado. Uniceub. v. 13. n 3. 2016.

que cabe ao juiz estar sempre atento a eventuais peculiaridades da causa – sejam estas de fato ou de direito –, evitando argumentação genérica que possa se encaixar abstratamente em hipóteses concretas distintas. Noutras palavras, a norma não impede o uso de decisões padronizadas no gerenciamento dos litígios de massa, obviamente quando demonstrado que não há peculiaridades nos casos individuais que requeiram fundamentação destacada.

O inciso IV, por seu turno, exige que o juiz produza argumentação exaustiva no sentido de enfrentar todos os fundamentos invocados pelas partes e que seriam capazes de, em tese, infirmar a conclusão do julgador. Esse, certamente, é o inciso que mais polêmica vem causando no tocante à fundamentação das decisões judiciais conforme exigência do novo estatuto processual. As críticas, no geral, apegam-se a argumentos consequencialistas, como o retardo da prestação jurisdicional. No ponto, o legislador, na tensão entre a celeridade e a segurança jurídica, fez clara opção pela segunda, provavelmente baseado no fato de que a busca incessante pela celeridade produz uma pseudofundamentação a partir de uma padronização decisória que não atenta para eventuais singularidades do caso.

Com efeito, o discurso judicial legítimo só pode ser construído em ambiente comunicacional, com a consideração de todos os dados verbalizados no processo e que se revelem essenciais para o desate da causa. A decisão judicial, portanto, deve ser uma resposta às teses apresentadas por ambas as partes e não uma mera exaltação dos argumentados preferenciais daquele que decide. Na realidade, a aceitação de dados argumentos pressupõe, no momento da confecção do ato judicial, sua constante submissão a um de "teste de falseamento", o que somente é possível a partir do confronto com os argumentos opostos. A racionalidade do ato decisional está na tentativa de criticar uma dada tese e não de se buscar fundamentos que a reforcem aprioristicamente. A decisão judicial, portanto, deve ser abrangente no sentido de enfrentar todas as razões que podem conduzi-la a diretrizes distintas. Essa prática, aliás, evita que ocorra o chamado *confirmation bias,* que se sucede quando o magistrado opta previamente por uma versão dos fatos e, posteriormente, socorre-se apenas dos elementos probatórios que a confirma[406].

Exceção à aplicabilidade do dispositivo diz respeito aos argumentos da parte vencedora que foram tidos por prejudicados quando da decisão (*e.g.*, em repetição de indébito, parte autora alega compensação e pagamento. O juiz acolhe o primeiro fundamento e considera o segundo prejudicado). Isso porque, em termos de dimensão vertical do efeito devolutivo, contendo a sentença diversos capítulos (preliminares, mérito etc.), a impugnação recursal devolve ao conhecimento do tribunal todas as questões suscitadas que estejam relacionadas ao capítulo impugnado, ainda que não tenham sido objeto de decisão expressa e não constituam fundamento do recurso (art. 1.013, §§ 1º e 2º, CPC/2015) [407]. Sendo assim, eventual superação do ponto acolhido na decisão de primeiro grau não impede, em grau de recurso, o conhecimento dos demais suscitados.

Em relação ao sucumbente, o dispositivo menciona os argumentos capazes de infirmar a conclusão. Ou seja, a princípio, ele não se aplica a argumentos tidos por irrelevantes ou impertinentes. Todavia, parece-nos difícil vislumbrar uma situação em que o juiz possa simplesmente ignorar o argumento trazido pela parte, até porque a compreensão do fundamento como impertinente pressupõe sua valoração para que ele possa ser qualificado como tal[408].

---

406. TARUFFO, Michele. La motivazione dela sentenza. ***Revista de Direito Processual Civil***, Curitiba. v. 8, n. 31, p. 177-185, jan./mar. 2004.

407. Na sistemática do CPC/2015, para fins de interposição dos recursos excepcionais, a oposição de embargos de declaração constitui providência imprescindível a fim de viabilizar o conhecimento do ponto omisso pelas instâncias superiores, como se infere de seu art. 1.025 ("Art. 1.025. Consideram-se incluídos no acórdão os elementos que o embargante suscitou, para fins de pré-questionamento, ainda que os embargos de declaração sejam inadmitidos ou rejeitados, caso o tribunal superior considere existentes erro, omissão, contradição ou obscuridade").

408. No ponto, esse raciocínio alcançou maior grau de sofisticação desde que escrevemos um breve texto sobre a mesma temática: RAMOS NETO, Newton Pereira. O NCPC, a magistratura e o dever de fundamentar. Academia.edu [2015]. Disponível em: <https://www.academia.edu/12492882/O_NCPC_a_magistratura_e_o_dever_de_fundamentar>. Acesso em: 28 jul. 2015.

Nesse contexto, revela-se incompreensível o Enunciado nº 03 da Enfam, segundo o qual "é desnecessário ouvir as partes quando a manifestação não puder influenciar na solução da causa", já que não há como pressupor que os argumentos das partes não serão capazes de influenciar a decisão.

Finalmente, é preciso ver que a tradicional jurisprudência segundo a qual não é necessário o exame pormenorizado de todas as questões suscitadas, bastando a exposição das razões do *decisum*[409] é, vez por outra, levada ao extremo, com a solene desconsideração de fundamentos importantes, muitas vezes em nome da produtividade eventualmente imposta a partir de metas estabelecidas sem o debate necessário sobre as possibilidades materiais de seu cumprimento[410]. Essa diretriz conduz ao entendimento de que é facultado ao magistrado, autoritariamente[411], escolher que fundamentos enfrentar ou não, a partir de um critério subjetivo.

Por último, o inciso VI trata do que se chama na teoria dos precedentes de *distinguishing*[412] (distinção do caso) e *overruling* (su-

---

409. "Não há falar em violação do art. 535, inc. II, do CPC quando o aresto recorrido adota fundamentação suficiente para dirimir a controvérsia, sendo desnecessária a manifestação expressa sobre todos os argumentos apresentados pelos litigantes." (AgRg no AgRg no AREsp 702.889/SP, Rel. Ministro MAURO CAMPBELL MARQUES, SEGUNDA TURMA, julgado em 15/09/2015, DJe 25/09/2015)

410. Uma exceção a essa hipótese ocorre quando o magistrado se vale de precedente vinculante, no qual houve o enfrentamento dos mesmos fundamentos quando de sua formação (Enunciado nº 13 da Enfam: "O art. 489, § 1º, IV, do CPC/2015 não obriga o juiz a enfrentar os fundamentos jurídicos invocados pela parte, quando já tenham sido enfrentados na formação dos precedentes obrigatórios"). Todavia, é preciso lembrar a necessidade de que a parte tenha oportunidade de se manifestar quanto à aplicabilidade do precedente (Enunciado nº 458 do Fórum Permanente de Processualistas Civis).

411. Daí a advertência no sentido de que "sentenças insuficientemente motivadas ocultam uma parcela de poder arbitrário." SILVA, Ovídio A. Baptista da. Fundamentação das sentenças como garantia constitucional. In: MARTINS, Ives Gandra da Silva; JOBIM, Eduardo (Coord.). ***O processo na Constituição.*** São Paulo: Quartier Latin, 2008, p. 471.

412. Um precedente decorre de um caso concreto, razão pela qual seu uso pressupõe a demonstração das similitudes entre o caso atual e o caso paradigma. A eventual

peração de entendimento). Para que o magistrado deixe de aplicar precedente vinculante, é preciso que demonstre concretamente que o caso possui peculiaridades que o afastam da diretriz que gerou a formação do precedente, ou que este se encontra superado por precedente posterior do próprio tribunal que o formou ou de tribunal hierarquicamente superior. Aqui se entra em uma outra discussão que comportaria uma abordagem autônoma: a definição do que seja precedente vinculante. Para os limites do presente trabalho, ficamos com a definição no sentido de que vinculantes são as decisões prolatadas nos termos do art. 927 do CPC/2015, não se considerando como tal decisão de tribunal que não se encaixe nas hipóteses ali estabelecidas[413]. Noutras palavras, tratando-se de julgado isolado, continua preservada a autonomia do ato de decidir, desde que observados os parâmetros democráticos de fundamentação antes delineados. Além disso, é importante registrar que, dado exatamente o caráter vinculante do precedente e sua integração ao ordenamento jurídico como norma geral, sua aplicação prescinde da análise pormenorizada de decisões invocadas pela parte que se encontrem em sentido oposto, salvo se utilizadas aquelas para demonstrar a superação da diretriz jurisprudencial consolidada.

Em relação à distinção de caso, a compreensão do precedente depende da limitação da *ratio decidendi*. Para aplicar a *ratio* a um

---

discrepância entre os casos, a motivar a não aplicação do precedente à hipótese sob exame, enseja o uso da técnica de ***distinguishing***. O ***distinguishing*** pode decorrer: (i) da não semelhança entre os fatos debatidos no caso concreto e aqueles que subsidiaram a ***ratio decidendi*** (tese jurídica) do precedente; ou, (ii) mesmo havendo semelhança fática entre as hipóteses, da existência de alguma peculiaridade no caso em julgamento (vide, entre outros: TUCCI, José Rogério Cruz e. ***Precedente judicial como fonte do Direito***. São Paulo: Revista dos Tribunais, 2004, p. 174 e ss.; DIDIER JR., Fredie. ***Curso de Direito Processual Civil***. 6. ed. v. II. Salvador: Juspodivm, 2011, p. 402 e ss.)

413. Ressalva-se aqui, em razão da exigência de estabilidade, integridade e coerência da jurisprudência (art. 926), o fato de que todos os órgãos do Poder Judiciário (monocráticos ou colegiados) ficam vinculados a seus próprios precedentes, sem prejuízo da possibilidade de superação a partir de fundamentação adequada (art. 927, § 4º). Nesse sentido, o Enunciado nº 169 do Fórum Permanente de Processualistas Civis.

caso é necessário comparar o caso originário com o do julgamento considerando as circunstâncias fáticas. Esse é o ponto que distingue os casos. A técnica do *distinguishing*, ademais, deve ser aplicada levando em consideração os fatos relevantes para o julgamento do caso, sendo certo que nem sempre diferenças fáticas são suficientes para se concluir pela inaplicabilidade do precedente. Assim, fatos irrelevantes ou não fundamentais não tornam os casos distintos, de modo que a técnica não atribui livre passagem na interpretação do precedente. Por outro lado, a não aplicação do precedente em função do *distinguishing* não significa sua revogação. À primeira vista ela é apenas uma declaração de que o direito evidenciado no precedente não deve regular o caso concreto[414].

Já no tocante à revogação, um precedente está em condições de ser revogado quando deixa de corresponder aos padrões de congruência jurídico-social e consistência sistêmica e, ao mesmo tempo, os valores que sustentam a estabilidade mais fundamentam a sua revogação do que a sua preservação. O precedente deixa de corresponder aos padrões de congruência jurídico-social quando passa a negar proposições morais e políticas que encontram guarida na ordem jurídica vigente, a partir de um consenso geral da comunidade. Por sua vez, o precedente deixa de possuir consistência sistêmica quando deixa de guardar coerência com outras decisões mais atuais. De todo modo, o uso da técnica do *overruling* impõe um severo ônus argumentativo para a corte que prolatou o precedente. É que a revogação do precedente depende de uma adequada confrontação entre as circunstâncias que geraram a formação da *ratio decidendi* anterior e aquelas que ensejam uma mudança de postura da corte[415].

Finalmente, deve-se registrar que, diante do dever de cooperação inserido no novo sistema processual, as hipóteses dos incisos

414. Sobre o tema, vide, entre outros: MARINONI, Luiz Guilherme. *Precedentes obrigatórios*. 4. ed. São Paulo: Revista dos Tribunais, 2017, p. 325 e ss.

415. *Ibidem*, p. 389 e ss.

IV e V exigem da parte que também demonstre a correlação do precedente colacionado com a causa de pedir. Do contrário, não se deve exigir do magistrado que examine um a um os precedentes mencionados em dada petição que estejam completamente desconectados da realidade da lide. O Código de Processo Civil de 2015, sobretudo, impõe uma nova forma de litigar[416].

3.2.4. A decisão judicial no contexto do sistema de precedentes

No momento em que os países da *civil law* adotaram o modelo kelseniano de Tribunal Constitucional, houve uma certa aproximação do sistema de precedentes já em vigor nos países da *common law*[417]. Isso porque as decisões da Corte Constitucional passaram a se revestir de autoridade futura em relação às decisões dos demais magistrados, servindo, ainda, como regra de orientação da própria sociedade. Sendo assim, é possível afirmar que um modelo de precedentes é algo inerente ao próprio funcionamento de um Tribunal Constitucional, embora ele opere com diferenças em relação ao sistema da *common law*, notadamente porque os julgados vinculantes da Corte Constitucional, em regra, não se fundamentam na análise de casos concretos[418]. Com isso, não se quer dizer que a defesa da Constituição importe em exclusão absoluta do exame das situações fáticas na apreciação da inconstitucionalidade normativa[419].

416. Nesse sentido, o Enunciado nº 9 da Enfam assevera que: "É ônus da parte, para os fins do disposto no art. 489, § 1º, V e VI, do CPC/2015, identificar os fundamentos determinantes ou demonstrar a existência de distinção no caso em julgamento ou a superação do entendimento, sempre que invocar jurisprudência, precedente ou enunciado de súmula."

417. Georges Abboud aponta a circunstância de que nunca houve uma barreira indevassável entre as duas tradições jurídicas (ABBOUD, Georges. *Discricionariedade Administrativa e Judicial*, p. 289).

418. TAVARES, André Ramos. *Paradigmas do judicialismo constitucional*, p. 94-95.

419. Ibidem, p. 164.

O Código de Processo Civil de 2015 intenciona conceber um sistema de precedentes a partir da regra do art. 926 do CPC/2015, que exige a uniformização da jurisprudência e a manutenção de sua estabilidade, integridade e coerência.

Três aspectos fundamentais exigem a formação de um sistema de provimentos vinculantes, quais sejam, a necessidade de segurança jurídica, de asseguramento de igualdade entre as partes litigantes e de construção de eficiência sistêmica[420], notadamente a otimização de recursos públicos (materiais e humanos), presente na redução de tempo de tramitação dos processos e canalização da atividade jurisdicional individualizada para casos também particularizados. O modelo, portanto, atua em favor da previsibilidade na interpretação e aplicação do Direito, desestimulando a cultura demandista fomentada por uma aposta lotérica de mudança jurisprudencial a cada ação individual ajuizada. Daí a valorização da jurisprudência já presente em normas infraconstitucionais que progressivamente alteraram o Código de Processo Civil de 1973[421] e que vem encontrar maior sofisticação no novo sistema de precedentes vinculantes concebido pela Lei nº 13.105/2015 (CPC/2015).

É importante registrar que a integridade do Direito se insere no contexto do exame dos poderes do juiz na medida em que o processo não pode ser compreendido em um contexto atomístico, isolado. O processo se insere numa cadeia do sistema de justiça, e a eficiência desse sistema somente pode ser estabelecida havendo coerência lógica na aplicação das várias partes que compõem o todo, a partir de previsibilidade e racionalidade tanto na condução dos

420. CAMARGO, Luiz Henrique Volpe. A força dos precedentes no moderno processo civil brasileiro. In: MENDES, Aluisio Gonçalves de Castro; MARINONI, Luiz Guilherme; WAMBIER, Teresa Arruda Alvim. *Direito Jurisprudencial*. São Paulo: Revista dos Tribunais, 2012. p. 553-673; NUNES, Dierle; BAHIA, Alexandre. Jurisprudência instável e seus riscos: a aposta nos precedentes vs. uma compreensão constitucionalmente adequada do seu uso no Brasil. In: MENDES, Aluisio Gonçalves de Castro; MARINONI, Luiz Guilherme; WAMBIER, Teresa Arruda Alvim. *Direito Jurisprudencial*. v. II. São Paulo: Revista dos Tribunais, 2014. p. 433-471.

421. Vide artigos 285-A, 518, § 1º, 543-B e C e 557, do CPC/73.

procedimentos quanto no conteúdo da decisão jurisdicional a ser proferida ao final. Nessa linha, a existência de uma jurisprudência lotérica conduz à instabilidade do sistema de justiça, o que vai impactar diretamente na gestão do processo compreendida a partir de uma visão macro.

O art. 926 do CPC/2015, nesse contexto, possui forte carga axiológica para a compreensão do modelo de processo contemporâneo.

A função da *coerência* é assegurar, sobretudo, a materialização do cânone da igualdade. Para casos idênticos, devem ser aplicadas as mesmas regras e princípios, a partir do ideal de igual consideração e respeito. Claro que a coerência não significa simplesmente que uma dada decisão deve seguir o passado, como se uma fosse espelho de outra. Ela é mais profunda porque exige não apenas identidade de soluções, mas consistência com a moralidade política, de maneira a concretizar o ideal de igualdade – que só pode ser compreendido a partir do exame exaustivo das peculiaridades de cada caso concreto. Desse modo, um sistema pautado pela isonomia deve eliminar, na medida do possível, as contradições internas eventualmente existentes, das quais o ordenamento jurídico não está isento[422].

Já a *integridade*, na linha dworkiniana, representa um fenômeno de duas faces: primeiramente, trata-se de um princípio legislativo, que atribui ao legislador o dever de construir um conjunto de leis moralmente coerente; segundo, ela se dirige ao aplicador da norma, no sentido de que essas mesmas leis *sejam vistas* como coerentes, de maneira que os juízes devem construir seus argumentos tendo em mente o conjunto do Direito, considerado este como uma garantia contra interpretações arbitrárias. A integridade, pois, é diametralmente oposta ao voluntarismo. Ela se constitui em uma virtude política a ser adotada por uma comunidade de princípios – que, como tal, não é uma associação meramente circunstancial –, exigindo segurança e certeza (no sentido de previsibilidade racional). Trata-se de construir um "jogo limpo" (*fairness*), a partir do reconhecimento

422. TAVARES, André Ramos. *Paradigmas do judicialismo constitucional*, p. 102.

de determinados padrões que devem sempre conduzir o processo decisional. Aliás, a integridade pode vir a afastar uma "coerência indevida", por assim dizer, quando o intérprete se depara com um conjunto de decisões que, embora harmônico, não se amolda a uma interpretação adequada do Direito vigente.

É essa construção teórica que permitirá ao julgador encontrar a chamada resposta correta, considerada como a melhor resposta possível obtida a partir de um processo argumentativo racional, isto é, uma decisão construída em concreto, a partir do caso concreto. É à luz dessa ótica que se pode fugir da pretensão de se conceber uma lei ou uma súmula portadora de uma tutela antecipada de sentidos, apta, pois, a esgotar o processo interpretatitvo[423].

A tese da resposta correta, aliás, comumente é mal-interpretada. Veja-se que, com essa visão, Dworkin não defende a ideia de consenso entre os juristas acerca de um dado tema, nem a possibilidade de se encontrar uma resposta "matemática" e objetiva para casos controversos. A tese do autor pauta-se no chamado ponto de vista interno do intérprete, isto é, na circunstância de que os participantes da prática interpretativa - inclusive o juiz - defendem seus pontos de vista considerando que, de fato, estes são os mais corretos. Daí a necessidade de que o jurista se esforce ao máximo para demonstrar a validade de seus argumentos. A vitória, portanto, estará reservada para a tese que se mostrar mais convincente no âmbito do debate jurídico. Em conclusão, uma proposição jurídica será verdadeira na medida em que fornecer melhores argumentos que a proposição contrária[424].

423. ABBOUD, Georges. *Discricionariedade Administrativa e Judicial,* p. 43.

424. (DWORKIN, Ronald. *Uma questão de princípio.* São Paulo: Martins Fontes, 2005, p. 211). Pode-se concluir que a tese da resposta correta não está, de certa maneira, focada completamente no conteúdo da decisão, mas também no procedimento adotado para sua obtenção. É esse caminho percorrido que, de certo modo, empresta-lhe legitimidade. No particular, vide, por todos: LUHMANN, Niklas. *Legitimação pelo procedimento.* Trad. Maria da Conceição Corte Real. Brasília: UnB, 1980.

Nesse novo modelo de formação e aplicação do direito jurisprudencial, a noção de contraditório forte ganha relevo especialmente no tocante à construção das decisões colegiadas, bem como no momento de sua aplicação.

Com efeito, a formação do ato decisório deve observar cuidadosamente os elementos fáticos e jurídicos discutidos na lide. Isto por duas razões: primeiramente, porque a sua capacidade de gerar a formação de normas vinculantes pressupõe, em ambiente democrático, a análise exaustiva das questões trazidas pelas partes aos autos, ponto essencial para que a interferência estatal na vida privada ganhe ares de legitimidade; segundo, porque a aplicação do precedente como norma geral futura depende de um resgate histórico dos limites argumentativos do caso, inclusive como condição essencial para o uso adequado da técnica do *overruling*[425], com o afastamento do precedente por intermédio de meios legítimos e objetivos (*justified departures*), notadamente o enfrentamento do próprio precedente[426]. Sendo assim, não se mostra adequado o uso

425. Art. 489. [...]
§ 1º Não se considera fundamentada qualquer decisão judicial, seja ela interlocutória, sentença ou acórdão, que:
[...]
VI – deixar de seguir enunciado de súmula, jurisprudência ou precedente invocado pela parte, sem demonstrar a existência de distinção no caso em julgamento ou a superação do entendimento. [...]
Art. 926. Os tribunais devem uniformizar sua jurisprudência e mantê-la estável, íntegra e coerente.
[...]
§ 2º Ao editar enunciados de súmula, os tribunais devem ater-se às circunstâncias fáticas dos precedentes que motivaram sua criação.
Art. 1.029. O recurso extraordinário e o recurso especial, nos casos previstos na Constituição Federal, serão interpostos perante o presidente ou o vice-presidente do tribunal recorrido, em petições distintas que conterão:
[...]
§ 2º Quando o recurso estiver fundado em dissídio jurisprudencial, é vedado ao tribunal inadmiti-lo com base em fundamento genérico de que as circunstâncias fáticas são diferentes, sem demonstrar a existência da distinção.

426. BUSTAMANTE, Thomas da Rosa. ***Teoria do precedente judicial:*** a justificação e aplicação de regras jurisprudenciais. São Paulo: Noeses, 2012, p. 388.

de precedentes a partir do mero exame de ementas e enunciados de súmula de maneira dissociada do caso concreto, já que é da sua ontologia uma formação distinta da lei, esta sim, uma norma desvinculada de seus fundamentos originalistas[427].

Os precedentes, portanto, não têm força de "promulgação", tal qual a lei. Seu valor hermenêutico reside exatamente na força gravitacional que os argumentos debatidos produzem sobre casos futuros. Não é à toa que Dworkin já equiparava o Direito à literatura, tratando-o como um "romance em cadeia", de modo que o capítulo novo (decisão) deve guardar nexo etiológico com o anterior (precedente). Impõe-se, em verdade, a responsabilidade política de juízes e tribunais no sentido de construírem entendimentos sólidos, que não se submetam a flutuações ao sabor de preferências e subjetivismos. A aplicação do precedente não pode ser automática, uma vez que, dado seu caráter normativo, ele é um ponto de partida e não de chegada. Porém, seu afastamento pressupõe um exaurimento argumentativo das razões relevantes que conduziram à sua construção e a demonstração dos motivos pelos quais elas não devem prevalecer, seja porque se está diante de situação fática distinta (distinção do caso), seja porque há fundamento novo não apreciado por ocasião da formação do precedente e que justifica uma nova diretriz decisional (superação).

Aponta-se como inconvenientes do sistema de precedentes, entre outros: (i) uma possível eliminação da flexibilidade e capacidade de evolução do Direito; (ii) uma vinculação mais enérgica que a lei, dada a sua formação casuística e, portanto, mais rigorosa em relação aos casos futuros; e (iii) a possibilidade de perpetuação do erro, quando o caso-líder padecer de um equívoco. Mas essas resistências partem de uma falsa compreensão do modelo, uma vez que a norma do *stare decisis* não é insuperável, dada a regra do *overruling*, bem assim em virtude da possibilidade de questionamento de sua incidência em dado caso concreto[428].

---

427. THEODORO JR., Humberto et al. Novo Código de Processo Civil, p. 116.

428. TAVARES, André Ramos. *Paradigmas do judicialismo constitucional*, p. 91.

Ao exigir que o julgador fundamente sua decisão enfrentando todos os argumentos deduzidos no processo capazes de, em tese, infirmar sua conclusão (art. 489, § 1°, IV, CPC/2015), o que o legislador intenta é conferir um grau maior de profundidade na construção do precedente, a partir do exame panorâmico de todas as questões que circundam o caso. Do contrário, haverá uma formação deficiente da *ratio decidendi*, circunstância que tem o potencial de se tornar mais grave no julgamento das "causas-piloto", que servirão de *leading case* para a gestão das demandas repetitivas, enfraquecendo-se o grau de legitimidade da utilização do precedente como caso paradigma. Paralelo a isso, esse enfrentamento exaustivo torna-se imprescindível também no momento da aplicação do precedente, para que se esgotem as possibilidades de distinção do caso e para que se assegure um direito real à fundamentação.

Aliás, a má formação do precedente, como ocorre nos casos em que há dificuldade de identificação da *ratio* em razão da ausência de uniformidade de fundamentação nos votos dos ministros, contribui para o próprio enfraquecimento do caso paradigma, estimulando sua superação independente de alteração das condições sociais, jurídicas etc., mas simplesmente em razão da ausência de força argumentativa do próprio precedente.

No tocante à questão das "causas-piloto", é possível que ocorra tanto a má formação do precedente quanto sua aplicação irregular *a posteriori*. Nesse ponto, há uma nítida tensão existente entre a tendência de padronização decisória e a formulação de um processo democrático.

Com efeito, a necessidade de lidar com o componente quantitativo da litigância levou o sistema judicial a consumir consideráveis esforços materiais e humanos para dar cabo das demandas de massa em detrimento da apreciação individualizada dos casos. Daí surgiu a necessidade de se construir mecanismos de gestão apropriados para o tratamento racional do tema, liberando-se o julgador para o exame adequado dos casos particularizados. É o que se dá, por exemplo, com as técnicas inseridas nos artigos 976[429] e 1.036 do CPC/2015[430].

O CPC de 2015 constitui uma tentativa de enfrentamento do problema, privilegiando, como já dito, um modelo de provimentos

---

429. Art. 976. É cabível a instauração do incidente de resolução de demandas repetitivas quando houver, simultaneamente:
I – efetiva repetição de processos que contenham controvérsia sobre a mesma questão unicamente de direito;
II – risco de ofensa à isonomia e à segurança jurídica.
[...]
Art. 985. Julgado o incidente, a tese jurídica será aplicada:
I – a todos os processos individuais ou coletivos que versem sobre idêntica questão de direito e que tramitem na área de jurisdição do respectivo tribunal, inclusive àqueles que tramitem nos juizados especiais do respectivo Estado ou região;
II – aos casos futuros que versem idêntica questão de direito e que venham a tramitar no território de competência do tribunal, salvo revisão na forma do art. 986.

430. Art. 1.036. Sempre que houver multiplicidade de recursos extraordinários ou especiais com fundamento em idêntica questão de direito, haverá afetação para julgamento de acordo com as disposições desta Subseção, observado o disposto no Regimento Interno do Supremo Tribunal Federal e no do Superior Tribunal de Justiça.
§ 1º O presidente ou o vice-presidente de tribunal de justiça ou de tribunal regional federal selecionará 2 (dois) ou mais recursos representativos da controvérsia, que serão encaminhados ao Supremo Tribunal Federal ou ao Superior Tribunal de Justiça para fins de afetação, determinando a suspensão do trâmite de todos os processos pendentes, individuais ou coletivos, que tramitem no Estado ou na região, conforme o caso.
[...]
Art. 1.040. Publicado o acórdão paradigma:
I – o presidente ou o vice-presidente do tribunal de origem negará seguimento aos recursos especiais ou extraordinários sobrestados na origem, se o acórdão recorrido coincidir com a orientação do tribunal superior;
II – o órgão que proferiu o acórdão recorrido, na origem, reexaminará o processo de competência originária, a remessa necessária ou o recurso anteriormente julgado, se o acórdão recorrido contrariar a orientação do tribunal superior;
III – os processos suspensos em primeiro e segundo graus de jurisdição retomarão o curso para julgamento e aplicação da tese firmada pelo tribunal superior;
IV – se os recursos versarem sobre questão relativa a prestação de serviço público objeto de concessão, permissão ou autorização, o resultado do julgamento será comunicado ao órgão, ao ente ou à agência reguladora competente para fiscalização da efetiva aplicação, por parte dos entes sujeitos a regulação, da tese adotada.

vinculantes que se baseia, resumidamente, na fixação de teses nos tribunais para as controvérsias relativas a demandas repetitivas, entregando-se para os juízes a tarefa de verificar apenas a pertinência entre referidas teses e a realidade da casuística processual. Com isso, aposta-se na redução da taxa de recursos, na diminuição do percentual de reforma das decisões, no afastamento sumário de lides temerárias e, por fim, na criação de um sistema de direitos previsível, que gere um desestímulo à litigância lotérica e uma espécie de pauta comportamental para a sociedade.

Por outro lado, a padronização de entendimentos não se presta exclusivamente ao fim pragmático de melhorar a funcionalidade do Poder Judiciário, de modo a permitir julgamentos mais céleres. Em verdade, ela se presta, primeiramente, a um fim maior, qual seja, o fortalecimento do postulado da segurança jurídica. Daí a necessidade de se desenvolverem esforços hermenêuticos que permitam a perfeita identificação dos elementos da demanda sob julgamento e sua identificação/distinção do caso paradigma.

Quanto a este último ponto, os tribunais superiores conceberam a técnica de fixação de teses quando do julgamento dos recursos repetitivos a partir de enunciados, um mecanismo facilitador para aplicação do precedente pelas cortes inferiores e que conduz nosso sistema, pelo menos no ponto, a uma aproximação com a técnica decisória da corte de cassação italiana e um certo afastamento de como se dá o tratamento do tema na *Common Law*[431].

Embora essa técnica não seja vista com bons olhos por parcela da doutrina, que a considera reducionista, uma espécie de aplicação positivista dos precedentes, não nos parece que, nos casos relativos ao tratamento de interesses individuais homogêneos – para os quais se volta prioritariamente o sistema de recursos repetitivos -, haja maiores problemas no seu uso, haja vista que há uma similitude

431. Perceber a existência dessa peculiaridade no direito brasileiro é imprescindível para se compreender a legitimidade da técnica de aplicação de precedentes tal qual concebida entre nós.

forte entre as hipóteses sob apreciação (casos "idênticos"). Por óbvio, ao se falar em uso pressupõe-se um uso adequado, isto é, que considere eventuais peculiaridades a justificar o afastamento do precedente em razão da distinção de caso. Contudo, quando se trata de aplicar precedentes ao que se pode chamar de casos "análogos", a questão importa maior complexidade do trabalho hermenêutico, exigindo, pois, uma pesquisa profunda sobre a *ratio decidendi* a fim de permitir a adequada aplicação do precedente anterior ao caso sob exame. Por essa razão, nas hipóteses de fixação de tese em recursos avulsos (portanto, fora do sistema de repetitivos), o tribunal superior deve ter o cuidado de inserir na tese a *ratio decidendi,* pois o que vincula, no caso, é esta, e não o dispositivo da decisão[432].

Um ponto importante na análise da gestão da litigiosidade repetitiva refere-se ao julgamento liminar do pedido, inserido no Código de Processo Civil de 2015 em seu art. 332. Seu objetivo, em linhas gerais, é impedir que, diante de demandas que cuidam essencialmente de matéria jurídica, haja desperdício de energia processual, ao se permitir inutilmente o trâmite de todas as fases procedimentais. Com efeito, havendo convencimento formado acerca da matéria, permite-se a utilização "emprestada" de sentença de improcedência proferida em feito similar. Na nova sistemática, procedeu-se à substituição da possibilidade de utilização dos precedentes do próprio juízo pela previsão de uso exclusivo daqueles oriundos do Supremo Tribunal Federal, Superior Tribunal de Justiça ou das cortes locais, atendidas as demais condições enumeradas nos incisos do art. 332, especialmente a circunstância de que o julgado paradigma seja: (i) súmula ou acórdão prolatado *em julgamento de recursos repetitivos* do STF ou STJ (o que equivale à impossibilidade de julgamento de improcedência liminar baseado *em precedente isolado* das cortes); (ii) entendimento firmado em *incidente de resolução de demandas repetitivas ou de*

---

432. Vide, FERRAZ, Taís Schilling. *Ratio decidendi* x tese jurídica. A busca pelo elemento vinculante do precedente brasileiro. ***RePro***, São Paulo, v. 265, p. 419-441, mar. 2017.

assunção de competência; ou (iii) súmula de tribunal de justiça *sobre direito local*[433].

Sendo assim, ocorreu uma releitura do instituto, originariamente concebido apenas como técnica de aceleração do processo e que, doravante, terá também uma outra finalidade: racionalizar a aplicação do sistema normativo, de maneira a assegurar tratamento igualitário a causas similares a partir das decisões uniformizadoras em matéria constitucional (STF), infraconstitucional de feição federal (STJ) e infraconstitucional de feição local (Tribunais de Justiça)[434].

Trata-se de positivação do entendimento que já vinha sendo defendido no âmbito da jurisprudência[435] e de relevante doutrina acerca do tema. Para essa orientação, em se tratando de técnica de aceleração do processo, o julgamento de improcedência liminar somente se justifica se essa decisão alinhar-se ao entendimento das instâncias recursais[436]. Essa perspectiva, aliás, coaduna-se com a ideia do sistema de precedentes que se pretende implantar em nosso ordenamento, historicamente de matriz romano-germânica. Este, que tradicionalmente prestigia a lei como fonte de direitos,

433. O novo código também admite o julgamento liminar de improcedência baseado no reconhecimento da decadência ou prescrição, antes hipótese de indeferimento da inicial.

434. SILVA, Ticiano Alves e. ***Improcedência liminar do pedido e contraditório no Novo Código de Processo Civil.***

435. PROCESSUAL CIVIL. ART. 285-A DO CPC. APLICABILIDADE. IMPOSSIBILIDADE. SENTENÇA CONTRÁRIA À ORIENTAÇÃO DO TRIBUNAL DE ORIGEM, DESTA CORTE SUPERIOR E DO SUPREMO TRIBUNAL FEDERAL.
1. Deve ser afastada a aplicação do artigo 285-A do Código de Processo Civil quando o entendimento do juízo de Primeira Instância estiver em desconformidade com orientação pacífica de Tribunal Superior ou do Tribunal local a que se encontra vinculado.
2. Precedente: REsp 1109398/MS, Rel. Min. Luis Felipe Salomão, Quarta Turma, DJe 1.8.2011.
3. Recurso especial não provido. (REsp 1279570/MG, Rel. Ministro MAURO CAMPBELL MARQUES, SEGUNDA TURMA, julgado em 08/11/2011, DJe 17/11/2011)

436. MARINONI, Luiz Guilherme. Ações repetitivas e julgamento liminar. ***Revista Magister de direito civil e processual civil***, Porto Alegre, v. 14, p. 5-14, 2007, p. 12.

passa a atuar com uma paulatina abertura para um olhar voltado às decisões judiciais pretéritas – notadamente aquelas oriundas das cortes superiores – como fundamento de novas decisões[437].

O advento do instituto, todavia, veio acompanhado de severas críticas, notadamente no que concerne a uma possível violação dos primados da isonomia, acesso à justiça, contraditório e devido processo legal. Sob uma perspectiva pragmática, porém, referido dispositivo nada mais fez do que reproduzir, com maior grau de sofisticação, antiga praxe judiciária consistente em os magistrados repetirem os fundamentos de suas sentenças proferidas em casos similares[438].

Na perspectiva do direito como um empreendimento coletivo, há quem defenda que toda decisão judicial só possa ser formada com a construção do resultado do processo a partir da atuação efetiva de todos os atores, com a exposição de seus argumentos potencialmente capazes de influir e moldar a resposta do Estado[439]. Levando-se, porém, essa compreensão ao extremo, qualquer decisão *inaudita altera parte* não seria dotada de legitimidade. Além disso, estar-se-ia a exigir um procedimento irracional para os casos em que a decisão é padronizada porque padronizados são os argumentos das partes, ao que se soma o fato de que a decisão é manifestamente favorável

---

437. MEDINA, José Miguel Garcia; FREIRE, Alexandre; FREIRE, Alonso Reis. Para uma compreensão adequada do sistema de precedentes no Projeto do Novo Código de Processo Civil brasileiro. In: FREIRE, Alexandre et al. (Org.). *Novas tendências do Processo Civil*. Salvador: Juspodivm, 2013, p. 679-703; MARINONI, Luiz Guilherme. Aproximação crítica entre as jurisdições de *civil Law* e de *common Law* e a necessidade de respeito aos precedentes no Brasil. In: DIDIER JR, Fredie (org.). *Teoria do Processo*. Panorama doutrinário mundial. v. 2. Salvador: Juspodivm, 2010. p. 533-589.

438. No mesmo sentido, cf.: ALVIM, José Eduardo Carreira. *Alterações do Código de Processo Civil*. Rio de Janeiro: Impetus, 2006, p. 80.

439. Nesse sentido, entre outros, cf.: FERNANDES, Bernardo Gonçalves; e MEIRA, Renan Sales. Os poderes dos magistrados devem continuar a ser ampliados? Críticas ao projeto do novo Código de Processo Civil à luz de um modelo constitucionalmente (discursivo-democrático) adequado de processo. In: FREIRE, Alexandre et al. (Org.). *Novas tendências do processo civil*. Estudos sobre o Projeto de Novo Código de Processo Civil. v. II. Salvador: Juspodivm, 2014. p. 195-210.

ao réu, de maneira que ele não poderia objetar qualquer vício na formulação do julgado.

Como se vê, portanto, o risco não está no instituto em si, mas em sua perigosa banalização e no mau uso na praxe judiciária. Com efeito, por se tratar de situação excepcionalíssima, que mitiga, de certo modo, a concepção clássica de amplo acesso à justiça, essa modalidade de julgamento deve ser interpretada com parcimônia[440]. Ou seja, diante da menor controvérsia sobre os fatos narrados, deve o magistrado facultar o livre trânsito do processo. Essa abertura para a dinâmica probatória se justifica na medida em que a instrução processual poderá conduzir os rumos da lide para o uso da técnica do *distinguishing*, afastando-se a utilização do precedente em face das peculiaridades do caso, ou mesmo permitindo a superação do entendimento, a teor do art. 489, § 1º, VI, do CPC/2015.

Aliás, nas hipóteses em que a parte autora venha a apresentar *argumentos novos não enfrentados no caso paradigma*, uma leitura constitucional do instituto impõe a angularização da lide, na medida em que o debate ocorrido no primeiro grau garante participação e influência adequadas dos argumentos de todos os sujeitos processuais. Assim, uma vez que a tese autoral sustente hipótese de superação do precedente ou a distinção do caso concreto a regular tramitação do feito se impõe. Interpretação diversa importaria em grave inconstitucionalidade por violação ao contraditório e devido processo legal, especialmente à luz da perspectiva democrática de processo aqui defendida.

Um fato curioso é que, durante a tramitação do projeto, havia um inciso que ensejava a improcedência liminar quando o pedido fosse "manifestamente improcedente por contrariar o ordenamento jurídico." O dispositivo trazia para o rol das hipóteses de improcedência liminar a impossibilidade jurídica do pedido, antes

440. No mesmo sentido, cf.: WAMBIER, Luiz Rodrigues; WAMBIER Teresa Arruda Alvim; MEDINA, José Miguel Garcia. *Breves comentários à nova sistemática processual*. v. 2. São Paulo: Revista dos Tribunais, 2006, p. 71.

considerada condição da ação. O problema era que a norma autorizava o magistrado a impedir o trânsito regular do processo a partir de cláusula aberta, sob o risco de uma interpretação pessoal do que seja "manifesta improcedência". As dificuldades interpretativas do texto eram manifestas, até porque a novel hipótese não podia equivaler ao julgamento antecipado da lide[441], que, como se sabe, somente ocorre com a formação efetiva da relação processual. Em boa hora, o dispositivo foi retirado na versão final do Senado, haja vista que uma interpretação aberta do texto, que não limitasse suas hipóteses de aplicação, importaria em manifesta inconstitucionalidade da previsão normativa, por violação ao postulado do acesso à justiça.

Outro ponto relevante aqui diz respeito aos poderes do relator. Tenha-se em mente a regra do art. 557 do CPC/73[442], que permitia ao relator negar seguimento a recurso contrário à "jurisprudência dominante" do tribunal. Não raro, o dispositivo era utilizado como uma válvula de escape da colegialidade concreta, de modo a rejeitar de plano recursos a partir de ementas de julgado que eventualmente não representam o entendimento dominante do tribunal. Ao regular o tema dos poderes do relator, o CPC de 2015 tratou da matéria de maneira mais objetiva[443],

---

441. Sem olvidarmos que, na prática, o julgamento de improcedência liminar nada mais é do que hipótese excepcional de julgamento antecipado (DIDIER JR., Fredie. *A terceira etapa da reforma processual.* São Paulo: Saraiva, 2006, p. 58).

442. Art. 557. O relator negará seguimento a recurso manifestamente inadmissível, improcedente, prejudicado ou em confronto com súmula ou com jurisprudência dominante do respectivo tribunal, do Supremo Tribunal Federal, ou de Tribunal Superior.
§ 1º A Se a decisão recorrida estiver em manifesto confronto com súmula ou com jurisprudência dominante do Supremo Tribunal Federal, ou de Tribunal Superior, o relator poderá dar provimento ao recurso.

443. Art. 932. Incumbe ao relator:
[...]
III – não conhecer de recurso inadmissível, prejudicado ou que não tenha impugnado especificamente os fundamentos da decisão recorrida;
IV – negar provimento a recurso que for contrário a: a) súmula do Supremo Tribunal Federal, do Superior Tribunal de Justiça ou do próprio tribunal; b) acórdão proferido pelo Supremo Tribunal Federal ou pelo Superior Tribunal de Justiça em

reduzindo os espaços de subjetividade que a redação do código anterior ensejava[444].

Sob outro aspecto, embora para a funcionalidade do sistema seja salutar a busca por uma uniformidade de entendimentos e a celeridade dos julgamentos, é preciso ter cuidado para que essa pretensão não implique em uma simplificação inadequada da interpretação e aplicação do Direito.

Sendo assim, a simples aplicação acrítica de ementas de acórdãos de tribunais traz consigo o risco de perda da singularidade do caso concreto, como dito anteriormente. O resultado mais maléfico dessa tendência é a redução dos espaços argumentativos e críticos, eliminando-se novas possibilidades hermenêuticas e separando-se o Direito da realidade subjacente[445].

Nesse contexto, a aplicação adequada dos precedentes a hipóteses futuras, notadamente a partir da percepção das singularidades de cada caso, é condição de legitimidade democrática do ato jurisdicional. Sem prejuízo disso, somados os prós e contras, é importante concluir que um sistema que estimule a padronização de decisões em casos que *comprovadamente* sejam similares é uma imperiosa necessidade decorrente da relevância de diversos valores prezados pelo sistema jurídico, entre os quais, a segurança, a previsibilidade e a isonomia[446]. Isto é, não se pode falar em segurança quando o sistema estimula que

---

julgamento de recursos repetitivos; c) entendimento firmado em incidente de resolução de demandas repetitivas ou de assunção de competência;

V – depois de facultada a apresentação de contrarrazões, dar provimento ao recurso se a decisão recorrida for contrária a: a) súmula do Supremo Tribunal Federal, do Superior Tribunal de Justiça ou do próprio tribunal; b) acórdão proferido pelo Supremo Tribunal Federal ou pelo Superior Tribunal de Justiça em julgamento de recursos repetitivos; c) entendimento firmado em incidente de resolução de demandas repetitivas ou de assunção de competência; [...].

444. O tema foi melhor desenvolvido no item 3.1.2.10 desta obra.

445. Em sentido semelhante, cf.: RAMIRES, Maurício. ***Crítica à aplicação de precedentes no direito brasileiro.*** Porto Alegre: Livraria do Advogado, 2010, 47.

446. Nesse sentido, cf.: MEDINA, José Miguel Garcia; WAMBIER, Luiz Rodrigues; WAMBIER, Teresa Arruda Alvim. Repercussão geral e súmula vinculante, p. 379.

situações idênticas sejam tratadas de maneira diferente, notadamente quando o cânone da igualdade (art. 5º, II, da CF) é vinculativo para qualquer ação estatal – o que obviamente inclui o Judiciário[447].

Por outro lado, embora não se possa negar a capacidade criativa na formulação dos provimentos vinculantes – desde Kelsen se admite que a tarefa judicial é complementar dentro do ciclo da produção normativa –, é necessário sempre se submeter tais decisões a um "teste de vinculação normativa", já que seu limite é o próprio texto. Nesse sentido, a formulação de um paradigma pós-positivista – no sentido de um modelo que supere as deficiências do positivismo – não pode servir aos propósitos de se construir um projeto antipositivista[448], em que a lei perca sua funcionalidade para dar lugar a um relativismo autoritário. De fato, mesmo no *common law*, o argumento pautado no precedente deve ceder espaço para argumentos decorrentes de possíveis limites da lei.

Assim, embora exista o risco de que súmulas vinculantes sejam contrárias ao Direito Positivo, esse risco é inerente à prolação de decisões judiciais, e não um fator exclusivo de um sistema que admite essa vinculação horizontal[449]. O que é importante ressaltar é que, a par de servirem a uma funcionalidade adequada do sistema, os provimentos vinculantes não podem implicar em um fechamento operacional que impeça a crítica pública, seja para se aferir a sua compatibilidade legislativa (e eventual revisão), seja para se verificar sua pertinência fática (aplicação não automática ao caso concreto). Isto é, a perspectiva pós-positivista deve servir ao propósito de impedir que uma lide seja decidida a partir de uma lógica subsuntiva capaz de estimular a discricionariedade judicial.

Por essa razão é que instrumentos vinculativos como a súmula vinculante não podem ser encarados como mecanismos de

447. Ibidem, p. 381-382.

448. ABBOUD, Georges. *Discricionariedade Administrativa e Judicial*, p. 55.

449. Em sentido semelhante, cf.: TAVARES, André Ramos. *Curso de Direito Constitucional*. 5. ed. São Paulo: Saraiva, 2007, p. 364.

encerramento do trabalho hermenêutico, não desincumbindo os juízes de seu dever de fundamentar. Noutras palavras, o assoberbamento do Judiciário e a judicialização em massa não podem ter como resultado a artificialização do caso concreto. É nessa linha que se pode dizer que a súmula é um indexador, de modo que a força normativa não está presente na súmula em si, mas no conjunto de decisões que lhe deram origem e que espelham o comportamento reiterado do tribunal no tratamento de dada questão jurídica[450]. Nesse sentido, o art. 926, § 2º, do CPC/2015 impõe que, "ao editar enunciados de súmula, os tribunais devem ater-se às circunstâncias fáticas dos precedentes que motivaram sua criação".

Embora se trate de técnica importante para a gestão dos processos nos tribunais, na condição de "norma sobre norma" tais provimentos constituem, em verdade, um ponto de partida, e não de chegada. Porque incapazes de abarcar todas as suas possibilidades de aplicação, eles também se constituem em dados linguísticos que estarão submetidos ao processo de interpretação quando de sua adequação aos casos concretos[451], isto é, quando da construção da norma individualizada.

A visão contrária - de que a súmula vinculante seria um mecanismo de esgotamento do trabalho interpretativo - constitui resquício do caráter exegético do Direito construído no período pós-Revolução Francesa, o que é incompatível com os postulados hermenêuticos contemporâneos. Se na Revolução Francesa não havia jurisprudência, mas apenas a lei, nessa tendência racionalista atual, a lei seria esvaziada, colocando-se em seu antigo lugar de prestígio a jurisprudência[452]. Aliás, estruturalmente as súmulas vinculantes mais se aproximam da lei do que dos *binding precedents*, o que reforça o argumento de que elas estão sujeitas a um eterno processo hermenêutico quando de sua aplicação a casos concretos.

450. SCHMITZ, Leonard Ziesemer. *Fundamentação das decisões judiciais,* p. 316.

451. Em sentido similar, SCHMITZ, Leonard Ziesemer. *Fundamentação das decisões judiciais,* p. 69.

452. ABBOUD, Georges. *Discricionariedade Administrativa e Judicial,* p. 366-368.

Noutras palavras, o enunciado não é uma norma pronta para ser aplicada como solução para os casos futuros. Constitui-se ele apenas em um elemento da norma para solução desses casos. Na contraface dessa assertiva, importa dizer que essa perspectiva não implica permitir a atribuição livre de sentidos a esse enunciado, "mas que há uma cadeia de significados históricos que deve condicionar sua interpretação, de modo que não há qualquer relativismo ou decisionismo"[453] nessa formulação.

Aqui cabe ressaltar que a interpretação do precedente no *stare decisis* é mais que a aplicação da solução ali aventada a casos análogos, exigindo, muitas vezes, um retrospecto histórico da formação do julgado e uma exaustiva individualização da sua *ratio decidendi* para se aferir a compatibilidade do paradigma decisional com os casos futuros. A *ratio decidendi*, portanto, também tem o papel de evitar resultados arbitrários no processo interpretativo. Aliás, diante da ausência de tradição entre nós quanto ao uso adequado de um sistema de precedentes, é necessário que os juízes de tribunais envidem esforços para construir a argumentação da corte, que não pode ser tão somente o somatório de decisões individuais.

Desse modo, embora um sistema de provimentos vinculantes seja útil para a expectativa de maior segurança jurídica a partir da previsibilidade de julgamentos, não se pode perder de vista que, mesmo no *common law*, a vinculação a precedentes (*stare decisis*) não é capaz de eliminar em grau absoluto a insegurança, já que é a possibilidade de erro no uso das técnicas de *overruling* e *distinguishing* é algo imanente à falibilidade humana. Curioso que mesmo no *common law* as noções de *ratio decidendi*, *obter dictum* e *distinguishing* "são fruto de uma longa construção doutrinária e jurisprudencial, coexistindo ainda hoje ideias conflitantes a seu respeito"[454]. Não é por outra razão que países do sistema da *common law*, como a Inglaterra, também têm ido

453. Ibidem, p. 63.

454. SCHMITZ, Leonard Ziesemer. *Fundamentação das decisões judiciais*, p. 310.

buscar soluções para suas deficiências em técnicas adotadas em países da *civil law*[455].

Não por outra razão, Ronald Dworkin formulou a teoria do direito como integridade, focada em aspectos como o respeito à história institucional (romance em cadeia), a tese da resposta correta e a metáfora do juiz Hércules, tudo como forma de combater predominantemente o decisionismo judicial em um sistema anglo-saxão. Como dito anteriormente, a única segurança com a qual podemos trabalhar é a que se refere a uma constante exigência de saltos qualitativos na formulação das decisões judiciais que permitam um debate transparente na esfera pública sobre como decidem os juízes.

O que ora se intenta defender é que, embora um sistema de provimentos vinculantes possa contribuir insofismavelmente para uma racionalidade adequada do Direito, atuando em favor da coerência, harmonia e segurança do sistema, não se pode perder de vista a singularidade do caso concreto, a argumentação das partes e a necessidade de uma fundamentação que se volte para a realidade fática subjacente à lide, única e irrepetível. Os juízes, portanto, não poderão ser substituídos por autômatos mesmo diante de um sistema horizontalizado. Talvez esse seja o maior valor da atuação dos juízes e razão de ser de suas garantias, como a independência.

Não se pode, portanto, substituir o juiz *boca da lei* pelo juiz *boca dos tribunais superiores*[456]. Por essa razão parece correto dizer que o dever de observância inserido no art. 927 do CPC/2015 não tem o sentido de estabelecer uma vinculação automática aos enunciados semânticos nele arrolados. Ao contrário, a compreensão adequada do dispositivo leva à conclusão de que *observar* significa um *dever de levar em consideração*[457], de modo que os juízes, ao

455. GRECO, Leonardo. ***Instituições de processo civil*** – Introdução ao direito processual civil. v. I. Rio de Janeiro: Forense, 2009, p. 4.

456. NERY JR., Nelson; NERY, Rosa Maria Andrade. ***Comentários ao código de processo civil.*** São Paulo: Revista dos Tribunais, 2015, p. 1836.

457. SCHMITZ, Leonard Ziesemer. ***Fundamentação das decisões judiciais,*** p. 334.

proferirem suas decisões, estão obrigados a incluírem, no círculo hermenêutico, tais provimentos vinculantes, seja para adotá-los, seja para afastar a respectiva aplicação.

Assim, não se desconhece as críticas que vêm sendo feitas à possibilidade de adoção de um modelo de precedentes obrigatórios no país, notadamente em razão do argumento de que o assoberbamento dos tribunais passa antes pela necessidade de mudança de uma cultura de litigância demasiada dos operadores do direito[458]. Parece, no entanto, que a adoção de política legislativa que vise a racionalizar o sistema de justiça, buscando a coerência nos julgados, a segurança a partir da uniformidade de tratamento de casos análogos e a redução do acervo de processos cujo desfecho é de antemão anunciado, não maltrata a previsão constitucional de amplo acesso ao Judiciário. Cabe aos juízes, porém, utilizar as ferramentas processuais com rigor técnico e coerência, de forma a impedir que eventuais soluções transformem-se em novos problemas.

---

458. Vide, por exemplo, entrevista com o Prof. Nelson Nery Junior sobre o tema (CRISTO, Alessandro; VASCONCELLOS, Marcos de. *'Ativismo judicial é uma imbecilidade que inventaram'*. Consultor Jurídico. 04 ago. 2013. Disponível em: <http://www.conjur.com.br/2013-ago-04/entrevista-nelson-nery-junior-professor-advogado-parecerista>. Acesso em: 05 ago. 2013). Importante observar, no ponto, que embora a tendência de construção de um modelo de provimentos vinculantes se dê no Brasil desde o advento da Emenda Constitucional nº 45/2004 (Reforma do Judiciário), não há indicativo efetivo de redução da demanda jurisdicional, que, aliás, continua em linha de crescimento (especialmente porque boa parte dela decorre de casos individualizados, decorrentes da renitência dos chamados litigantes habituais). Daí podermos concluir que o problema que assola o sistema de justiça brasileiro tem raízes mais profundas e ainda exigirá um esforço hercúleo dos operadores e usuários do sistema de justiça para encontrar uma solução adequada.

4

CONCLUSÃO

É inegável que o papel da jurisdição incrementou-se do ponto de vista político nas últimas décadas, especialmente a partir de uma nova compreensão dos mecanismos de controle de constitucionalidade[459] e do esvaziamento de uma visão meramente formal do dogma da separação de poderes[460]. Ocorreu, nesse contexto, a maximização da função jurisdicional, que passou a exercer papel destacado no exame da validade e conteúdo das normas e relações jurídicas apreciadas sob o crivo de uma Constituição normativa, não mais vista como uma mera "promessa" – que, como tal, poderia ser cumprida ou não –, mas sim como um documento a ser levado a sério[461].

---

459. Como ressalta Bruce Ackerman, no contexto das constituições européias do pós-guerra e nas demais constituições mundiais que delas sofreram influxo, o perfil dos Tribunais Constitucionais voltou-se ao asseguramento da efetividade dos direitos e compromissos assumidos em um texto constitucional fruto do rompimento com sistemas autocráticos de governo (ACKERMAN, Bruce. ***La política del diálogo liberal.*** Barcelona: Gedisa, 1999, p. 68).

460. O princípio da separação dos poderes, tal como concebido tradicionalmente, sustentava-se como sistema de balanceamento entre as funções estatais, de modo a garantir a liberdade individual, nos termos do modelo liberal de Estado. Partia-se de premissas distintas daquelas que acalentaram a formação do ***Welfare State***, que concebe o Poder Público como prestador de serviços e exige, em consequência, um controle do adimplemento das obrigações estatais.

461. DWORKIN, Ronald. ***Levando os direitos a sério.*** Entre nós, surgiu o "constitucionalismo brasileiro da efetividade", expressão cunhada por Cláudio Pereira de Souza

Contudo, esse fenômeno não pode implicar em conceder ao tribunal um ilimitado poder interpretativo que possibilite extrair do texto legal aquilo que não foi dito, ainda que principiologicamente. Qualquer tentativa nesse sentido implicaria em ultrapassarmos a visão do juiz "boca da lei" para transformá-lo em um *Oráculo de Delfos*, a própria ideologia do texto, elevando as convicções subjetivas do julgador a normas em sentido estrito. Não deve a corte, assim, funcionar como uma "câmara de revisão" supostamente apta a ditar o futuro com os valores que, em sua visão, devem ser adotados pela maioria de amanhã[462]. Haveria nessa ideia, inclusive, o risco de que pretensões vencidas no sufrágio eleitoral fossem incorporadas ao ordenamento através de sentenças "paralegislativas", extrapolando o Judiciário seu papel de garante da Constituição[463].

Não por outra razão já advertia Bobbio que

> Se então, na conclusão da análise, pedem-me para abandonar o hábito do estudioso e assumir o do homem engajado na vida política do seu tempo, não tenho nenhuma hesitação em dizer que a minha preferência vai para o governo das leis, não para o governo dos homens. O governo das leis celebra hoje seu triunfo na democracia. E o que é a democracia se não o conjunto de regras (as chamadas regras do jogo) para solução dos conflitos sem derramamento de sangue? E em que consiste o bom governo democrático se não, acima de tudo, no rigoroso respeito a essas regras? Pessoalmente, não

---

Neto para se referir a uma estratégia teórica de superação da dicotomia norma/realidade social, com vistas à atribuição de máxima eficácia à norma constitucional. (SOUZA NETO, Cláudio Pereira de. Fundamentação e normatividade dos direitos fundamentais: uma reconstrução teórica à luz do princípio democrático. In: BARROSO, Luís Roberto (Org.). *A nova interpretação constitucional:* ponderação, direitos fundamentais e relações privadas. Rio de Janeiro: Renovar, 2003. p. 285-326).

462. Em sentido semelhante, embora tratando especificamente da interpretação constitucional, cf.: ELY, John Hart. *Democracy and Distrust:* a theory of judicial review. Cambridge: Harvard University Press, 1980, p. 04 e ss.

463. MORAIS, Carlos Blanco de. Justiça Constitucional, p. 418. Como exemplo, pode-se lembrar de recentes decisões judiciais que autorizaram penhora de bem de família, quando essa possibilidade já fora rejeitada inúmeras vezes no plano legislativo (inclusive durante a tramitação do CPC/2015).

> tenho dúvidas, posso concluir tranquilamente que a democracia é governo das leis por excelência. No momento mesmo em que um regime democrático perde de vista este seu princípio instituidor, degenera rapidamente em seu contrário, numa das tantas formas de governo autocrático de que estão repletas as narrativas dos historiadores e as reflexões dos escritores públicos[464].

A aposta na discricionariedade, nesse contexto, é uma aposta na insegurança jurídica, já que o ativismo pode ser "progressista" ou "conservador". Juízes liberais encontrarão soluções diferentes das de juízes socialistas, o que depõe contra a ideia de integridade do Direito positivada na ordem jurídica em vigor (art. 926, CPC/2015). A essência da democracia, na realidade, está na tomada de decisões coletivas por instituições que, no âmbito de seus procedimentos, adotem um ideal de igual consideração e respeito por todos os indivíduos. Essa é a única solução que pode efetivamente atender aos objetivos de coerência e aceitabilidade racional das decisões judiciais perante a comunidade política.

É nessa linha que se defende a existência de uma resposta correta, assim considerada a melhor resposta possível em um ambiente comunicacional fundado em racionalidade. A tese da resposta correta, aliás, como dito alhures, costuma ser mal-interpretada, já que dela não se extrai uma ideia de consenso ou de resultados interpretativos unívocos. A "resposta correta" funda-se, em verdade, no ponto de vista interno do intérprete, ou seja, na premissa de que os participantes do discurso defendem (e acreditam em) seus pontos de vista a partir de um esforço voltado à demonstração da validade de seus argumentos. Uma proposição jurídica afigura-se verdadeira na medida em que apresenta melhores argumentos que uma proposição contrária, portanto.

Importa destacar aqui que não se vislumbra necessário demonstrar a verdade banal, embora negada ou ocultada em todas as

464. BOBBIO, Norberto. *O futuro da democracia.* 10. ed. São Paulo: Paz e Terra, 2006, p. 185.

épocas, da atividade "criativa" (*rectius,* complementar) dos tribunais[465]. Antes, impõe-se discutir como essa função deve ser exercida a fim de compatibilizar-se com um modelo ideal de Estado Democrático de Direito. Muito mais relevante do que discutir *quem* pode interpretar e aplicar o Direito é, portanto, apontar *como* essa tarefa pode ser realizada.

Além disso, a par de discutir os aspectos internos da decisão judicial, é preciso ver que a construção de respostas jurisdicionais adequadas pressupõe a adoção de procedimentos que assegurem de maneira efetiva a pavimentação de caminhos legítimos para a atuação do Estado-juiz. Aqui desponta relevante perceber como diversos modelos ideológicos trabalharam o tema ao longo da história, ora enfatizando o papel do juiz como representante do Estado, ora dando maior foco à movimentação das partes no decorrer do processo.

Os adeptos do garantismo consideram que o chamado socialismo processual flerta com o autoritarismo, o qual pode se revelar tanto nas investidas do Estado em face do cidadão, como na sua

---

465. Essa afirmação é de Mauro Cappelletti nas premissas de seu trabalho intitulado ***Juízes legisladores?*** No mesmo sentido, cf.: FISHER, Louis. ***Constitutional Dialogues***: Interpretation as Political Process. Princeton: Princeton University Press, 1988, p. 37 e ss. As aspas foram propositalmente colocadas para ilustrar a necessidade de que a visão do papel do Judiciário como uma atividade criativa do Direito seja acolhida com reservas em razão dos perigos que uma compreensão generalizada encerra. Numa concepção democraticamente adequada, a construção da resposta judicial, como visto anteriormente, é atividade ***subordinada,*** ocorrendo dentro ou a partir do próprio sistema normativo, no âmbito de seu modelo de regras e princípios, considerando-se, para tanto, a integridade do Direito (DWORKIN, Ronald. ***O Império do Direito.***) e sua interpretação como uma teia inconsútil (DWORKIN, Ronald. ***Levando os direitos a sério***, p. 180 e ss). Pelo menos nessa perspectiva, não há que se falar em livre criação judicial do Direito, no sentido proposto por Hart, como mecanismo de solução dos denominados ***hard cases***, para os quais não há uma regra clara de incidência e caberia ao magistrado decidir a partir de razões morais, éticas etc., exercendo nítida competência legislativa (HART, Herbert Lionel Adolphus. Positivism and the Separation of Law and Morals. ***Harvard law review***, v. 71, n. 4, p. 593-629, feb. 1958, p. 593.). Não se desconhece, entretanto, que a dicotomia entre revelação e criação do Direito não faz sentido no paradigma pós-positivista, já que o Direito atualmente deve ser reconhecido como uma constante prática construtiva e evolutiva.

atuação ilegítima que, a partir de uma visão ideológica, "blinda" o particular em detrimento da coletividade[466]. Nesse contexto, flexibilizar regras em nome da realização de "valores constitucionais" significa, em verdade, permitir-se a manipulação do processo para a realização de aspirações políticas - como é a correção das desigualdades sociais - que, não obstante moralmente corretas, possuem foro adequado de deliberação.

É relevante destacar, como dito antes, que, embora as concepções fascista e socialista de processo possuam diferentes matizes ideológicas, ambas se voltam à busca da verdade *material*, sempre com vistas a realizar o que o Estado definiu como "interesse geral". Essa perspectiva inquisitiva incorporou-se ao processo civil brasileiro especialmente a partir da ideia de instrumentalidade do processo, que se direciona para o atendimento dos reclamos políticos e sociais da contemporaneidade. O aumento do papel do juiz na direção processual torna-se necessário sobretudo com vistas à descoberta da verdade e efetiva distribuição de justiça. O processo incorpora um papel salvacionista, para o qual os direitos individuais de caráter processual não se afiguram suficientes para garantia da igualdade. Nesse modelo, os poderes instrutórios do juiz passam a ser vistos como uma característica imanente ao processo.

Mas a escolha de um modelo processual a partir de premissas extremadas pressupõe uma separação rígida entre socialismo e liberalismo, o que nem sempre se revela claro no âmbito de uma determinada cultura jurídica. Cabe aqui inclusive se pensar em um modelo alternativo, que compartilhe elementos característicos de ambas as visões, preservando-se sempre as notas essenciais do processo democrático contemporâneo.

Nessa linha pretende caminhar o modelo cooperativo de processo *interpretado conforme a Constituição*, atuando para reduzir

---

466. É o que ocorre, por exemplo, nos casos em que se adota uma postura protecionista em favor da parte tão somente em razão de sua condição social externa ao processo.

o protagonismo judicial, embora os riscos de uma má interpretação possam incrementar posições autoritárias na condução do procedimento, violando inclusive a imparcialidade[467].

Na perspectiva da cooperação entre as partes, portanto, a boa-fé *no processo democrático* não pode ter o sentido de que cabe a elas atuarem de maneira a revelar a verdade dos fatos, colaborando inclusive com a pretensão de seu adversário. No modelo de processo cooperativo visto sob as lentes da Constituição a boa-fé ganha uma dimensão reduzida, no sentido de que devem as partes agir com lealdade na qualidade de participantes do processo, sem eliminar, contudo, seu agir estratégico.

Já sob a ótica da cooperação do juiz, é importante ver que mesmo as iniciativas processuais autorizadas pelo legislador não vão ao ponto de permitir a criação de um processo *ad hoc* para cada direito material que o juiz, numa compreensão subjetiva, pretenda realizar. É dizer, mesmo nos impulsos oficiais *normativamente autorizados* é preciso considerar o texto legal como ponto de partida. Hipóteses de correção da vulnerabilidade processual podem ser pensadas *de lege ferenda*, mas não podem ser impostas por um modelo decisionista de interpretação jurídica, notadamente no âmbito de um sistema que propugna pela assunção de suas responsabilidades por todos os sujeitos processuais.

Nesse ponto, parte-se aqui da premissa de que o ativismo probatório (ou produção probatória por iniciativa do juiz), embora tenha previsão antiga no sistema processual brasileiro a partir da ideia de busca da verdade real e prolação de decisões "justas", viola o dever de "impartialidade" – isto é, de não se substituir às partes no cumprimento de seus ônus processuais – que deve nortear a conduta do juiz no processo democrático. Isto porque a prova de ofício

467. Sobre o tema, vide: DELFINO, Lúcio. *Cooperação processual no Novo CPC pode incrementar ativismo judicial*. Consultor Jurídico. 02 maio 2016. Disponível em: <http://www.conjur.com.br/2016-mai-02/cooperacao-processual-cpc-incrementar-ativismo-judicial>. Acesso em: 03 mai. 2016.

visa suprir a iniciativa probatória das partes, de modo que sempre beneficiará um dos sujeitos processuais, ainda que o resultado não possa ser previsto, retirando da parte prejudicada o direito a uma sentença favorável em razão da inércia da parte adversa no tocante à prova de suas pretensões.

Nessa linha, defende-se que o processo *justo* é aquele que se volta às garantias processuais constitucionais, dentro dos padrões de um verdadeiro *devido processo legal*[468], sem incursionar sobre o terreno pantanoso da realização de uma fulgidia justiça material. A autonomia do processo, nesse cenário, surgiu como uma necessidade de que este, em si mesmo, seja garantia do cidadão de um devido processo legal - leia-se, procedimento prévia e legalmente estabelecido em contraditório, apto a gerar segurança jurídica. Se é possível falar-se, por exemplo, em um "direito processual previdenciário", moldado pelas mãos de cada magistrado, o que impediria o surgimento de um "direito processual penal contra a corrupção", ou mesmo um "direito processual eleitoral contra o abuso de poder"? Em nome de "valores constitucionais" também abrigados na Constituição, seria possível manipular o sistema na lógica de que os fins justificam os meios? É dizer, atualmente o modelo ativista pode ser utilizado para o "bem". Amanhã, a abertura do campo interpretativo para um forte viés axiológico poderá ser usada para fins inimagináveis. Afinal, como poderemos nos apropriar adequadamente do conceito de "justo"?

Nessa linha de raciocínio, faz-se necessário pensar como é possível construir-se uma legitimidade forte da decisão judicial, seja sob a perspectiva procedimental (*iter* percorrido) ou substancial (conteúdo em si do ato jurisdicional). Com efeito, "quando as instituições majoritárias garantem e respeitam as condições democráticas, os veredictos dessas instituições, por esse motivo mesmo, devem ser aceitos por todos"[469].

468. THEODORO JR., Humberto et al. Novo Código de Processo Civil, p. 55.

469. DWORKIN, Ronald. *O direito da liberdade*, p. 26.

No tocante ao aspecto procedimental, a construção de decisões judiciais legítimas requer, entre outros, a adoção de modelos de gestão que assegurem a entrega da prestação jurisdicional tempestivamente, sem que se perca de vista a necessidade de se buscar um equilíbrio entre celeridade e substancialidade. Isto é, a busca pela eficiência não pode importar no sufocamento das expectativas legítimas das partes à prolação de decisões com alto grau de qualidade, entendida esta como o ato jurisdicional que efetivamente enfrenta os pontos de vista das partes. Desse modo, ao mesmo tempo em que é necessária a preparação estratégica do feito desde o início para o recebimento da decisão final, impõe-se a observância do direito de participação e influência das partes na construção desse ato jurisdicional, segundo a lógica de um processo comunicativo em que a fundamentação das decisões se dá de modo dialógico e reflexivo. Essa, enfim, é a essência de um processo que se pretende democrático.

Dessa maneira, somando-se aos critérios de fundamentação, passa-se a uma aferição da qualidade do ato jurisdicional igualmente a partir de aspectos procedimentais. A fundamentação adequada da decisão pressupõe, assim, um exame das condições do debate prévio entre os atores processuais, observando-se a existência (ou não) de um contraditório efetivo travado em tempo útil para satisfazer a um critério de qualificação da decisão. E é a partir dessa ideia de controle procedimental, inicialmente apenas focado nos atos que afetam diretamente a decisão final, que se incrementa a avaliação e controle da própria administração pública judiciária e da conduta dos atores processuais.

Por outro lado, do ponto de vista substancial, importa registrar que a aferição do ato jurisdicional, num primeiro marco histórico, dava-se a partir de um "silogismo judiciário", no qual se verificava o adequado funcionamento do sistema a partir do controle puro de legalidade, isto é, a partir do enquadramento asséptico da decisão na moldura legal vigente, notadamente com o afastamento de qualquer capacidade criativa. Decisão com elevado grau de qualidade, aqui, seria aquela que se limitasse à aplicação restrita e automática do texto normativo.

Na era contemporânea, em que se percebe a incapacidade dos provimentos normativos abstratos de regularem todas as nuances da vida humana, passa-se a apreciar a qualidade da jurisdição prestada a partir do fator legitimidade. Evolui-se aqui de uma motivação meramente formal, com a invocação de fórmulas abstratas, para uma fundamentação persuasiva, capaz de viabilizar um maior controle de fundamentos na esfera pública.

Nessa ótica, decisão judicial adequada a um modelo constitucional de processo é aquela comprometida com as expectativas legítimas da comunidade política, especialmente aquelas que se voltam para a garantia de um juiz imparcial, capaz de assegurar um adequado gerenciamento do processo, sem abrir mão do respeito às garantias que asseguram a legitimidade democrática do processo, cujos eixos principais são exatamente o contraditório e a fundamentação.

Mas afora os desafios que giram em torno da construção da decisão judicial como unidade autônoma da produção do Direito, impõe-se considerar o ato jurisdicional como o núcleo atomístico de um sistema mais amplo. É nesse contexto que surge a ideia de um sistema de precedentes, que se volta a um ideal de coerência e harmonia na aplicação do Direito, mas que não pode se confundir com uma mera ferramenta de redução de estoques de processos e aplicação simplificada do Direito.

Por outro lado, a universalização do acesso à justiça impõe uma mudança inevitável no perfil de atuação dos juízes. Seja em razão da ampliação dos espaços de acesso ao Judiciário (*e.g.*, ações coletivas, ações mandamentais, juizados especiais etc.), seja em razão do engendramento de novas formas de proteção a direitos (coletivos, difusos e individuais homogêneos), a massificação dos conflitos exige uma nova forma de atuação processual. O juiz clássico, cuja atividade judicante era antes exercida de maneira artesanal, passa a atuar por intermédio de um *staff* administrativo-funcional e por meio de fórmulas pragmáticas a fim de vencer as denominadas demandas de massa.

É nesse ambiente que surge a tendência da *padronização decisória*, que, embora tenha fins pragmáticos elogiáveis, corre o risco de se converter em mecanismo de desumanização das lides. Daí a advertência no sentido de que é necessário que se crie uma dogmática adequada para a litigiosidade repetitiva que não se preocupe somente com o direito dos cidadãos como meros dados numéricos[470]. Isto é, se o sistema de precedentes serve aos propósitos de uma aplicação igualitária do Direito, seu mau uso poderá ter o efeito reverso, consistente em tratar de maneira igual casos desiguais. Por essa razão, o uso adequado dos provimentos vinculantes somente poderá ser alcançado a partir da construção de uma teoria consistente dos julgados perfeitamente adaptável à história e à realidade institucional brasileira.

Por fim, se desejamos um efetivo modelo constitucional de processo, é preciso admoestar os juízes para que estejam conscientes da árdua tarefa que pesa sobre seus ombros. Nessas condições, impõe-se a adoção de uma postura constante de suspeição de si, estimulando-se a autocrítica das pré-concepções que o julgador carrega, de maneira a afastar - ou pelo menos reduzir - a contaminação do resultado com suas próprias concepções morais e verdades previamente assumidas.

Constituir um processo adequado ao Estado Democrático de Direito consiste em utilizar os poderes judiciais com vistas ao alcance da razoável duração do processo (art. 5º, LXXVIII, CF), mas sempre tendo em mente que o núcleo duro dessa garantia fundamental inclui, ao lado da segurança, previsibilidade e celeridade, o contraditório efetivo e a fundamentação adequada à promessa constitucional (Art. 93, X), fatores essenciais para a legitimação dos atos jurisdicionais.

Aos juízes resta a tarefa de fomentar um efetivo Direito como integridade, que somente poderá ser construído com uma tomada de consciência de todos aqueles que operam nos sistemas de justiça, a partir de uma postura que possa efetivamente contribuir para a pacificação social.

---

470. THEODORO JR., Humberto; NUNES, Dierle; BAHIA, Alexandre. Breves considerações da politização do judiciário e do panorama de aplicação no direito brasileiro – Análise da convergência entre o civil law e o common law e dos problemas da padronização decisória.

REFERÊNCIAS

ABBOUD, Georges. *Discricionariedade Administrativa e Judicial.* O Ato Administrativo e a Decisão Judicial. São Paulo: Revista dos Tribunais, 2014.

ABBOUD, Georges; LUNELLI, Guilherme. Ativismo judicial e instrumentalidade do processo. *Revista de Processo: RePro*, v. 40, n. 242, p. 19-45, abr. 2015.

ACKERMAN, Bruce. *La política del diálogo liberal.* Barcelona: Gedisa, 1999.

ALEXY, Robert. *Teoria de los Derechos Fundamentales.* Tradução Ernesto Garzón Valdés. Madrid: Centro de Estudios Constitucionales, 1993.

______. ______. Tradução Ernesto Garzón Valdés. Madrid: Centro de Estudios Políticos y Constitucionales, 2002.

ALMEIDA, Roberto Sampaio Contreiras de. Art. 139-143. In: WAMBIER, Teresa Arruda Alvim et al. (Coords.). *Breves Comentários ao Novo Código de Processo Civil.* São Paulo: Revista dos Tribunais, 2015. p. 446-466.

ALVARO DE OLIVEIRA, Carlos Alberto. *Do formalismo no processo civil.* 2. ed. São Paulo: Saraiva, 2003.

______. O processo civil na perspectiva dos direitos fundamentais. In: ______. *Do formalismo no processo civil.* 2. ed. São Paulo: Saraiva, 2003.

______. Poderes do juiz e visão cooperativa do processo. *Revista da Ajuris*, Porto Alegre, n. 90, p. 55-84, jun. 2003.

ALVIM, José Eduardo Carreira. *Alterações do Código de Processo Civil.* Rio de Janeiro: Impetus, 2006.

ANDRADE, Érico. As novas perspectivas do gerenciamento e da "contratualização" do processo. *Revista de Processo: RePro*, v. 36, n. 193, p. 167-200, mar. 2011.

ANDREWS, Neil. *O moderno processo civil:* formas judiciais e alternativas de resolução dos conflitos na Inglaterra. Tradução Teresa Arruda Alvim Wambier. São Paulo: Revista dos Tribunais, 2009.

______. Relações entre a Corte e as partes na era do *case management*. Tradução Fernanda Medina Pantoja, Marcela Kohlbach Faria e Paula Bezerra de Menezes. *Revista de Processo: RePro,* v. 38, n. 217, p. 181-203, mar. 2013.

ARAUJO, Fabio Caldas de. *Curso de Processo Civil*. Tomo I - Parte Geral. São Paulo: Malheiros, 2016.

ARENHART, Sergio Cruz. A nova postura do relator no julgamento dos recursos. *Revista de Processo: RePro,* São Paulo, v. 103, p. 37-58, 2001.

AROCA, Juan Montero. *Los principios políticos de la nueva Ley de Enjuiciamiento Civil.* Valencia: Tirant lo blanch, 2001.

______. Prova e verdade no processo civil – contributo para o esclarecimento da base ideológica de certas posições pretensamente técnicas. In: CALDEIRA, Adriano Cesar Braz. *Processo e ideologia*. São Paulo: LTr, 2015. p. 133-142.

______; VELLOSO, Adolfo Alvarado (Coord.). *Proceso civil e ideología*: un prefacio, una sentencia, dos cartas y quince ensayos: Moción de Valencia (2006), Declaración de Azul (2008). Valencia: Tirant lo Blanch, 2006.

ÁVILA, Humberto. *Teoria dos princípios*: da definição à aplicação de princípios jurídicos. 6. ed. São Paulo: Malheiros, 2006.

BAHIA, Alexandre; NUNES, Dierle; PEDRON, Flávio. *Precedentes no Novo CPC*: é possível uma decisão correta? Justificando. 08 jul. 2015. Disponível em: <http://justificando.com/2015/07/08/precedentes-no-novo-cpc-e-possivel-uma-decisao-correta-/>. Acesso em: 28 jul. 2015.

BARROSO, Luís Roberto. *O controle de constitucionalidade no direito brasileiro.* 3. ed. São Paulo: Saraiva, 2008.

BASTOS, Celso Ribeiro. *Hermenêutica e Interpretação Constitucional.* São Paulo: Celso Bastos Editor, 1999.

BAUMAN, Zygmunt. *Modernidade Líquida.* Rio de Janeiro: Jorge Zahar Ed., 2001.

BEDAQUE, José Roberto dos Santos. *Poderes instrutórios do juiz.* 5. ed. São Paulo: Revista dos Tribunais, 2009.

______. *Direito e Processo.* Influência do direito material sobre o processo. 6. ed. São Paulo: Malheiros, 2011.

BERCOVICI, Gilberto. A Constituição Dirigente e a Crise da Teoria da Constituição. In: SOUZA NETO, Cláudio Pereira et al. (Org.). *Teoria da Constituição*: Estudos sobre o Lugar da Política no Direito Constitucional. 1. ed. Rio de Janeiro: Lumen Juris, 2003.

BOBBIO, Norberto. *O futuro da democracia*. 10. ed. São Paulo: Paz e Terra, 2006.

BÖCKENFÖRDE, Ernest-Wolfgang. *Escritos sobre derechos fundamentales*. Baden-Baden: Nomos, 1993.

BONÍCIO, Marcelo José Magalhães. *Princípios do processo no novo código de processo civil*. São Paulo: Saraiva, 2016.

BUSTAMANTE, Thomas da Rosa. *Teoria do precedente judicial:* a justificação e aplicação de regras jurisprudenciais. São Paulo: Noeses, 2012.

CABRAL, Antônio do Passo. O contraditório como dever e a boa-fé processual objetiva. *Revista de Processo: RePro*, São Paulo, ano 30, n. 126, p. 76-78, 2005.

CABRAL, Antônio do Passo. Imparcialidade e impartialidade. In: DIDIER JR., Fredie; JORDÃO, Eduardo Ferreira (Org.). *Teoria do processo*: panorama doutrinário mundial. Salvador: Juspodivm, 2008. p. 99-124.

CABRAL, Antônio do Passo; NOGUEIRA, Pedro Henrique. *Negócios processuais*. Salvador: Juspodivm, 2015.

CALMON DE PASSOS, José Joaquim. *Direito, poder, justiça e processo* – julgando os que nos julgam. Rio de Janeiro: Forense, 1999.

CALVINHO, Gustavo. La efectivización de lós derechos humanos desde la perspectiva del garantismo procesal. In: CALDEIRA, Adriano Cesar Braz. *Processo e ideologia*. São Paulo: LTr, 2015. p. 107-126.

CAMARGO, Luiz Henrique Volpe. A força dos precedentes no moderno processo civil brasileiro. In: MENDES, Aluisio Gonçalves de Castro; MARINONI, Luiz Guilherme; WAMBIER, Teresa Arruda Alvim. *Direito Jurisprudencial*. São Paulo: Revista dos Tribunais, 2012. p. 553-673.

CAMBI, Eduardo. *Direito Constitucional à Prova no Processo Civil*. São Paulo: Revista dos Tribunais, 2001.

CAPONI, Remo. Autonomia privata e processo civile: gli accordi processuali. *Civil Procedure Review*, v. 1, n. 2, p. 42-57, jul./set. 2010.

CAPPELLETTI, Mauro. *Juízes legisladores?* Tradução Carlos Alberto Alvaro de Oliveira. Porto Alegre: Sérgio Antônio Fabris, 1993.

CAPPELLETTI, Mauro; GARTH, Bryant. *Acesso à Justiça*. Tradução Ellen Gracie Northflleet. Porto Alegre: Fabris, 1988.

CARBONELL. Miguel. *Neoconstitucionalismo(s)*. Madri: Ed. Trotta, 2003.

CARNELUTTI, Francesco. *A morte do direito*. Tradução Hiltomar Martins Oliveira. Belo Horizonte: Líder, 2003.

CARPES, Artur. *Ônus dinâmico da prova*. Porto Alegre: Livraria do Advogado, 2010.

CARVALHO. Aurora Tomazini. *Curso de Teoria Geral do Direito* (o Constructivismo Lógico-Semântico). São Paulo: Noeses, 2012.

CARVALHO, Fabiano. *Poderes do relator nos recursos: art. 557 do CPC*. São Paulo: Saraiva, 2008.

CARVALHO NETTO, Menelick de. A interpretação das leis: um problema metajurídico ou uma questão essencial do Direito. De Hans Kelsen a Ronald Dworkin. *Cadernos da Escola do Legislativo*. v. 03, n. 05, p. 27-30, jan./jun. 1997.

CARVALHO NETTO, Menelick de. Hermenêutica constitucional sob o paradigma do Estado Democrático de Direito. *Notícia do Direito Brasileiro*, Brasília, v. 6, p. 25-44, jul./dez. 1998.

______. Requisitos paradigmáticos da interpretação jurídica sob o paradigma do Estado democrático de direito. *Revista de Direito Comparado*, Belo Horizonte, v. 3, p. 473-486, mai. 1999.

______. Racionalização do ordenamento jurídico e democracia. *Revista Brasileira de Estudos Políticos*, Belo Horizonte, MG, v. 88, p. 81-108, dez. 2003, p. 104-105.

CARVALHO, Paulo de Barros. *Direito Tributário, Linguagem e Método*. 5. ed. São Paulo: Noeses, 2011.

CHASE, Oscar G. A "excepcionalidade" americana e o direito processual comparado. *Revista de Processo: RePro*, São Paulo, v. 28, n. 110, p. 115-140, 2003.

CHIOVENDA, Giuseppe. *Instituições de Direito Processual Civil*. 3. ed. v. II, São Paulo: Saraiva, 1969.

CINTRA, Antônio Carlos de Araújo; GRINOVER, Ada Pellegrini; DINAMARCO, Cândido Rangel. *Teoria Geral do Processo*. São Paulo: Malheiros, 1997.

CORDERO, Franco. *Guida alla procedura penale*. Torino: UTET, 1986.

CIPRIANI, Franco. En el centenario del Reglamento de Klein (El proceso civil entre libertad y autoridad) Tradução Adolfo Alvarado Velloso. *Revista del Instituto Colombiano de Derecho Procesal*, Córdoba, v. 27, n. 27, p. 71-108, 2001.

COSTA, Eduardo José da Fonseca. A "execução negociada" de políticas públicas em juízo. *Revista de Processo: RePro*, v. 37, n. 212, p. 25-56, out. 2012.

______. Los criterios de la legitimación jurisdiccional según los activismos socialista, fascista y gerencial. *Revista Brasileira de Direito Processual – RBDPro*, Belo Horizonte, ano. 21, n. 82, p. 205-216, abr./jun. 2013.

______. Algumas considerações sobre as iniciativas judiciais probatórias. *Revista Brasileira de Direito Processual – RBDPro*, Belo Horizonte, ano 23, n. 90, p. 153-173, abr./jun. 2015.

______. Calendarização Processual. In: CABRAL, Antônio do Passo; NOGUEIRA, Pedro Henrique. *Negócios processuais*. Salvador: Juspodivm, 2015. p. 353-371.

COURA, Kalleo. Desembargador concede HC para devedor que teve CNH suspensa e passaporte apreendido. *JOTA*. 09 set. 2016. Disponível em: <http://jota.uol.com.br/desembargador-concede-hc-para-devedor-que-teve-cnh-suspensa-e-passaporte-apreendido>. Acesso em: 10 set. 2016.

CRISTO, Alessandro; VASCONCELLOS, Marcos de. *'Ativismo judicial é uma imbecilidade que inventaram'*. Consultor Jurídico. 04 ago. 2013. Disponível em: <http://www.conjur.com.br/2013-ago-04/entrevista-nelson-nery-junior-professor-advogado-parecerista>. Acesso em: 05 ago. 2013.

CUNHA, Leonardo Carneiro. *Atendibilidade dos fatos supervenientes no processo civil*. Coimbra: Almedina, 2012.

______. O Processo Civil no Estado Constitucional e os Fundamentos do Projeto do Novo Código de Processo Civil Brasileiro. *Revista de Processo: RePro*, São Paulo, v. 209, p. 349-374, jul. 2012.

______. *Princípio da primazia do julgamento do mérito*. 30 mar. 2015. Disponível em: <http://www.leonardocarneirodacunha.com.br/opiniao/opiniao-49-principio-da-primazia-do-julgamento-do-merito/>. Acesso em: 01 jul. 2015.

DAMAŠKA, Mirjan R. *The faces of justice and State Authority*. New Haven: Yale University Press, 1986.

DE CRISTOFARO, Marco. Case management e riforma del processo civile, tra effettività della giurisdizione e diritto costituzionale al giusto processo. *Rivista di diritto processuale*, v. 65, n. 2, p. 282-305, 2010.

DELFINO, Lúcio. *Cooperação processual no Novo CPC pode incrementar ativismo judicial*. Consultor Jurídico. 02 maio 2016. Disponível em: <http://www.conjur.com.br/2016-mai-02/cooperacao-processual--cpc-incrementar-ativismo-judicial>. Acesso em: 03 mai. 2016.

DELFINO, Lúcio; LOPES, Ziel Ferreira. *A expulsão do livre convencimento motivado do Novo CPC e os motivos pelos quais a razão está com os hermeneutas*. Justificando. 13 abr. 2015. Disponível em: <http://justificando.com/2015/04/13/a-expulsao-do-livre-convencimento-motivado-do-novo-cpc-e-os-motivos-pelos-quais-a-razao-esta--com-os-hermeneutas/>. Acesso em: 26 set. 2016.

DELFINO, Lucio; ROSSI, Fernando F. Juiz contraditor? *Revista Brasileira de Direito Processual – RBDPro*, Belo Horizonte, v. 21, n. 82, p. 229-254, abr./jun., 2013.

DIDIER JR., Fredie. *A terceira etapa da reforma processual*. São Paulo: Saraiva, 2006.

_______. *Curso de Direito Processual Civil*. 6. ed. v. II. Salvador: Juspodivm, 2011.

_______. Os Três Modelos de Direito Processual: inquisitivo, dispositivo e cooperativo. *Revista de Processo: RePro*, São Paulo, ano 36, v. 198, p. 207-217, ago. 2011.

_______. *Curso de Direito Processual Civil*. 17. ed. v. I, Salvador: Juspodivm, 2015.

DIDIER JR., Fredie et al. *Curso de Direito Processual Civil*. 5. ed. v. 5. Salvador: Juspodivm, 2013.

DIDIER JÚNIOR, Fredie; CUNHA, Leonardo José Carneiro da. *Curso de direito processual civil: meios de impugnação às decisões judiciais e processo nos tribunais*. 3. v. 7. ed. rev. atual. e amp. Salvador: Juspodivm, 2009.

DINAMARCO, Cândido Rangel. *A instrumentalidade do processo*. 8. ed. São Paulo: Malheiros, 2000.

_______. *Instituições de direito processual civil*. 3. ed. São Paulo: Malheiros, 2003, v. I.

DWORKIN, Ronald. Forum of Principle. *New York University Law Review*, v. 56, n. 2, p. 469-518, 1981.

______. *Levando os direitos a sério.* Tradução Nelson Boeira. São Paulo: Martins Fontes, 2002.

______. *O Império do Direito.* Tradução Jefferson Luiz Camargo. São Paulo: Martins Fontes, 2003.

______. *Uma questão de princípio.* São Paulo: Martins Fontes, 2005.

______. *O direito da liberdade.* A leitura moral da Constituição norte-americana. São Paulo: Martins Fontes, 2006.

DWORKIN, Ronald. *Domínio da vida*: aborto, eutanásia e liberdades individuais. São Paulo: Martins Fontes, 2003.

ELY, John Hart. *Democracy and Distrust:* a theory of judicial review. Cambridge: Harvard University Press, 1980.

FERNANDES, Bernardo Gonçalves; e MEIRA, Renan Sales. Os poderes dos magistrados devem continuar a ser ampliados? Críticas ao projeto do novo Código de Processo Civil à luz de um modelo constitucionalmente (discursivo-democrático) adequado de processo. In: FREIRE, Alexandre et al. (Org.). *Novas tendências do processo civil.* Estudos sobre o Projeto de Novo Código de Processo Civil. v. II. Salvador: Juspodivm, 2014. p. 195-210.

FERRAJOLI, Luigi. *Direito e razão* – Teoria geral do garantismo penal. Tradução Fauzi Choukr. São Paulo: Revista dos Tribunais, 2002.

FERRAZ, Taís Schilling. *Ratio decidendi* x tese jurídica. A busca pelo elemento vinculante do precedente brasileiro. *RePro,* São Paulo, v. 265, p. 419-441, mar. 2017.

FISHER, Louis. *Constitutional Dialogues*: Interpretation as Political Process. Princeton: Princeton University Press, 1988.

FISS, Owen M. *The civil rights injunctions.* Indiana: Indiana University Press, 1978. Disponível em: <http://www.law.yale.edu/documents/pdf/Faculty/injunction.pdf>. Acesso em: 26 ago. 2016.

FONSECA, Eduardo José da Costa. A "execução negociada" de políticas públicas em Juízo. *Revista de Processo: RePro,* v. 37, n. 212, p. 25-56, out. 2012.

FOUCAULT, Michel. *A verdade e as formas jurídicas.* Rio de Janeiro: NAU Ed., 2003.

GAJARDONI, Fernando da Fonseca. *Flexibilização procedimental:* um novo enfoque para o estudo do procedimento em matéria processual. São Paulo: Atlas, 2008.

______. *O livre convencimento motivado não acabou no Novo CPC*. JOTA. 06 abr. 2015. Disponível em: <http://jota.uol.com.br/o-livre-convencimento-motivado-nao-acabou-no-novo-cpc>. Acesso em: 26 set. 2016.

GARAPON, Antoine. *O guardador de promessas:* justiça e democracia. Tradução Francisco Aragão. Lisboa: Instituto Piaget, 1996.

GODOY, Arnaldo Sampaio de Moraes. Direito Processual nos Estados Unidos. *Revista de Processo: RePro*, São Paulo, v. 30, n. 127, p. 107–116, set. 2005.

GOMES FILHO, Antônio Magalhães. *A motivação das decisões penais*. São Paulo: Revista dos Tribunais, 2011.

GONÇALVES, Aroldo Plínio. *Técnica processual e teoria do processo*. Rio de Janeiro: Aide, 1992.

GONÇALVES, Érika Bento. *Processos passam 95% do tempo nos cartórios judiciais*. Consultor Jurídico. 17 nov. 2007. Disponível em: <http://www.conjur.com.br/2007-nov-17/processos_passam_95_tempo_cartorios_judiciais>. Acesso em: 30 maio 2016.

GOUVEIA, Lúcio Grassi de. Cognição processual civil: atividade dialética e cooperação intersubjetiva na busca da verdade real. In: DIDIER Jr., Fredie (Org.). *Leituras Complementares de Processo Civil*. 9. ed. Salvador: Juspodivm, 2011. v. 1, p. 371-385.

GRAU, Eros Roberto. *Por que tenho medo dos juízes* – a interpretação e aplicação do direito e os princípios. 6. ed. Malheiros: São Paulo, 2013.

GRECO, Leonardo. *Instituições de processo civil* – Introdução ao direito processual civil. v. I. Rio de Janeiro: Forense, 2009.

GRINOVER, Ada Pellegrini. *A Marcha do Processo*. Rio de Janeiro: Forense Universitária, 2000.

GÜNTHER, Klaus. *The sense of appropriateness*: application discourses in morality and law. Tradução Jonh Farrell. New York: State University of New York, 1993.

______. *Teoria da argumentação no Direito e na Moral:* justificação e aplicação. Tradução Cláudio Molz. São Paulo: Landy Editora, 2004.

GÜNTHER, Klaus; PESSOA, Leonel Cesarino. Uma concepção normativa de coerência para uma teoria discursiva da argumentação jurídica. *Cadernos de Filosofia Alemã*: Crítica e Modernidade, n. 6, p. 85-102, 2000.

GUTHRIE, Chris; RACHLINSKI, Jeffrey J.; WISTRICH, Andrew J. Inside the judicial mind. *Cornell Law Review*, v. 86, p. 778-829, may, 2001.

HABERMAS, Jürgen. *O discurso filosófico da modernidade*. Tradução Ana Maria Bernardo et al. Lisboa: Dom Quixote, 1990.

______. *Direito e democracia:* entre a facticidade e a validade. Tradução Flávio Beno Siebeneichler. v. I. Rio de Janeiro: Tempo Brasileiro, 1997.

______. Apêndice a facticidade e validação: réplica às comunicações em um simpósio da Cardozo Law School. In: ___________. *A inclusão do outro:* estudos de teoria política. São Paulo: Loyola, 2002. p. 299-384.

______. *Facticidad y validez*. Sobre el derecho y el Estado democrático de derecho em términos de teoria del discurso. Tradução Manuel Jiménez Redondo. Madrid: Trotta, 2005.

HART, Herbert Lionel Adolphus. Positivism and the Separation of Law and Morals. *Harvard law review*, v. 71, n. 4, p. 593-629, feb. 1958.

______. *Conceito de Direito*. 2. ed. Lisboa: Fundação Calouste Gulbenkian, 1994.

______. *O conceito de direito*. São Paulo: WMF Martins Fontes, 2012.

HIDALGO, Daniela Boito Maurmann. *Relação entre direito material e processo*: uma compreensão hermenêutica. Porto Alegre: Livraria do Advogado, 2011.

JOBIM, Marco Felix. *Medidas estruturantes*: Da Suprema Corte Estadunidense ao Supremo Tribunal Federal. Porto Alegre: Livraria do Advogado, 2013.

JOLOWICZ, John Anthony. Adversarial and inquisitorial approaches to civil litigation. In: ______. *On civil procedure*. Cambridge: Cambridge University Press, 2000. p. 175-184.

KAHNEMAN, Daniel. *Rápido e Devagar*: Duas Formas de Pensar. Rio de Janeiro: Editora Objetiva, 2012.

KAKALIK, James S. et al. *Just, Speedy, and Inexpensive?* An Evaluation of Judicial Case Management Under the Civil Justice Reform Act. Santa Monica, CA: RAND Corporation, 1996. Disponível em: <http://www.rand.org/pubs/monograph_reports/MR800>. Acesso em: 6 out. 2015.

KELSEN, Hans. *Teoria Pura do Direito*. 6. ed. São Paulo: Martins Fontes, 1998.

KOCHEM, Ronaldo. Introdução às raízes históricas da cooperação processual (Kooperationsmaxime). *Revista de Processo: RePro*, ano 41, v. 251, p. 75-111, jan. 2016.

KUHN, Thomas S. *The Structure of Scientific Revolutions*. 2. ed. Chicago and London: University of Chicago Press, 1970.

______. *A estrutura das revoluções científicas*. 7. ed. São Paulo: Perspectiva, 2003.

LEAL, Rosemiro Pereira. Processo e democracia: a ação jurídica como exercício da cidadania. *Revista de Processo: RePro*, v. 33, n. 160, p. 324-338, jun. 2008.

LOPES JR., Aury. *Direito processual penal e sua conformidade constitucional*. 3. ed. Rio de Janeiro: Ed. Lumen Juris, 2009.

LOPES, José Reinaldo de Lima. *O Direito na História*. Lições Introdutórias. São Paulo: Max Limonad, 2000.

LUHMANN, Niklas. *El derecho de la sociedad*. 2. ed. Tradução Javier Torres Nafarrate. México: Herder e Universidad Iberoamericana, 2005.

______. *Legitimação pelo procedimento*. Trad. Maria da Conceição Corte Real. Brasília: UnB, 1980.

LYNCH, Kevin J. The lock-in effect of preliminary injunctions. *Florida Law Review*, v. 66, p. 779-821, 2014.

MACCORMICK, Neil. *Retórica e o Estado de Direito*: Uma teoria da argumentação jurídica. Tradução Conrado Hubner Mendes e Marcos Paulo Veríssimo. Rio de Janeiro: Elsevier, 2008.

MAIA, Antônio Cavalcanti. Nos vinte anos da Carta Cidadã: do Pós-positivismo ao Neoconstitucionalismo. In: SOUZA NETO, Cláudio Pereira de; SARMENTO, Daniel; BINENBOJM, Gustavo (Org.). *Vinte anos da Constituição Federal de 1988*. 1. ed. Rio de Janeiro: Lumen Juris, 2009. p. 117-168.

MANCUSO, Rodolfo de Camargo. *Acesso à Justiça*: condicionantes legítimas e ilegítimas. São Paulo: Revista dos Tribunais, 2011.

MANZI, José Ernesto. *A fundamentação das decisões judiciais civis e trabalhistas*. São Paulo: LTr, 2009.

MARCUS, Stanley et al. *Manual for complex litigation*. 4. ed. Washington: Federal Judicial Center, 2004.

MARINONI, Luiz Guilherme. *Precedentes obrigatórios*. 4. ed. São Paulo: Revista dos Tribunais, 2017.

______. Ações repetitivas e julgamento liminar. *Revista Magister de direito civil e processual civil*, Porto Alegre, v. 14, p. 5-14, 2007.

______. Aproximação crítica entre as jurisdições de *civil Law* e de *common Law* e a necessidade de respeito aos precedentes no Brasil. In: DIDIER JR, Fredie (Org.). *Teoria do Processo.* Panorama doutrinário mundial. v. 2. Salvador: Juspodivm, 2010. p. 533-589.

MARINONI, Luiz Guilherme; ARENHART, Sérgio; MITIDIERO, Daniel. *Novo Código de Processo Civil Comentado.* São Paulo: Revista dos Tribunais, 2015.

MARINONI, Luiz Guilherme; MITIDIERO, Daniel. *O projeto do CPC.* Críticas e proposta. São Paulo: Revista dos Tribunais, 2010.

MARQUES, Frederico. *Instituições de direito processual civil.* 2. ed. v. 4, Rio de Janeiro: Forense, 1963.

MATOS, José Igreja. *Um modelo de juiz para o processo civil actual.* Coimbra: Coimbra Editora, 2010.

MATOS, José Igreja; LOPES, José Mouraz; MENDES, Luís Azevedo; COELHO, Nuno. *Manual de gestão judicial.* Coimbra: Almedina, 2015.

MAUS, Ingeborg. Judiciário como superego da sociedade: o papel da atividade jurisprudencial na "sociedade órfã". *Novos Estudos CEBRAP*, São Paulo, n. 58, p. 183-202, nov. 2000.

MEDINA, José Miguel Garcia. *Novo código de processo civil comentado.* São Paulo: Revista dos Tribunais, 2015.

MEDINA, José Miguel Garcia; FREIRE, Alexandre; FREIRE, Alonso Reis. Para uma compreensão adequada do sistema de precedentes no Projeto do Novo Código de Processo Civil brasileiro. In: FREIRE, Alexandre et al. (Org.). *Novas tendências do Processo Civil.* Salvador: Juspodivm, 2013. v. 1, p. 679-703.

MEDINA, José Miguel Garcia; WAMBIER, Luiz Rodrigues; WAMBIER, Teresa Arruda Alvim. Repercussão geral e súmula vinculante. Relevantes novidades trazidas pela EC n. 45/2004. In: WAMBIER, Teresa Arruda Alvim et al. (Coord.). *Reforma do Judiciário.* Primeiras reflexões sobre a Emenda Constitucional n. 45/2004. São Paulo: Revista dos Tribunais, 2005. p. 373-389.

MELLO, Patrícia Perrone Campos. *Precedentes vinculantes nos estados unidos da américa e no direito brasileiro*: um estudo comparado. Uniceub. v. 13. n 3. 2016.

MENDONÇA, Luís Correia de. O vírus autoritário e processo civil. *Revista Julgar*, Lisboa, n. 1, p. 67-98, 2007.

MENGER, Antonio. *El derecho civil y los pobres*. Buenos Aires: Atalaia, 1947.

MIRANDA, Maressa da Silva. O mundo da vida e o Direito na obra de Jürgen Habermas. *Prisma Jurídico*, São Paulo, v. 8, n. 1, p. 97-119, jan./jun. 2009.

MITIDIERO, Daniel. *Elementos para uma teoria contemporânea do processo civil brasileiro*. Porto Alegre: Livraria do Advogado, 2005.

______. Colaboração no processo civil como *prêt-à-porter?* Um convite ao diálogo para Lenio Luiz Streck. *Revista de Processo: RePro*, v. 36, n. 194, p. 55-68, abr. 2011.

______. *Colaboração no Processo Civil*: pressupostos sociais, lógicos e éticos. 2. ed. São Paulo: Revista dos Tribunais, 2011.

______. Fundamentação e precedente: dois discursos a partir da decisão judicial. *Revista de Processo: RePro*, v. 37, n. 206, p. 61-78, abr. 2012.

MITIDIERO, Daniel. *Cortes Superiores e Cortes Supremas*: do controle à interpretação, da jurisprudência. 2. ed. São Paulo: Revista dos Tribunais, 2014.

MITIDIERO, Daniel; MARINONI, Luiz Guilherme. *O projeto do CPC*. São Paulo: Revista dos Tribunais, 2010.

MONTESQUIEU, Charles Louis de Secondat. *Do espírito das leis*. Tradução Fernando Henrique Cardoso e Leôncio Martins Rodrigues. Brasília: UnB, 1982.

MORAIS, Carlos Blanco de. *Justiça Constitucional*. O contencioso constitucional português entre o modelo misto e a tentação do sistema de reenvio. Tomo II. Coimbra: Coimbra Editora, 2005.

MOREIRA, José Carlos Barbosa. O problema da "divisão do trabalho" entre o juiz e as partes: aspectos terminológicos. In: ______. *Temas de direito processual*. Quarta série. São Paulo: Saraiva, 1989. p. 35-44.

______. Os poderes do juiz na direção e na instrução do processo. In: ______. *Temas de direito processual*. Quarta série. São Paulo: Saraiva, 1989.

______. Duelo e Processo. In: ______. *Temas de direito processual*. Oitava série. São Paulo: Saraiva, 2004.

______. O processo civil contemporâneo: um enfoque comparativo. In: ______. *Temas de direito processual*. Nona série. São Paulo: Saraiva, 2007. p. 39-54.

______. Sobre a participação do juiz no processo civil. In: ______. *Temas de direito processual*. Quarta série. São Paulo: Saraiva, 1989.

MOREIRA, Luiz. *Com Habermas, contra Habermas*. São Paulo: Landy, 2004.

MORIN, Edgard. *A cabeça bem-feita*: repensar a reforma, reformar o pensamento. Tradução Eloá Jacobina. 4. ed. Rio de Janeiro: Bertrand Brasil, 2001.

MÜLLER, Friedrich. *Métodos de trabalho de direito constitucional*. 3. ed. Rio de Janeiro: Renovar, 2005.

NERY JR., Nelson; NERY, Rosa Maria Andrade. *Comentários ao código de processo civil*. São Paulo: Revista dos Tribunais, 2015.

NEVES, Daniel Amorim Assumpção. *Novo Código de Processo Civil comentado artigo por artigo*. Salvador: Editora Juspodivm, 2016.

NIETZSCHE, Friedrich. *Vontade de potência:* parte 2. Trad. Mário D. Ferreira Santos. São Paulo: Scala, 2006.

NOGUEIRA, Pedro Henrique Pedrosa. A cláusula geral do acordo de procedimento no Projeto do Novo CPC (PL 8.046/2010). In: FREIRE, Alexandre et al. (Org.). *Novas tendências do Processo Civil*. Estudos sobre o Projeto do Novo Código de Processo Civil. Salvador: Juspodivm, 2013. p. 15-26.

NUNES, Dierle. *Processo Jurisdicional Democrático*: Uma Análise Crítica das Reformas Processuais. Curitiba: Juruá, 2008.

______. Processualismo constitucional democrático e o dimensionamento de técnicas para a litigiosidade repetitiva: a litigância de interesse público e as tendências não compreendidas de padronização decisória. *Revista de Processo: RePro*, v. 36, n. 199, p. 41-82, set. 2011.

______. Precedentes, padronização decisória preventiva e coletivização – paradoxos do sistema jurídico brasileiro: uma abordagem constitucional democrática. In: WAMBIER, Teresa Arruda Alvim (Coord.). *Direito jurisprudencial*. São Paulo: RT, 2012. v. 1, p. 245-276.

______. *Novo CPC: Fundamentar decisões judiciais com amplitude e profundidade é cada vez mais necessário*. Academia.edu [2014]. Disponível em: <https://www.academia.edu/ 8928205/Dierle_Nunes_-_Novo_CPC_Fundamentar_decis%C3%B5es_judiciais_com_amplitude_e_profundidade_%C3%A9_cada_vez_mais_necess%C3%A1rio_>. Acesso em: 28 jul. 2015.

NUNES, Dierle; BAHIA, Alexandre. Jurisprudência instável e seus riscos: a aposta nos precedentes vs. uma compreensão constitucionalmente adequada do seu uso no Brasil. In: MENDES, Aluisio Gonçalves de Castro; MARINONI, Luiz Guilherme; WAMBIER, Teresa Arruda Alvim. *Direito Jurisprudencial*. v. II. São Paulo: Revista dos Tribunais, 2014. p. 433-471.

______; ______. *Processo e república:* uma relação necessária. Justificando. 09 out. 2014. Disponível em: <http://justificando.com/2014/10/09/processo-e-republica-uma-relacao-necessaria/>. Acesso em: 05 jul. 2016.

NUNES, Dierle; DELFINO, Lúcio. *Juiz deve ser visto como garantidor de direitos fundamentais, nada mais*. Consultor Jurídico. 03 set. 2014. Disponível em: <http://www.conjur.com.br/2014-set-03/juiz-visto--garantidor-direitos-fundamentais-nada>. Acesso em: 06 jul. 2016.

OAKLEY, Hogo Botto. O pressuposto do processo denominado *imparcialidade*: requisito apenas jurídico ou também psicológico? In: CALDEIRA, Adriano Cesar Braz. *Processo e ideologia*. São Paulo: LTr, 2015. p. 127-132.

OLIVEIRA, Carlos Alberto Alvaro de. *Do formalismo no processo civil*. São Paulo: Saraiva, 2003.

OLIVEIRA, Guilherme Peres de. *Adaptabilidade judicial*. A modificação do procedimento pelo juiz no Processo Civil. São Paulo: Saraiva, 2013.

OLIVEIRA, Rafael Thomaz de. *Decisão judicial e conceito de princípio*. Porto Alegre: Livraria do Advogado, 2008.

PINTO, Cristiano Paixão Araujo. Arqueologia de uma distinção: o público e o privado na experiência histórica do direito. In: PEREIRA, Claudia Fernanda Oliveira (Org.). *O novo direito administrativo brasileiro*. O Estado, as agências e o terceiro setor. v. 1, Belo Horizonte: Forum, 2003. p. 7-367.

PONTES DE MIRANDA, Francisco Cavalcanti. *Comentários ao Código de Processo Civil*. Tomo 2. 3. ed. Rio de Janeiro: Editora Forense, 1997.

PRADO, Geraldo. *Sistema acusatório*: a conformidade constitucional das leis processuais penais. Rio de Janeiro: Lumen Juris, 1999.

RAMIRES, Maurício. *Crítica à aplicação de precedentes no direito brasileiro*. Porto Alegre: Livraria do Advogado, 2010.

RAMOS NETO, Newton Pereira. A construção do direito na jurisprudência do Supremo Tribunal Federal: limites e possibilidades no uso das sentenças aditivas. *Observatório da Jurisdição Constitucional*, Brasília, ano 3, 2009/2010. Disponível em: <http://ojs.idp.edu.

br/index.php/observatorio/article/view/255/211>. Acesso em: 03 nov. 2016.

______. *O NCPC, a magistratura e o dever de fundamentar.* Academia.edu [2015]. Disponível em: <https://www.academia.edu/12492882/O_NCPC_a_magistratura_e_o_ dever_de_fundamentar>. Acesso em: 28 jul. 2015.

RAMOS, Glauco Gumerato. Ativismo e Garantismo do Processo Civil: Apresentação do Debate. In: DIDIER, Fredie et al. *Ativismo Judicial e Garantismo Processual.* Salvador: Juspodivm, 2013. p. 255-272.

RANGEL, Paulo. *Direito Processual Penal.* 4. ed. Rio de Janeiro: Lumen Juris, 2001.

RODRIGUES, Marcelo Abelha. *O que fazer quando o devedor é um cafajeste. Apreensão de passaporte? Da carteira de motorista?* Migalhas. 21 set. 2016. Disponível em: <http://m.migalhas.com.br/depeso/245946/o-que-fazer-quando-o-executado-e-um-cafajeste-apreensao-de-passaporte>. Acesso em: 21 set. 2016.

ROQUE, André Vasconcelos; DUARTE, Zulmar. O Pragmatismo Processual no Novo CPC: Um Voo Panorâmico. In: CALDEIRA, Adriano Cesar Braz. *Processo e ideologia.* São Paulo: LTr, 2015. p. 34-43.

SAMPAIO. José Adércio Leite. As sentenças intermediárias de constitucionalidade e o mito do legislador negativo. In: SAMPAIO. José Adércio Leite; CRUZ, Álvaro Ricardo de Souza (Coord.). *Hermenêutica e Jurisdição Constitucional.* Belo Horizonte: Del Rey, 2001. p. 159-194.

SAMPAIO, José Adércio Leite. O retorno às tradições: a razoabilidade como parâmetro constitucional. In: ______ (Coord.). *Jurisdição constitucional e direitos fundamentais.* Belo Horizonte: Del Rey, 2003. p. 45-102.

SANTOS, Boaventura de Souza. *Um discurso sobre as ciências.* 7. ed. Porto: Afrontamento, 1995.

SCHIER, Paulo Ricardo. *Filtragem constitucional.* Porto Alegre: Sergio Antonio Fabris, 1999.

SCHMITZ, Leonard Ziesemer. *Fundamentação das decisões judiciais.* A crise na construção de respostas no processo civil. São Paulo: Revista dos Tribunais, 2015.

SEGURA, Angel Latorre; DIEZ-PICAZO, Luis. La Justicia Constitucional en el Quadro de las Funciones del Estado. *Relatório.* VII Conf. dos Tribunais Constitucionais Europeus. Justiça Constitucional e espécies.

Conteúdo e Efeitos das Decisões sobre a Constitucionalidade de Normas. Lisboa: Tribunal Constitucional, 1987.

SILVA, Beclaute Oliveira. Decisão judicial não fundamentada no projeto do novo CPC: nas sendas da linguagem. In: FREIRE, Alexandre et al. (Org.). *Novas tendências do Processo Civil*. Salvador: Juspodivm, 2013. v. 1, p. 187-202.

______. O autor pede... o réu também! Ou da improcedência como procedência. In: DIDIER JR., Fredie et al. *Improcedência*. Coleção Grandes Temas do Novo CPC. Salvador: Juspodivm, 2015, p. 49-61.

SILVA, Ovídio A. Baptista da. Fundamentação das sentenças como garantia constitucional. In: MARTINS, Ives Gandra da Silva; JOBIM, Eduardo (Coord.). *O processo na Constituição*. São Paulo: Quartier Latin, 2008. p. 453-482.

SILVA, Paulo Eduardo Alves da. *Gerenciamento dos processos judiciais*. São Paulo: Saraiva, 2010.

SILVA, Ticiano Alves e. *Improcedência liminar do pedido e contraditório no Novo Código de Processo Civil*. Portal Processual. [2015]. Disponível em: <http://portalprocessual.com/improcedencia-liminar-do-pedido-e-contraditorio-no-novo-codigo-de-processo-civil/>. Acesso em: 31 mar. 2015.

SILVA, Virgílio Afonso da. O proporcional e o razoável. *Revista dos Tribunais*, São Paulo, ano 91, n. 798, p. 23-50, abr. 2002.

______. Interpretação conforme a constituição: entre a trivialidade e a centralização judicial. *Revista DIREITO GV*, v. 2, n. 1, p. 191-210, jan./jun. 2006.

SOUSA, Miguel Teixeira de. O regime processual experimental português. *Revista de Processo: RePro*, v. 32, n. 148, p. 169-180, jun. 2007.

SOUSA, Miguel Teixeira de. *Estudos sobre o novo processo civil*. 2. ed. Lisboa: Lex, 1997.

SOUZA NETO, Cláudio Pereira de. Fundamentação e normatividade dos direitos fundamentais: uma reconstrução teórica à luz do princípio democrático. In: BARROSO, Luís Roberto (Org.). *A nova interpretação constitucional:* ponderação, direitos fundamentais e relações privadas. Rio de Janeiro: Renovar, 2003. p. 285-326.

SOUSA, Diego Crevelin de. Segurando o juiz contraditor pela imparcialidade: de como a ordenação de provas de ofício é incompatível com as funções judicantes. *Revista Brasileira de Direito Processual – RBDPro*, Belo Horizonte, v. 24, n. 96, p. 49-78, out./dez., 2016).

STRECK, Lenio Luiz. *Verdade e consenso.* 3. ed. Rio de Janeiro: Lumen Juris, 2009.

______. *Como interpretar o artigo 139, IV, do CPC?* Carta branca para o arbítrio? Consultor Jurídico. 25 ago. 2016. Disponível em: <http://www.conjur.com.br/2016-ago-25/senso-incomum-interpretar-art-139-iv-cpc-carta-branca-arbitrio#_ftnref2>. Acesso em: 25 ago. 2016.

______. *Jurisdição, fundamentação e dever de coerência e integridade no novo CPC.* Consultor Jurídico. 23 abr. 2016. Disponível em: <http://www.conjur.com.br/2016-abr-23/observatorio-constitucional-jurisdicao-fundamentacao-dever-coerencia-integridade-cpc>. Acesso em: 22 ago. 2016.

STRECK, Lenio Luiz; ABBOUD, Georges. *O que é isto* – o precedente judicial e a súmula vinculante. 2. ed. Porto Alegre: Livraria do Advogado, 2013.

______; ______. *O que é isto* – o sistema (sic) de precedentes no CPC? Consultor Jurídico. 18 ago. 2016. Disponível em: <http://www.conjur.com.br/2016-ago-18/senso-incomum-isto-sistema-sic-precedentes-cpc>. Acesso em: 19 out. 2016.

STRECK, Lenio Luiz; MOTTA, Francisco José Borges. Um debate com (e sobre) o formalismo-valorativo de Daniel Mitidiero, ou:"Colaboração no processo civil" é um princípio? *Revista de Processo: RePro*, v. 37, n. 213, p. 13-34, nov. 2012.

STRECK; Lenio Luiz; NUNES, Dierle; CUNHA, Leonardo Carneiro da; FREIRE, Alexandre (Org.). *Comentários ao Código de Processo Civil.* São Paulo: Saraiva, 2016.

STRECK, Lenio Luiz et al. *A cooperação do Novo CPC é incompatível com a Constituição.* Consultor Jurídico. 23 dez. 2014. Disponível em: <http://www.conjur.com.br/2014-dez-23/cooperacao-processual-cpc-incompativel-constituicao>. Acesso em: 25 jul. 2016.

TARELLO, Giovani. Il problema della riforma processuale in Italia nel primo quarto del secolo. Per uno studio della genesi dottrinale e ideologica del vigente codice italiano di procedura civile. In: GUASTINI, Ricardo; REBUFFA, Giorgio. *Dottrine del processo* civil: studi storici sulla formazione del diritto processuale civile. Bologna: Il Mulino, 1989.

TARUFFO, Michele. *El proceso civil adversarial em la experiência americana:* el modelo americano del proceso de connotación dispositiva. Bogotá: Temis, 2008.

______. La motivazione dela sentenza. *Revista de Direito Processual Civil*, Curitiba. v. 8, n. 31, p. 177-185, jan./mar. 2004.

TARUFFO, Michele. *Uma simples verdade:* o juiz e a construção dos fatos. São Paulo: Marcial Pons, 2012.

______. *La motivazione della sentenza civile*. Barletta: CEDAM, 1975.

TAVARES, André Ramos. *Curso de Direito Constitucional.* 5. ed. São Paulo: Saraiva, 2007.

______. *Paradigmas do judicialismo constitucional.* São Paulo: Saraiva, 2012.

______. *Fronteiras da Hermenêutica Constitucional.* São Paulo: Método, 2006.

THEODORO JR. Humberto. *Novo Código de Processo Civil anotado.* 20. ed. Rio de Janeiro: Forense, 2016.

THEODORO JR., Humberto; NUNES, Dierle; BAHIA, Alexandre. Litigância de interesse público e execução comparticipada de políticas públicas. *Revista de Processo: RePro*, v. 38, n. 224, p. 121-152, out. 2013.

______; ______; ______. Breves considerações da politização do judiciário e do panorama de aplicação no direito brasileiro – Análise da convergência entre o *civil law* e o *common law* e dos problemas da padronização decisória. *Revista de Processo: RePro*, São Paulo, ano 35, n. 189, p. 9-52, nov./2010.

THEODORO JR., Humberto et al. *Novo Código de Processo Civil*: Fundamentos e sistematização. Rio de Janeiro: GEN Forense, 2015.

TUCCI, José Rogério Cruz e. *Precedente judicial como fonte do Direito*. São Paulo: Revista dos Tribunais, 2004.

TVERSKY, Amos; KAHNEMAN, Daniel. Judgment under Uncertainty: Heuristics and Biases. *Science,* New Series, v. 185, n. 4157, p. 1124-1131, 1974.

VASCONCELLOS, Marcos de; ROVER, Tadeu. *Juízes pedem veto a artigo que traz regras para fundamentação de decisões*. Consultor Jurídico. 04 mar. 2015. Disponível em: <http://www.conjur.com.br/2015-mar-04/juizes-pedem-veto-artigo-cpc-exige-fundamentacao>. Acesso em: 22 set. 2016.

VEGA, Augusto de la. *La sentencia constitucional en Itália*. Madrid: Centro de Estudios Políticos y Constitucionales, 2003.

VELLOSO, Adolfo Alvarado. La imparcialidad judicial y el sistema inquisitivo de juzgamiento. In: AROCA, Juan Montero; VELLOSO, Adolfo Alvarado (Coord.). *Proceso civil e ideología*: un prefacio, una sentencia, dos cartas y quince ensayos: Moción de Valencia (2006), Declaración de Azul (2008). Valencia: Tirant lo Blanch, 2006. p. 217- 247.

VERDÚ, Pablo Lucas. *O sentimento constitucional*: aproximação ao estudo do sentir constitucional como modo de integração política. Rio de Janeiro: Forense, 2004.

VIANNA, Luiz Werneck et al. *A judicialização da Política e das Relações Sociais no Brasil.* Rio de Janeiro: Revan, 1999.

VIEIRA, Oscar Vilhena. *A Constituição e sua reserva de justiça*: ensaio sobre os limites materiais ao poder de reforma. São Paulo: Malheiros, 1999, p. 198.

______. Experimentalismo Judicial. *Folha de S. Paulo*, 03 maio 2014. Disponível em: <http://www1.folha.uol.com.br/colunas/oscarvilhenavieira/2014/05/1448931-experimentalismo-judicial.shtml>. Acesso em: 10 out. 2015.

VILANOVA, Lourival. O Poder de Julgar e a Norma. In: ______. *Escritos Jurídicos e Filosóficos.* São Paulo: Axis Mundi/IBET, 2003.

WAMBIER, Luiz Rodrigues; WAMBIER Teresa Arruda Alvim; MEDINA, José Miguel Garcia. *Breves comentários à nova sistemática processual.* v. 2. São Paulo: Revista dos Tribunais, 2006.

WAMBIER, Luiz Rodrigues. Uma proposta em torno do conceito de jurisprudência dominante. *Revista de Processo: RePro.* São Paulo, v. 100, p. 72-87, 2000.

WAMBIER, Teresa Arruda Alvim. A influência do contraditório na convicção do juiz: fundamentação de sentença e de acórdão. *Revista de Processo: RePro*, v. 34, n. 168, p. 53-66, fev. 2009.

WAMBIER, Teresa Arruda Alvim et al. (Coords.). *Breves Comentários ao Novo Código de Processo Civil.* São Paulo: Revista dos Tribunais, 2015.

WAMBIER, Teresa Arruda Alvim et al. *Primeiros Comentários ao novo código de processo civil: artigo por artigo.* São Paulo: Revista dos Tribunais, 2015.

WARAT, Luiz Alberto. *Introdução geral ao direito.* Porto Alegre: Fabris, 1994.

ANOTAÇÕES

ANOTAÇÕES

ANOTAÇÕES

ANOTAÇÕES

ANOTAÇÕES

ANOTAÇÕES

ANOTAÇÕES

EDITORA
JusPODIVM
www.editorajuspodivm.com.br